中国人口老龄化与劳动生产率
影响机制及其政策应对

Aging Population's Impact Mechanism on
Labor Productivity and Policy Response in China

李竞博 著

社会科学文献出版社
SOCIAL SCIENCES ACADEMIC PRESS (CHINA)

图书在版编目（CIP）数据

中国人口老龄化与劳动生产率：影响机制及其政策
应对/李竞博著．－－北京：社会科学文献出版社，
2021.5
（中国社会科学博士后文库）
ISBN 978 - 7 - 5201 - 8239 - 3

Ⅰ.①中… Ⅱ.①李… Ⅲ.①人口老龄化 - 影响 - 劳
动生产率 - 研究 - 中国 Ⅳ.①F249.22

中国版本图书馆 CIP 数据核字（2021）第 067203 号

· 中国社会科学博士后文库 ·
中国人口老龄化与劳动生产率
——影响机制及其政策应对

著　　者 / 李竞博

出 版 人 / 王利民
责任编辑 / 胡庆英
文稿编辑 / 陈丽丽

出　　版 / 社会科学文献出版社 · 群学出版分社（010）59366453
　　　　　　地址：北京市北三环中路甲 29 号院华龙大厦　邮编：100029
　　　　　　网址：www. ssap. com. cn
发　　行 / 市场营销中心（010）59367081　59367083
印　　装 / 三河市龙林印务有限公司

规　　格 / 开　本：787mm × 1092mm　1/16
　　　　　　印　张：15.75　字　数：260 千字
版　　次 / 2021 年 5 月第 1 版　2021 年 5 月第 1 次印刷
书　　号 / ISBN 978 - 7 - 5201 - 8239 - 3
定　　价 / 98.00 元

本书受国家社科基金青年项目
"全程视野下人口负增长形态对经济增长影响及应对路径选择研究"（20CRK002）资助

第九批《中国社会科学博士后文库》
编委会及编辑部成员名单

（一）编委会

主　　任：王京清

副主任：崔建民　马　援　俞家栋　夏文峰

秘书长：邱春雷

成　　员（按姓氏笔画排序）：

卜宪群	王立胜	王建朗	方　勇	史　丹
邢广程	朱恒鹏	刘丹青	刘跃进	孙壮志
李　平	李向阳	李新烽	杨世伟	杨伯江
吴白乙	何德旭	汪朝光	张车伟	张宇燕
张树华	张　翼	陈众议	陈星灿	陈　甦
武　力	郑筱筠	赵天晓	赵剑英	胡　滨
袁东振	黄　平	朝戈金	谢寿光	樊建新
潘家华	冀祥德	穆林霞	魏后凯	

（二）编辑部（按姓氏笔画排序）：

主　　任：崔建民

副主任：曲建君　李晓琳　陈　颖　薛万里

成　　员：

王　芳	王　琪	刘　杰	孙大伟	宋　娜
张　昊	苑淑娅	姚冬梅	梅　玫	黎　元

序　言

　　博士后制度在我国落地生根已逾 30 年，已经成为国家人才体系建设中的重要一环。30 多年来，博士后制度对推动我国人事人才体制机制改革、促进科技创新和经济社会发展发挥了重要的作用，也培养了一批国家急需的高层次创新型人才。

　　自 1986 年 1 月开始招收第一名博士后研究人员起，截至目前，国家已累计招收 14 万余名博士后研究人员，已经出站的博士后大多成为各领域的科研骨干和学术带头人。其中，已有 50 余位博士后当选两院院士；众多博士后入选各类人才计划，其中，国家百千万人才工程年入选率达 34.36%，国家杰出青年科学基金入选率平均达 21.04%，教育部"长江学者"入选率平均达 10% 左右。

　　2015 年底，国务院办公厅出台《关于改革完善博士后制度的意见》，要求各地各部门各设站单位按照党中央、国务院决策部署，牢固树立并切实贯彻创新、协调、绿色、开放、共享的发展理念，深入实施创新驱动发展战略和人才优先发展战略，完善体制机制，健全服务体系，推动博士后事业科学发展。这为我国博士后事业的进一步发展指明了方向，也为哲学社会科学领域博士后工作提出了新的研究方向。

　　习近平总书记在 2016 年 5 月 17 日全国哲学社会科学工作座谈会上发表重要讲话指出：一个国家的发展水平，既取决于自然科学发展水平，也取决于哲学社会科学发展水平。一个没有发达的自然科学的国家不可能走在世界前列，一个没有繁荣的哲学社会科学的国家也不可能走在世界前列。坚持和发展中国特色社会主义，需要不断在实践和理论上进行探索、用发展着的理论指导发展着的实践。在这个过程中，哲学社会科学具有不可替代的重要地位，哲学社会科学工作者具有不可替代的重要作用。这是党和国家领导人对包括哲学社会科学博士后在内的所有哲学社会科学领域的研究者、工作者提出的殷切希望！

中国社会科学院是中央直属的国家哲学社会科学研究机构，在哲学社会科学博士后工作领域处于领军地位。为充分调动哲学社会科学博士后研究人员科研创新积极性，展示哲学社会科学领域博士后优秀成果，提高我国哲学社会科学发展整体水平，中国社会科学院和全国博士后管理委员会于 2012 年联合推出了《中国社会科学博士后文库》（以下简称《文库》），每年在全国范围内择优出版博士后成果。经过多年的发展，《文库》已经成为集中、系统、全面反映我国哲学社会科学博士后优秀成果的高端学术平台，学术影响力和社会影响力逐年提高。

下一步，做好哲学社会科学博士后工作，做好《文库》工作，要认真学习领会习近平总书记系列重要讲话精神，自觉肩负起新的时代使命，锐意创新、发奋进取。为此，需做到：

第一，始终坚持马克思主义的指导地位。哲学社会科学研究离不开正确的世界观、方法论的指导。习近平总书记深刻指出：坚持以马克思主义为指导，是当代中国哲学社会科学区别于其他哲学社会科学的根本标志，必须旗帜鲜明加以坚持。马克思主义揭示了事物的本质、内在联系及发展规律，是"伟大的认识工具"，是人们观察世界、分析问题的有力思想武器。马克思主义尽管诞生在一个半多世纪之前，但在当今时代，马克思主义与新的时代实践结合起来，愈来愈显示出更加强大的生命力。哲学社会科学博士后研究人员应该更加自觉坚持马克思主义在科研工作中的指导地位，继续推进马克思主义中国化、时代化、大众化，继续发展 21 世纪马克思主义、当代中国马克思主义。要继续把《文库》建设成为马克思主义中国化最新理论成果的宣传、展示、交流的平台，为中国特色社会主义建设提供强有力的理论支撑。

第二，逐步树立智库意识和品牌意识。哲学社会科学肩负着回答时代命题、规划未来道路的使命。当前中央对哲学社会科学愈发重视，尤其是提出要发挥哲学社会科学在治国理政、提高改革决策水平、推进国家治理体系和治理能力现代化中的作用。从 2015 年开始，中央已启动了国家高端智库的建设，这对哲学社会科学博士后工作提出了更高的针对性要求，也为哲学社会科学博士后研究提供了更为广阔的应用空间。《文库》依托中国社会科学院，面向全国哲学社会科学领域博士后科研流动站、工作站的博士后征集优秀成果，入选出版的著作也代表了哲学社会科学博士后最高的学术研究水平。因此，要善于把中国社会科学院服务党和国家决策的大智库功能与《文库》的小智库功能结合起来，进而以智库意识推动品牌意识建设，最终树立《文库》的智库意识和品牌意识。

第三，积极推动中国特色哲学社会科学学术体系和话语体系建设。改革开放 30 多年来，我国在经济建设、政治建设、文化建设、社会建设、生态文明建设和党的建设各个领域都取得了举世瞩目的成就，比历史上任何时期都更接近中华民族伟大复兴的目标。但正如习近平总书记所指出的那样：在解读中国实践、构建中国理论上，我们应该最有发言权，但实际上我国哲学社会科学在国际上的声音还比较小，还处于有理说不出、说了传不开的境地。这里问题的实质，就是中国特色、中国特质的哲学社会科学学术体系和话语体系的缺失和建设问题。具有中国特色、中国特质的学术体系和话语体系必然是由具有中国特色、中国特质的概念、范畴和学科等组成。这一切不是凭空想象得来的，而是在中国化的马克思主义指导下，在参考我们民族特质、历史智慧的基础上再创造出来的。在这一过程中，积极吸纳儒、释、道、墨、名、法、农、杂、兵等各家学说的精髓，无疑是保持中国特色、中国特质的重要保证。换言之，不能站在历史、文化虚无主义立场搞研究。要通过《文库》积极引导哲学社会科学博士后研究人员：一方面，要积极吸收古今中外各种学术资源，坚持古为今用、洋为中用；另一方面，要以中国自己的实践为研究定位，围绕中国自己的问题，坚持问题导向，努力探索具备中国特色、中国特质的概念、范畴与理论体系，在体现继承性和民族性，体现原创性和时代性，体现系统性和专业性方面，不断加强和深化中国特色学术体系和话语体系建设。

新形势下，我国哲学社会科学地位更加重要、任务更加繁重。衷心希望广大哲学社会科学博士后工作者和博士后们，以《文库》系列著作的出版为契机，以习近平总书记在全国哲学社会科学座谈会上的讲话为根本遵循，将自身的研究工作与时代的需求结合起来，将自身的研究工作与国家和人民的召唤结合起来，以深厚的学识修养赢得尊重，以高尚的人格魅力引领风气，在为祖国、为人民立德立功立言中，在实现中华民族伟大复兴中国梦征程中，成就自我、实现价值。

是为序。

中国社会科学院副院长

中国社会科学院博士后管理委员会主任

2016 年 12 月 1 日

摘　要

　　经济增长是众多生产要素优化配置所实现的综合提升，在一定时间内，可通过生产要素的投入实现生产规模的扩大。无论是经济增长理论，还是目前专注经济增长领域的实证研究，都认为生产率提升是经济稳定增长的主要源泉，经济增长的实质即生产率的提升。在人口老龄化不可逆转的情况下，分析其对劳动生产率的影响及其影响机制，对于深入了解经济增长的源泉具有十分重要的现实意义。

　　本书从宏观和微观两个视角研究了人口老龄化对劳动生产率的影响及其机制。宏观视角的研究采用"八五"计划到"十二五"规划期间29个省（区、市）的数据，采用面板数据模型，基于DEA模型的Malmquist指数分解、中介效应模型方法研究了我国人口老龄化对劳动生产率的影响和影响机制。另外，微观视角的研究利用"中国雇主-雇员匹配数据追踪调查"截面数据，采用稳健标准差的一般线性回归模型检验了人口年龄结构与工资和劳动生产率之间的关系。通过实证结果分析，得出以下结论。

　　第一，我国的省际劳动生产率发展差异显著，并且地区间的劳动生产率差异具有明显的区域性和阶段性。同时，我国区域间和区域内的劳动生产率发展差距均呈现缩小的趋势，区域发展不平衡得到了很大程度的改善。全国的劳动生产率最终呈收敛趋势；东部地区劳动生产率的内部差距波动性较大，但最终呈缓慢收敛趋势；中部地区劳动生产率变化最为平稳，并以平稳的速度最终收敛；西部地区劳动生产率的内部差距变化最不平稳，波动性较大。

　　第二，人口转变是长周期的动态过程，伴随不同时期人口转变的规律性结果，人口机会窗口的表现形态呈动态变化，人口红利形态也随之向动态转型。第一次人口红利是数量型人口优势与劳动密集型产业结构及转型过程中生产要素需求的有机结合，积极的就业政策和高劳动参与率是获取人口红利的主要路径；劳动年龄人口减少、抚养比升高导致人口老龄化及第一次人口红利的人口基础发生转变。在劳动力资源越发稀缺的情况下，人力资本越发雄厚，成为经济增长转型的积极因素。从劳动参与率向劳动生产率转型，是继续收获人口红利和新时代现代化建设的客观需求。人口红利实现途径从劳动参与率向劳动生产率的转型是适应新时代中国特色社会主义发展的客观规律，是经济发展和人口转变的自然结果。

第三，短期内，当期的人口老龄化对劳动生产率的影响为负，滞后一期的人口老龄化对劳动生产率的影响为正；长期内，人口老龄化对劳动生产率的长期效应并未凸显。改进模型进一步证实了人口老龄化与劳动生产率之间的关系呈倒"U"形。在不考虑其他控制变量影响的情况下，人口老龄化最大劳动生产效应的拐点位于10.61%—12.48%；在考虑其他控制变量影响的情况下，人口老龄化最大劳动生产效应的拐点前移至8.65%—8.79%。

第四，人口老龄化通过技术进步、纯技术效率和规模效率三个中介因素对劳动生产率的影响程度和方向略有不同，正因如此，人口老龄化与劳动生产率之间的关系并非简单的线性关系。在不考虑其他经济因素影响的情况下，技术进步能够解释人口老龄化对劳动生产率影响的44.89%，纯技术效率能够解释人口老龄化对劳动生产率影响的4.14%，规模效率能够解释人口老龄化对劳动生产率影响的2.82%。在考虑其他控制变量的情况下，技术进步解释人口老龄化的部分影响被其他变量稀释，技术进步能够解释人口老龄化对劳动生产率影响的16.20%，纯技术效率对劳动生产率的中介效应不显著，规模效率的中介效应解释程度为4.10%。

第五，人口老龄化与创新之间呈倒"U"形关系。随着人口老龄化水平的提高，人口老龄化最初对创新有积极的影响，但当人口老龄化达到一定水平后，人口老龄化程度的进一步提高将对创新产生负面影响。人口老龄化程度的拐点位于8.2%—12.2%，当人口老龄化超过峰值后，人口老龄化将对创新产生不利影响。

第六，微观视角的研究证实，劳动生产率的年龄峰值位于25—29岁，25—29岁劳动力的劳动生产率比其他组别劳动力的劳动生产率平均高5.73%。年龄对工资影响的峰值位于25—34岁，从40岁以后，随着年龄的增加，工资逐渐降低。控制变量的加入削弱了年龄对工资和劳动生产率的影响。

关键词：人口老龄化　劳动生产率　改革　工资　人口红利

Abstract

Economic growth is a comprehensive upgrade of many productive factors to achieve optimal allocation. No matter from the view of economic growth theory or current empirical research in the field of economic growth, it is believed that productivity promotion is the main source of stable economic growth. The essence of economic growth is productivity improvement. In face of irreversible population aging, knowing its influence on labor productivity and its influence mechanism is of great practical significance for us to understand the source of economic growth.

This paper studies the influence of population aging on labor productivity and its mechanism from macroscopic and microscopic perspectives. The macroscopic view uses the panel data model, the Malmquist exponential decomposition based on the DEA model, and mediating effect model to study the influence of the population aging on labor productivity and its mechanism in China. The relationship between labor age structure and wages and labor productivity is examined by the general linear regression of robust standard deviation in microscopic view. The main conclusions are as follows.

Firstly, China's provincial labor productivity development difference is obvious, and interregional labor productivity difference differs by region and stage. At the same time, China's labor productivity development gap between regions are narrowing, and regional development imbalance has been greatly reduced. The national labor productivity is convergent at last. The internal disparity of labor productivity in eastern region is large, but the trend is to slowly converge. The labor productivity in the middle region is the most stable and converges at a steady speed. The internal gap of labor productivity in the western region is the most unstable and the fluctuation is wide.

Secondly, demographic transition is a long-term dynamic process. With the regular results of demographic transition in different periods, the manifestation of demographic opportunity window is dynamically changing, and the demographic dividend is also undergoing a dynamic transformation. The first demographic dividend is an organic combination of quantitative population advantage, labor-intensive industrial structure, and production factors in the process of transformation. Active employment policies and high labor participation rates are the main ways of obtaining demographic dividends. The decline in working age population in post-demographic transition period and the increase in the dependency ratio leads to the aging population and the first demographic transformation of demographic dividend. With the increasingly scarce labor resources, human capital becomes more abundant, which has become a positive factor in promoting the transformation of economic growth. Transforming labor participation rate to labor productivity and continuing maintaining demographic dividend are the objective demands for modernization in the new era. The transformation of demographic dividend from labor participation rate to labor productivity is an objective pattern that adapts to the development of socialism with Chinese characteristics in the new era. It is also a natural result of the transformation of economic development and population development.

Thirdly, in the short term, population aging in the current period has negative effect on labor productivity. The influence of aging with lag on labor productivity is positive, and the long-term effect of population aging on labor productivity is not obvious. The improved model further confirms that the relationship between population aging and labor productivity is "inverted U" type. Without considering the influence of other control variables, the inflection point of the largest labor production effect of population aging is located at 10. 61% – 12. 48% . Considering the influence of other control variables, the turning point is shifted forward to 8. 65% – 8. 79% .

Fourthly, population aging has a slight difference in the degree and direction of influencing labor productivity by means of technological progress, pure technical efficiency, and scale efficiency, which is why the relationship between population aging and labor productivity is not a simple linear relationship. Without taking into account the impact of other economic factors, technological progress can explain 44. 89% of the impact of population ageing on labour productivity. Population ageing can explain 4. 14% of the impact of labour productivity through pure technical efficiency, and scale efficiency can explain 2. 82% of the impact of population ageing on labour productivity. After adding other control variables, technological progress explains that part of the influence of population aging is diluted by other variables. Technological progress can explain 16. 2% of the impact of population aging on labor productivity. The intermediary effect of pure technical efficiency approach to labor productivity is not significant, and the intermediary effect of scale efficiency is 4. 1% .

Fifthly, there is an inverted U-shaped relationship between population aging and innovation. With the increase in the degree of population aging, population aging initially has a positive impact on innovation, but when population aging reaches a certain level, the further improvement of population aging will have a negative impact on innovation. The inflection point of population ageing is at 8. 2% – 12. 2% , and population ageing will have a negative impact on innovation as the population ages beyond its peak.

Lastly, the microscopic study confirms that the peak age of labor productivity is between 25 – 29 years old, and the labour productivity of 25 – 29 years old is 5. 73% higher than that of other groups. The peak age for wage is at 25 – 34 years of age, and since the age of 40 years, wage gradually decreases. The addition of control variables weakens the impact of age on wages and labor productivity.

Keywords: Population Aging; Labor Productivity; Innovation; Wage; Demographic Dividend

目　录

Contents

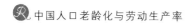

第一章　导论

第一节　经济发展与人口老龄化趋势

自 1978 年改革开放以来，我国经济总量保持持续的高速增长，1978—2016 年，我国 GDP 从 3645 亿元增至 744127 亿元，2010 年我国名义 GDP 更是达到 58786 亿美元，赶超日本成为世界第二大经济体。[①] 从 2014 年开始，我国已进入经济新常态发展阶段，增长速度从高速转向中高速，发展方式从规模速度型转向质量效率型，经济结构从增量扩能为主转向调整存量、做优增量并举，发展动力从主要依靠资源和低成本劳动力等要素投入转向创新驱动。[②] 近年来，我国经济增长速度有所减缓，增量平稳的经济中高速增长背后是经济结构和生产结构的优化和升级。在经济发展过程中，人口是基础性、全局性和战略性因素，其中，劳动力是经济增长的生产要素，其投入规模与质量决定了生产部门的规模与效率。但是，我国于 2000 年左右已经进入人口老龄化社会，且相较于其他发达国家，我国的人口老龄化发展速度较快。2018 年，我国 65 岁及以上人口[③]规模达到 16658 万人，所占比重达到 11.9%。根据《世界人口展望 2019》中的数据预测[④]，未来我国的人口

---

①　国家统计局：《中国统计年鉴 2019》，中国统计出版社，2019。

②　中共中央宣传部编《习近平新时代中国特色社会主义思想学习纲要》，学习出版社、人民出版社，2019，第 112 页。

③　下文如未有特殊强调，老年人口均指 65 岁及以上人口，劳动年龄人口指 15—64 岁人口。

④　根据联合国发布的《世界人口展望 2019》，2018 年全球 65 岁及以上人口数量首次超过 5 岁以下儿童数量。预计到 2050 年，全球 65 岁及以上人口数量将是 5 岁以下儿童的 2 倍，并超过 15—24 岁的青少年人口数量。

老龄化程度仍然会持续加深，人口老龄化已经成为不可逆转的事实。在这种情况下，人口老龄化的发展势必挤压劳动年龄人口规模，人口年龄结构变化影响经济增长速度和经济发展方式已经被广大学者证实，那么劳动生产率作为经济增长的源泉，人口老龄化是否会影响劳动生产效率？本书将从宏观和微观两个视角验证人口老龄化对劳动生产率的影响及其影响机制。

一 人口转变发展现状

从 20 世纪开始，随着经济发展和人口政策的变化，社会变革促使我国人口再生产类型转变，从"高出生率、高死亡率、低预期寿命"的传统型人口再生产逐渐转变为现代型的"低出生率、低死亡率、高预期寿命"的人口再生产类型，人口世代更替速度放缓。21 世纪，我国的人口发展表现出与以往不同的特点，即人口负增长、劳动年龄人口减少、人口老龄化加速、人力资本存量增加、人口城镇化快速发展。[①] 其中，最备受学者和政策实施者关注的即为人口老龄化，同时，人口转变导致的最直接结构性后果也是人口老龄化，并且相当长一段时间内我国劳动年龄人口规模，甚至是总人口规模开始缩小。2000 年，我国 65 岁及以上老年人口规模为 8821 万人，占总人口的比重达到 7%，标志着我国开始全面进入人口老龄化社会。[②]人口老龄化的不断深化归因于出生率和死亡率的双走低，以及平均预期寿命的提高。虽然 2012 年以后我国的出生率有所回升，但是依然难以缓解人口老龄化加深的趋势。在老年人口绝对规模和相对规模扩大的同时，总和生育率持续低于更替水平，我国少儿规模呈现不断缩小的趋势，这使我国人口年龄结构迅速老化，社会抚养类型也逐渐从"养小"过渡到"养老"。

在人口年龄结构中，劳动年龄人口是衡量区域内可利用劳动力输入最重要的指标，也是人口年龄结构中的生产型人口。在不考虑其他生产要素控制的情况下，劳动年龄人口规模越大，生产创益能力越大，经济效益越高。我国的人口转变过程不同于其他国家和地区之处在于，生育政策对人口年龄结构转变具有强制性的导向功能，计划生育政策的实施成为出生率下降的助推因素，继而挤压劳动年龄人口规模。2018 年，我国的劳动年龄人口规

---

① 李建民：《中国的人口新常态与经济新常态》，《人口研究》2015 年第 1 期。

② 国家统计局：《中国统计年鉴2001》，中国统计出版社，2001。

模为99357万人，比2017年减少了将近472万人，占比减少了0.6个百分点，相对应的是，老年人口比例增至11.9%，比上年增加了0.5个百分点。[①]

　　未来我国的人口老龄化程度仍然处于不断深化的阶段，根据联合国《世界人口展望2017》中的方案预测，2030年后我国人口规模开始缩小，并于2055—2060年，总人口数量开始低于13亿人，并开始持续减少。相对而言，以65岁作为界定老年人口的标准，2015年是我国劳动年龄人口规模的峰值期，之后劳动年龄人口存量将会减少。与此同时，从1987年开始，我国的人口自然增长率急速下降，人口老龄化的常态之势不可逆转。人口老龄化不仅意味着老年人口规模的扩大，也意味着劳动年龄人口中高年龄组劳动力人口占比不断提高，规模不断扩大。[②] 根据联合国人口预测，我国的劳动年龄人口规模先行呈现缩小趋势，"十三五"期间，劳动年龄人口数量减少了1.5亿人左右，人口老龄化水平从9.6%提升至12.1%，2055年我国人口老龄化预计高达31.0%[③]，处于严重的人口老龄化阶段，人口年龄结构老化严重。与发达国家的人口老龄化发展趋势相比，我国的人口老龄化显然经历了时间较短的过渡期，65岁及以上老年人口比重从7%上升到14%预计耗时38年，与人口老龄化程度最严重的日本发展速度相当，与最早进入人口老龄化的法国相去甚远。未来我国的人口老龄化形势仍十分严峻，这将是经济社会发展过程中人口发展最重要的特征。

　　就我国人口发展趋势而言，人口老龄化是人口年龄结构转变的必然结果，在这种情况下，人口老龄化对经济增长及经济发展的影响及其影响机制值得关注。人口老龄化对经济增长的影响方向取决于人口老龄化与经济增长的变化速度，如果前者大于后者，那么经济增长的程度并不能承受人口迅速老化所带来的抚养负担，出现"未富先老"的情况，经济增长速度缓慢；如果前者小于后者，辅以社会环境、经济政策，人口优势可转化为人口红利，经济增长可不受人口老龄化的负向影响。这是一个涉及社会经济增长与人口转型的发展过程，并不是一蹴而就的。这种人口年龄结构转变对经济增长的影响大致可以分为三个阶段：第一阶段即新出生的孩子还未进入劳动力市场，劳

[①] 国家统计局：《中国统计年鉴2019》，中国统计出版社，2019。

[②] 童玉芬：《人口老龄化过程中我国劳动力供给变化特点及面临的挑战》，《人口研究》2014年第2期。

[③] 数据来源于联合国发布的《世界人口展望2015》。国内人口学家认为联合国《世界人口展望》对于中国的预测并不准确，这里采用《世界人口展望》中的数据并不强调预测实际结果，着重于中国人口基本的发展趋势。

动人口的增长速度慢于总人口的增长速度，整个社会中消费型人口比重上升，因此这一时期，人口转变对经济增长的影响是负向的；第二阶段即随着出生率的下降，少儿抚养比开始下降（见图1-1），而在上一期出生的孩子开始进入劳动力市场，在整个人口结构中，生产型人口大于消费型人口，劳动年龄人口的增长速度快于总人口的增长速度，这一时期，人口年龄结构成为经济增长的积极因素；第三阶段即劳动力的增长速度开始下降，同时，老年人口占比快速升高，少儿抚养比的下降速度趋缓，人口转变对经济增长的正向效应减弱，人口转变因素对经济发展的贡献率下降。在控制其他因素限制的情况下，人口老龄化对经济增长的影响程度取决于人口老龄化的程度。[1] 考虑到人口老龄化对消费及储蓄的影响，人口老龄化并非必然阻碍经济增长。[2] 但是目前，我国人口老龄化处于第三阶段，以当今我国的现实经济参数发展，人口老龄化将对经济增长产生负面影响。[3]

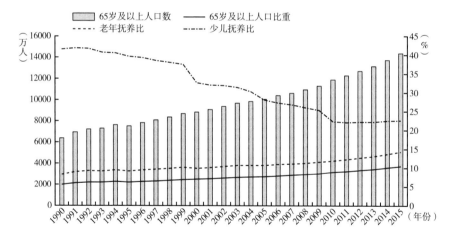

图1-1　1990—2015 年我国基本人口状况

资料来源：国家统计局：《中国统计年鉴2016》，中国统计出版社，2016。

[1] 李军：《人口老龄化条件下的经济平衡增长路径》，《数量经济技术经济研究》2006 年第 8 期；J. Zhang, J. Zhang, R. Lee, "Rising Longevity, Education, Savings, and Growth," *Journal of Development Economics* 70（2003）：83 – 101。

[2] J. Zhang, J. Zhang, R. Lee, "Mortality Decline and Long – Run Economic Growth," *Journal of Public Economics* 80（2001）：485 – 507。

[3] 汪伟：《人口老龄化、生育政策调整与中国经济增长》，《经济学》（季刊）2017 年第 1 期。

我国的人口发展已经进入新的阶段，与此相对应的是经济新常态，这一阶段强调在经济结构对称态基础上的经济可持续发展，不再以经济总量最大化为目的，GDP 增速告别两位数，开始步入稳定的中低速增长阶段。GDP 增速趋于平缓并不是周期性的，而是结构性减速。在经济增速放缓的同时，第一、第二、第三产业的经济贡献率与经济增速的变动趋势基本保持一致，但是第三产业的产业增加值逐年增加，甚至第三产业的生产总值占比于 2015 年超过 50%，打破了工业长期主导经济增长的局面，我国主导产业向服务型产业转变，而 1990—2015 年我国第一、第二、第三产业对经济增长的拉动如图 1-2 所示。与此同时，我国经济结构不断升级优化，实现了从要素驱动、投资驱动逐渐转向创新驱动的升级。2018 年，我国研发经费支出为 19677.9 亿元，比上年增长了 11.8%，全年受理境内外专利申请量为 432.3 万件，专利授权数为 244.7 万件。① 我国之所以能实现长期的经济增长，关键在于技术创新及制度改革条件下劳动生产率的持续提高。

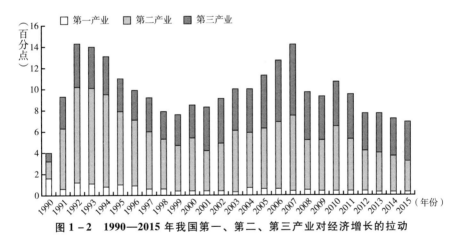

图 1-2　1990—2015 年我国第一、第二、第三产业对经济增长的拉动

注：拉动指 GDP 增长速度与三次产业的乘积。

资料来源：国家统计局：《中国统计年鉴 2016》，中国统计出版社，2016。

学者们普遍认为，人口年龄结构的动态变化影响经济增长和经济发展程度。Bloom 和 Williamson 通过理论构建和实证分析，解释了东亚经济奇迹，认为有利的人口年龄结构是东亚经济快速增长的重要因素，由此展开

---

① 数据来源于《2018 年国民经济和社会发展统计公报》。

了经济增长过程中关于"人口红利"视角的研究。[①] 快速的人口结构转型使我国开始从"第一次人口红利"逐渐向"第二次人口红利"过渡，数量型人口结构优势即将消失，质量型人口红利的人口基础正在形成。由于劳动生产率是经济增长的源泉，在"人口红利"转型的过程中，人口老龄化是否会对劳动生产率产生相应的影响？基于内生增长理论，人口老龄化的不断深化，使相较于追求家庭劳动力数量而言，人们更加关注个体劳动生产率的提高。[②] 从这方面来看，人口老龄化会刺激人力资本形成，从而提高劳动生产率，可能会降低人口老龄化所导致的负向生产率。

经济增长是众多生产要素实现优化配置所得到的综合提升，深究经济增长的源泉，劳动生产率的重要性不容忽视。在人口老龄化不可逆转的情况下，认识其对劳动生产率的影响对于深入了解经济增长的源泉具有十分重要的现实意义。基于此，本书将研究视角定位于劳动生产率层面上，在"低出生率、低死亡率、高预期寿命"形成人口老龄化的背景下，分析人口老龄化对劳动生产率的影响及其影响机制。

二 人口老龄化与劳动生产率关系的研究意义

从理论意义上看，人口因素是社会生产过程中最能动的要素，而劳动力资源是经济增长和经济发展的重要生产要素。目前乃至将来我国处于形势严峻的人口老龄化阶段。从人口规模的变化趋势来看，劳动年龄人口绝对规模及相对规模的相对缩小导致有效劳动力数量减少，进而会制约单位生产输出。但是我国教育水平提高、《"健康中国2030"规划纲要》的实施为人口质量改善提供了重要条件，人力资本储量的增加为第二次人口红利释放出巨大的能量，从而促进单位生产效率提高。因此，一味地认为人口老龄化不利于社会生产显然略显偏颇，人口老龄化并不一定会对经济增长产生负向的影响。此外，总储蓄的提高会带来总产出的增长，而高储蓄率又会降低老龄人口消费占当期收入的比重，从而提高储蓄率。[③] 另外，虽然

---

① D. E. Bloom, J. G. Williamson, "Demographic Transitions and Economic Miracles in Emerging Asia," *World Bank Economic Review* 12 (1998): 419 – 455.

② 刘穷志、何奇：《人口老龄化、经济增长与财政政策》，《经济学》（季刊）2013年第1期。

③ K. Futagami, T. Nakajima, "Population Aging and Economic Growth," *Journal of Macroeconomics* 23 (2001): 31 – 44.

人口年龄结构老化导致了人口老龄化程度的加深和劳动年龄人口规模的缩小，但是老年人口熟练的技能、丰富的经验及较高的忠诚度可能更有益于生产率的提高。在经济发展过程中，准确认识人口年龄结构变动的经济效应至关重要。对于这方面的研究，国外（美国、德国、加拿大、法国、丹麦等）学者的研究相对成熟，也得出了很多具有理论和现实指导意义的结论。虽然世界范围内几乎所有的发达国家都处于严重的人口老龄化阶段，但是我国的人口转型及经济发展方式与其他国家都存在本质的区别，国外的研究结论是否适用于我国的实际情况有待验证。本书的研究针对我国的人口转型和经济增长特征，通过采用人口年龄结构和人口老龄化指标，分析我国的人口老龄化对劳动生产率的影响及其影响机制。

另外，从现实意义上看，就经济增长的阶段而言，我国经济仍然属于投资驱动型，资本投入仍然解释了经济发展的绝大部分[①]，但是深入研究发现，经济增长的主要驱动力则是劳动生产率。在投入一定生产要素的条件下，只有形成有效的生产输出，才能实现经济结构和产业结构的优化，才能有序、合理地引导生产要素流动，最终实现高效率的经济增长。经济增长的变化趋势及发展方式的转变，归根到底是劳动生产率的变化。从这方面来看，在人口老龄化已经成为不可逆转的事实的前提下，人口老龄化会带来人口年龄结构老化，除了直接影响劳动生产率之外，可能会通过社会生产过程中的其他途径来间接影响劳动生产率。因此，准确把握人口老龄化对劳动生产率的影响具有现实意义。本书在了解人口老龄化对劳动生产率影响的基础上，为相关领域的政策制定提供可参考的实证依据。

第二节　主要概念、数据与方法

一　主要概念

为探究人口老龄化对劳动生产率的影响及其影响机制，研究应主要关

[①]　张军、施少华：《中国经济全要素生产率变动：1952—1998》，《世界经济文汇》2003 年第 2 期；陈娟：《全要素生产率对中国经济增长方式的实证研究》，《数理统计与管理》2009 年第 2 期。

注劳动生产率、人口年龄结构概念。

1. 劳动生产率

劳动生产率是衡量一定时期内经济主体的生产效益与相对应的生产性输入之比，是衡量单位劳动力输入的生产价值及有效生产输出的主要指标。劳动生产率能够解释考察时期内劳动力资源投入的生产效率。在宏观视角的研究中，学者们对劳动生产率的衡量主要采用两种方法，一种是生产总值与全部就业人员之比，另一种是基于数据包络分析（Data Envelopment Analysis，DEA）的劳动生产率测算。前者是对静态劳动生产率的计量，是考核单位就业人员劳动生产效率的最直接指标；后者是基于多个输入与输出决策单元间的相对劳动生产率，准确来说是动态的劳动生产率。相对于直接的衡量方法，DEA 方法可以将劳动生产率分解为纯技术效率、技术进步和规模效率三个部分。DEA 方法除了具有动态测度劳动生产率的优势之外，还能准确把握人口老龄化通过纯技术效率、技术进步和规模效率三个路径对劳动生产率的影响程度。

结合已有数据和可观测样本范围，本书采用了静态劳动生产率和动态劳动生产率两种测度方法。前者用国内生产总值与全部就业人员之比来衡量有效劳动力的生产效益，从省际层面来讲，它有效衡量了某一时点的省际劳动生产率，是存量劳动生产率水平；后者用 DEA 方法测度的劳动生产率实为劳动生产率变化率，除了能动态衡量劳动生产率之外，还是反映劳动生产率变化路径的主要依据。为了避免不同省份初始发展水平对测量结果的影响，更准确地测度在考察期内劳动生产率的实际变化，本书以1991 年为基期，采用价格平减指数将名义生产总值转变为实际生产总值，继而得出单位就业人员的实际生产产出，即实际劳动生产率。

从劳动生产率是衡量单位劳动力输入的生产效率指标的角度出发，在微观研究中，个体劳动生产率采用小时工资来衡量。小时工资是以小时为计时单位结算和计发报酬的一种工资表现形式，属于计时工资范畴。在工资相同的情况下，个体劳动时间越长，劳动生产率越低；另外，在劳动时间相同的情况下，个体工资与劳动生产率呈正向相关关系。采用小时工资衡量个体劳动生产率的方法，也备受国外学者们推崇。

2. 人口年龄结构

目前，人口老龄化是人口年龄结构最主要的特征。严格意义上的人口年龄结构是指特定时点、一定地区内各个年龄组人口占样本范围内总人口的比重，各个年龄组人口的相对规模是判断人口再生产类型的重要依据。但是，官方数据库仅公布了普查年份和小普查年份各省份的人口年龄结构数据，其他年份只报告了0—14岁、15—59岁、15—64岁、60岁及以上和65岁及以上人口的规模。目前，学者们对人口年龄结构的处理通常建立在普查年份和小普查年份公布的年龄结构数据基础上，采用一定的计量方法补齐其他未公布年份的年龄结构数据。但是，该计量方法存在选择性误差，补齐人口年龄结构数据的做法缺乏真实性，目前并没有一种较科学的方法能够准确地估算出各年、各省份的人口年龄结构数据。为了最贴近实际的人口年龄结构转变，本书采用人口老龄化指标来表征人口年龄结构变迁。虽然人口老龄化只是人口年龄结构的一部分，但是在我国经济发展和人口转型的背景下，人口老龄化是最重要的人口年龄结构的特征，具有代表性。基础模型的人口老龄化指标采用65岁及以上老年人口占总人口的比重来衡量；稳健性检验中采用老年人口占劳动年龄人口的比重，即以老年抚养比作为人口老龄化的代理变量。

本书的微观研究数据来源于对个体年龄的专项调查项目，为了避免人为划分年龄组导致的结果偏差，这里对个体年龄结构预设采用两种划分标准，一种为18—29岁、30—39岁、40—49岁、50—59岁、60岁及以上5组，另一种采用18—24岁、25—29岁、30—34岁、35—39岁、40—44岁、45—49岁、50—54岁、55—59岁、60岁及以上9组。

二　数据说明

本书所使用的宏观数据和微观数据主要来源于公开发表的统计年鉴和专项调查数据。宏观数据主要来源于历年的中国和各省份的统计年鉴、中国和各省份的人口统计年鉴、《中国科技统计年鉴》、投入产出表、全国人口普查（1990年、2000年及2010年）、全国1%人口抽样调查（1995年、2005年及2015年）等，这部分数据大多来源于各官方网站或已公开出版的书籍。劳动生产率、人口老龄化和相关的控制变量指标采用建立在各数据源基础上的绝对数和计算所得的相对数。

微观数据来源于中国人民大学劳动人事学院主持设计和实施的2013年"中国雇主－雇员匹配数据追踪调查"，该调查是一项全国性的企业追踪调查工作。截至2014年，此类专项调查进行了4期，2011—2013年的3期调查是对在职员工匹配数据的专项调查，2014年的专项调查是针对2012年参与匹配数据的调查，是对已离职雇员的追踪调查。2011 年，雇主－雇员匹配数据调查了 50 个雇主样本、335 个雇员样本，考虑到基线追踪调查进入 2011 年、2012 年后调查样本量较少，不能为面板数据分析提供足够的样本量，另外 2014 年的调查是对离职雇员的追踪调查，不是本书的研究重点。综合考虑，本书的微观数据采用 2013 年"中国雇主－雇员匹配数据追踪调查"进行截面数据研究。雇员调查问卷中包括员工的个人信息、工作特征、员工与企业的关系和员工福利信息，为与雇员相关的研究奠定了坚实的数据基础。

三　研究方法

在一定理论研究的基础上，本书将核心变量纳入分析框架，重点采用的研究方法包括以下几种。

（1）数据包络分析（Data Envelopment Analysis，DEA）

数据包络分析根据输入和输出的观测值来估计生产前沿面，克服了生产函数选取所带来的误差及必须满足理论假设条件的局限性，借助前沿分析法构建生产可能集和空间上的距离函数[1]，运用运筹学中的线性规划来确定决策单元的最优点。DEA 技术尤其在处理多输入、多输出的有效生产前沿面方面具有绝对优势。Fare 等把测算全要素生产率的 Malmquist 指数应用到 DEA 框架中，有效地对生产效率进行了测算。[2] 本书采用基于 DEA 模型的 Malmquist 指数来测算动态劳动生产率指数及其分解的技术进步指数、纯技术效率指数和规模效率指数。

（2）面板数据模型分析

众所周知，面板数据模型在计量分析的应用中具有不可比拟的优势，其通过时间序列和截面两个维度可以实现纵向和横向的全面观测，能够增加模型的样本估计量，又能控制不可观测的异质性因素，提高模型估计的准确性。面板数据模型包括静态面板数据模型和动态面板数据模型两种，静态面板数

---

[1]　M. J. Farrell, "The Measurement of Productive Efficiency," *Journal of the Royal Statistical Society* 120 (1957): 253 – 290; R. W. Shephard, *Theory of Cost and Production Functions* (Princeton: Princeton University Press, 1970); A. Charnes, W. W. Cooper, E. Rhodes, "Measuring the Efficiency of Decision Making Units," *European Journal of Operational Research* 2 (1978): 429 – 444.

[2]　Rolf Fare et al., "Productivity Growth, Technical Progress, and Efficiency Change in Industrialized Countries," *The American Economic Review* 84 (1994): 66 – 83.

据模型不考虑经济行为的滞后性,即不将滞后一期的经济变量纳入面板数据模型,估计方法主要有固定效应回归、随机效应回归、混合最小二乘法以及 GMM 方法,并采用 Hausman 检验及 F 检验来判定何种拟合方法更适合;考虑到经济行为的滞后性,以及静态面板数据模型中无法消除的多重共线性及内生性,本书将滞后一期的经济变量纳入面板数据模型,从而构成动态面板数据模型,并采用固定效应回归、随机效应回归、混合最小二乘法、差分广义矩估计(差分 GMM)和系统广义矩估计(系统 GMM)等回归方法进行模型拟合。

(3)收敛性检验

新古典经济增长理论认为,经济行为最终会动态收敛于某一均衡状态,即使初始社会发展水平不一样,不发达地区也会出现追赶发达地区的趋势,最终稳定收敛于某一状态。目前我国的劳动生产率是否呈现收敛现象,是否不依靠政府管理、市场调控,不同区域间的劳动生产率是否会最终均衡,需要进一步的验证。为了准确地把握目前全国及东部、中部、西部地区的劳动生产率水平,本书采用 σ 收敛、绝对 β 收敛、条件 β 收敛和俱乐部收敛的相关研究方法对各区域的劳动生产率收敛性进行检验。

(4)中介效应模型

中介效应模型是在研究解释变量 X 对被解释变量 Y 的影响时,X 除了可以直接对 Y 产生影响之外,还能通过其他变量 M 对 Y 产生间接的影响,把反映三个变量之间因果关系的模型称为中介效应模型,其中,变量 M 称为中介变量。本书为了分析人口老龄化对劳动生产率的影响机制,在基于 DEA 模型的 Malmquist 指数的动态分解的基础上,将劳动生产率增长率视为被解释变量,人口老龄化为解释变量,动态分解指数——技术进步、纯技术效率和规模效率分别为中介变量 M,从三个途径来分析人口老龄化对劳动生产率的影响机制。

(5)文献研究

对国内外人口老龄化与劳动生产率的相关研究文献进行整理和综合分析,保证本书在立意、依据和方法等方面处于前沿。

第三节 主要研究内容

本书主要从宏观和微观层面来研究人口老龄化与劳动生产率之间的关

系。劳动生产率是一定时期内就业人员的生产输出与相应的劳动投入量之比，衡量了一定时间范围内经济主体在一定生产投入水平下的生产效率。

在相关经济增长理论和已有研究的基础上，本书旨在研究宏观视角和微观视角下人口老龄化对劳动生产率的影响，主要内容如下。

第一，由于不同区域间的资源禀赋差异，我国东部、中部、西部地区经济发展始终都保持着显著的组间差距，同时，区域内的组内差距也十分明显。区域间发展差距的存在一直是学者们关注的焦点问题，由此衍生出的社会公共服务、医疗资源、教育资源、收入水平等领域都存在不同程度的区域差距，这种差距都根源于区域经济发展水平。中国共产党第十九次全国代表大会报告（以下简称为"党的十九大报告"）在"两步走"战略中，明确将缩小区域发展差距列入国家顶层设计。区域发展差距不仅是学术界关注的焦点，也是国家政策实施的重要依据。古典经济学理论认为，区域间的发展差距最终会收敛于稳定状态。那么，劳动生产率作为经济增长的源泉，是否与经济发展趋势一致，最终收敛于一定水平？基于此，本书在认识我国从中华人民共和国国民经济和社会发展第八个五年计划（以下简称为"八五"计划）至第十二个五年规划（以下简称为"十二五"规划）[1] 期间各省（区、市）和区域发展圈层劳动生产率水平的基础上，进一步采用劳动生产率的 σ 收敛、绝对 β 收敛、条件 β 收敛和俱乐部收敛，分析了我国劳动生产率的发展现状及其区域发展差距。

第二，从宏观视角研究人口老龄化对劳动生产率的影响时需要准确认识劳动生产率水平。考虑到传统的核算方法要建立在假定的生产函数基础上，除了需要克服现实经济发展无法满足的理论假设之外，实际经济增长与发展模式并不局限在特定的生产函数内，为了避免选取生产函数所出现的核算误差，本书利用两种方法对劳动生产率进行测算，一种是直接测算法，另一种是基于 DEA 模型的 Malmquist 生产率指数[2]对动态劳动生产率水平进行测算。

---

[1] 中国以五年一个时间段来做国家的中短期规划，第一个"五年计划"是1953—1957年，从1966年开始每隔五年作为一个时间段进行整体规划，其中"一五"至"十五"称为计划，自"十一五"起改称规划。

[2] S. C. Ray, E. Desli, "Productivity Growth, Technical Progress, and Efficiency Change in Industrialized Countries: Comment," *The American Economic Review* 87（1997）: 1033–1039.

第三，技术进步（技术变化）和纯技术效率提升对劳动生产率增长具有显著的推动作用[1]，进而直接或间接地引导产业结构及经济结构的转变。相对于单一资本和劳动力的投入，辅以技术进步要素的最优化配置更能有效促进劳动生产率的提高，乃至经济增长。与此同时，2015 年我国研发经费支出为 14220 亿元，比上年增长 9.2%，占国内生产总值的 2.10%，其中基础研究经费为 671 亿元。[2] 在这样的情况下，本书研究了人口老龄化通过技术进步、纯技术效率和规模效率途径对劳动生产率的影响程度。

第四，从现实意义上看，人口老龄化是我国社会经济面临的一个重大挑战，而创新已经成为经济发展的当务之急，人口老龄化是我国创新发展过程中必须面对的基础性人口条件。本书力求考察人口老龄化对创新的影响，从而加强人口老龄化对创新作用机制与过程的理解，就我国人口老龄化对创新的影响和未来趋势形成清晰的、系统的、科学的认识。这对于从宏观和微观层面分析人口老龄化对劳动生产率的影响，更加理解我国人口老龄化现象和人口老龄化与经济发展的关系，保持经济可持续发展具有重要的参考价值。定量分析人口老龄化与创新之间的关系，把握它们的内在发展规律，进一步明确创新问题所在，探讨在人口老龄化背景下创新的战略思路和路径，是落实创新驱动发展战略的重要内容。

第五，相较于发达经济体而言，我国的人口年龄结构老化速度较快。我国于 2000 年左右才开始全面迈入人口老龄化社会，但是发展速度惊人。以 65 岁及以上年龄人口比重从 7% 上升到 14% 的时间来看，最早进入老龄化社会的法国用了 115 年，美国用了 69 年，英国用了 45 年，西班牙用了 45 年，日本用了 26 年，预计中国需耗时 38 年。在当今我国的现实参数下，人口老龄化对经济增长的负向影响已经毋庸置疑，实施了 30 多年的独生子女政策的负面效应逐渐凸显，"未富先老"现象明显。[3] 我国政府也意识到了这一问题，并采取了相应的措施积极应对人口老龄化可能带来的负面影响，如全面放开二胎政策、渐进式延迟退休年龄政策等。本书

---

[1]　李平：《提升全要素生产率的路径及影响因素——增长核算与前沿面分解视角的梳理分析》，《管理世界》2016 年第 9 期。

[2]　《2015 年国民经济和社会发展统计公报》，国家统计局网站，2016 年 2 月 29 日，http：//www. stats. gov. cn/tjsj/zxfb/201602/t20160229_ 1323991. html。

[3]　汪伟：《人口老龄化、生育政策调整与中国经济增长》，《经济学》（季刊）2017 年第 1 期。

将基于人口老龄化是人口年龄结构演变重要特征的背景，主要研究人口老龄化对劳动生产率的影响及其影响机制。

第六，劳动生产率是工资增长的源泉，只有劳动生产率提高了，劳动力的工资才能得以增加，但是平均工资的增长速度一般不会超过劳动生产率的增长速度。[①] 国内研究鲜有关注人口年龄结构与工资、劳动生产率之间的关系，以及工资与劳动生产率的年龄峰值，本书的第八章在国外相关研究的基础上，从微观层面对我国劳动力市场中工资、劳动生产率和人口年龄结构之间的关系进行了研究。

第四节　研究创新点

目前，国内外研究针对人口老龄化与经济增长、人口老龄化与经济发展方式、人口老龄化与经济结构、人口老龄化与产业结构等经济领域的研究甚多，也得出了具有现实指导意义的重要结论。无论是基于经济增长理论，还是目前专注于经济增长领域的实证研究，都试图解释经济主体保持长期持续增长的主要动力，也有大量的文献得出劳动生产率提升是经济稳定增长的主要源泉，经济增长的实质即为劳动生产率的提升。但是将人口老龄化和劳动生产率作为关键词在中国知网中搜索，直接相关的文献少之又少，相关文献仍以人口老龄化与经济增长之间的关系为主。基于此，本书将研究经济增长的视角推进一步，专注于经济增长的本质——劳动生产率的变化。本书的创新点在于以下几点。

第一，在人口老龄化对劳动生产率影响程度及方向文献研究的基础上，在人口老龄化成为不可逆转事实的背景下，本书将研究视角定位于人口老龄化对经济增长的本质——劳动生产率的影响，为探索经济增长的实证研究提供了新的切入点和思路，将人口老龄化对经济增长的影响研究推进了一步。

出于不同研究目的的考虑，已有的研究仅从宏观或微观视角研究了人

口老龄化与劳动生产率之间的关系，但并未对人口老龄化是否会降低劳动生产率给出一致的结论。本书从宏观和微观两个视角分别研究了人口老龄化对劳动生产率的影响，相互佐证了两个视角的研究结论。

第二，人口老龄化可以通过多条路径影响劳动生产率，本书将从生产环节入手，分解动态劳动生产率指数，以此为基础分析人口老龄化通过技术进步、纯技术效率和规模效率途径影响劳动生产率的程度及方向，剖析人口老龄化对劳动生产率的影响机制。

第三，本书弥补了国内学者从微观视角关注人口老龄化、工资和劳动生产率之间关系研究的不足。在企业面临不同年龄结构雇员的选择时，何种选择可以有效地在控制工资的情况下实现最优劳动生产率，本书的研究提供了必要的实证依据。

第四，目前针对年龄、工资和劳动生产率的实证研究都以发达国家为样本，针对发展中国家的研究甚少。我国作为世界上最大的发展中国家，经济体制和市场环境与发达国家有本质的不同，因此，年龄、工资和劳动生产率三者之间的关系与针对发达国家的实证结论略有不同。本书将视角定位于我国劳动力市场，基于雇主－雇员匹配数据分析人口年龄结构、工资和劳动生产率之间的关系。

第二章 人口老龄化与劳动生产率相关研究概述及其数理基础

第一节 国外人口老龄化与劳动生产率关系的相关研究

本书主要研究人口老龄化对劳动生产率的影响，近几年国外学者在不同数据来源基础上专注于这方面的研究甚多。相较而言，国内更多关注于人口老龄化与经济增长或经济发展之间的关系，本书丰富了国内专注于这方面的研究。本章对国内外的前沿研究进行了全面的分析，本书的研究思路也正是源于此。

一 基于技能角度的研究

技能贬值是现代生产的特征[①]，也正是由于劳动力老化所无法适应的新技术技能而导致老龄化出现负生产率效应。与老龄化有关的技能萎缩和贬值所造成的人力资本退化，叫作技术型技能贬值（Technical Skill Obsolescence），也就是说，劳动力在劳动力市场的某些技能过时，或是职位实际需要的技能与工人实际拥有的技能之间存在差距。[②] 劳动力技能退

---

① P. A. David, D. Foray, "Economic Fundamentals of the Knowledge Society," *Policy Futures in Education* 1 (2003): 20 – 49.

② S. Rosen, "Measuring the Obsolescence of Knowledge," in F. T. Juster, ed., *Education, Income, and Human Behavior* (New York: NBER, 1975), pp. 199 – 232; A. D. Grip, J. V. Loo, "The Economics of Skills Obsolescence: A Review," *Research in Labor Economics* 21 (2002): 1 – 26.

化是人口老龄化降低劳动生产率的主要原因。人口年龄结构和劳动生产率之间的关系呈驼峰形，也就是说，青年劳动生产率最高，之后随着工人年龄的增加而下降。[①] 其中，老年劳动生产率的下降是技能过时的一种反映。

Lovász 和 Rigó 验证了匈牙利在经济转型背景下，生产过程中技能需求的变动会严重恶化老年劳动力市场的处境。[②] 他们采用柯布 – 道格拉斯生产函数（CD 生产函数），将其中的劳动力要素按照性别、年龄（以 45 岁为界）和受教育程度（是否接受过高等教育）进行分类，控制变量包括时间、产业类型、区域和所有权。他们认为技能的贬值会显著影响受过教育的老年劳动力，其在获得更高水平的人力资本时，技能贬值的劣势会随着时间的推移而消失，并且企业所有制的差异会导致不同的劳动力与生产率关系的出现，反映了现代技术和实践的流动性。

Ark 认为劳动生产率增长的驱动力包括四个方面，即信息资本（ICT 资本）、人力资本、知识资本（如受教育水平和资本水平）和组织资本。[③] 其中，信息资本是劳动生产率增长的重要源泉。Ilmakunnas 和 Miyakoshi 分析了经合组织（OECD）国家中信息资本（ICT 资本）和人口老龄化之间的关系。[④] 他们同样采用了 CD 生产函数，对于劳动力的分类，考虑年龄和技能两个方面，假设有两个年龄组和三个技能组，即青年组和老年组，以及低技能组、中技能组和高技能组，并且用实际资本的增加值来衡量产出，对每个组别的生产产出赋予不同的权重，用低技能和高技能劳动力的时间投入来衡量劳动输入。实证结果发现，在中技能、高技能劳动力组别中，劳动力老化对劳动生产率增长具有正向的推动作用，但是在低技能劳动力组别中具有相反的作用力。劳动生产率根据劳动力的年龄和技能

① J. K. Hellerstein, D. Neumark, "Production Function and Wage Equation Estimation with Heterogeneous Labor: Evidence from a New Matched Employer – Employee Data Set," in E. R. Berndt and C. R. Hulten, eds., *Hard – to – Measure Goods and Services: Essays in Honor of Griliches* (Chicago: University of Chicago Press, 2007), pp. 31 – 71; B. Dostie, "Wages, Productivity and Aging," *De Economist* 159 (2011): 139 – 158; V. Vandenberghe, F. Waltenberg, M. Rigó, "Ageing and Employability: Evidence from Belgian Firm – Level Data," *Journal of Productivity Analysis* 40 (2013): 111 – 136.

② A. Lovász, M. Rigó, "Vintage Effects, Aging and Productivity," *Labour Economics* 22 (2013): 47 – 60.

③ B. V. Ark, "The Measurement of Productivity: What Do the Numbers Mean?," in G. Gelauff et al., eds., *Fostering Productivity, Patterns, Determinants and Policy Implications* (Amsterdam: Elsevier, 2004), pp. 28 – 61.

④ P. Ilmakunnas, T. Miyakoshi, "What Are the Drivers of TFP in the Aging Economy? Aging Labor and ICT Capital," *Journal of Comparative Economics* 41 (2013): 201 – 211.

表现出不同的变化趋势。

另外,人口老龄化和劳动生产率之间的关系受经济型技能贬值(Economic Skill Obsolescence)的影响。如果说技术型技能贬值是劳动力自身技能的萎缩,那么经济型技能贬值则是由外在环境和工作的变化导致劳动力的人力资本价值下降。关于经济型技能贬值的一个暗示是,它可能会更大程度地影响高技能劳动力,而不是低技能劳动力,这是因为小学教育不会随着时间的推移有太大的变化。[①] Rosen 认为,资本损耗被强加到早期的受教育水平和技能上,只有知识存量随时间发生相应变化。[②] 从社会角度来看,这种影响是暂时的,因为年青一代更容易获得技术、技能以顺应劳动力市场的变化,年青一代劳动力的生产行为会对劳动力市场和老年劳动力活动产生显著的影响。

就经济型技能贬值而言,外在环境变化带来的最大冲击莫过于老年劳动力难以适应新技术技能。劳动力市场突变的技能冲击可能会导致老年劳动力无法适应职业新技能而提前退出劳动力市场。[③] 劳动力老化与新技术技能推广之间是互相牵制与影响的关系,在老年劳动力群体中,新科学技术的推广和使用可能会受到劳动力技能贬值的阻碍。[④]

可以看到,从生产技能随时间及外在环境变化的角度出发,老年劳动力技能供给与职位技能需求之间的差异是人口老龄化对劳动生产率产生显著负向影响的原因,从而支持了人口老龄化深化会降低劳动生产率的观点。

但是,另外一种观点提供的实证证据支持更高比例的老年人可能更有益于企业劳动生产率的观点,人口老龄化会对企业劳动生产率产生正面影响,老年员工比重越高的企业,劳动生产率越高;而青年员工比重越高的企业,劳动生产率越低。[⑤] 一般来说,年龄越大的老年雇员拥有越多的经验且更忠

① S. Neuman, A. Weiss, "On the Effects of Schooling Vintage on Experience – Earnings Profiles: Theory and Evidence," *European Economic Review* 39 (1995): 943 – 955.

② S. Rosen, "Measuring the Obsolescence of Knowledge," in F. T. Juster, ed., *Education, Income, and Human Behavior* (New York: NBER, 1975), pp. 199 – 232.

③ A. P. Bartel, N. Sicherman, "Technological Change and Retirement Decisions of Older Workers," *Journal of Labor Economics* 11 (1993): 162 – 183.

④ E. V. Imhoff, "Age Structure, Education, and the Transmission of Technical Change," *Journal of Population Economics* 1 (1989): 167 – 181.

⑤ B. Malmberg, T. Lindh, M. Halvarsson, "Productivity Consequences of Workforce Aging: Stagnation or Horndal Effect?," *Population & Development Review* 34 (2008): 238 – 256; C. Göbel, T. Zwick, "Age and Productivity – Evidence from Linked Employer Employee Data," ZEW Discussion Papers, 2009; B. Mahlberg et al., "Ageing, Productivity and Wages in Austria," *Labour Economics* 22 (2013): 5 – 15.

诚、更有自信心和工作士气。Naoki 利用日本上市企业的数据研究了雇员的年龄、资本如何影响劳动力的质量，从而影响劳动生产率。[1] 研究发现，雇员的平均年龄越大，或者工龄越长，企业劳动生产率越高，但是具体的年龄峰值未知。20 世纪 90 年代以来，雇员逐渐增加的年龄和工龄对日本企业劳动生产率的正向影响开始呈现减弱的趋势。Kawaguchi 等同样证实了日本雇员的工龄和劳动生产率之间的关系呈现凹状，经验峰值是 20 年，年龄峰值为 40 岁；以 40 岁为界，将雇员分为年轻人和老年人两组，证实了老年组具有更高的劳动生产率。[2] Shirakawa 利用工业企业的数据发现，劳动生产率的平均年龄峰值为 45.8 岁。[3] Feyrer 利用 87 个国家 1960—1990 年面板数据的研究表明，人口年龄结构的变化和劳动生产率存在很强且显著的相关性，40—49 岁年龄段的人口对劳动生产率的贡献最大，而其他年龄段的人口对劳动生产率的贡献则相对较小或者几乎没有。[4] Werding 对 OECD 国家的研究显示，人口年龄结构与劳动生产率之间呈倒"U"形关系，且 40—49 岁年龄段的人口对劳动生产率的贡献最大。[5] Skans 基于瑞典数据的研究发现，50—60 岁年龄段的人口对提高劳动生产率的作用最大。[6]

二 基于行业视角的研究

一些研究估计了整个经济系统中人口年龄结构与劳动生产率之间的关系。[7] 但是，不同行业对于资源的依赖度不同，行业发展存在异质性，使

---

[1] S. Naoki, "Quality of Labor, Capital, and Productivity Growth in Japan: Effects of Employee Age, Seniority, and Capital Vintage," RIETI Discussion Series, 2011.

[2] D. Kawaguchi et al., "Does Seniority – based Wage Differ from Productivity?," Hi – Stat Discussion Paper Series, 2006.

[3] H. Shirakawa, "Empirical Analysis of Relationship between Worker Age, Productivity, and Real Wages," in *Is the Aging of Society a Threat to Japan? Increasing Productivity in the Next Decade Is the Key* (NIRA Report, 2009).

[4] J. Feyrer, "Demographics and Productivity," *Review of Economics & Statistics* 89 (2007): 100 – 109.

[5] M. Werding, "Ageing and Productivity Growth: Are There Macro – Level Cohort Effects of Human Capital?," CESifo Working Paper, No. 2207, 2008.

[6] O. N. Skans, "How Does the Age Structure Affect Regional Productivity?," *Applied Economics Letters* 15 (2008): 787 – 790.

[7] C. Göbel, T. Zwick, "Age and Productivity – Evidence from Linked Employer Employee Data," ZEW Discussion Papers, 2009.

得隶属于不同行业的企业在不同人力资源组合策略下的生产效应必定存在差异。在分裂的部门之间，人口年龄结构和劳动生产率之间的关系存在差异。[1] 在部门劳动生产率分析中，收入效应和替代效应促使产业就业份额变化遵循"库兹涅茨事实"[2]，其中，第三产业劳动生产率水平的发展差异是不同区域之间总劳动生产率发展差异的主要原因。

基于行业视角的年龄结构与劳动生产率的研究以企业（部门）为单位，劳动生产率用来衡量企业（部门）单位劳动输入的有效生产输出。这方面的研究主要依赖于雇主－雇员匹配数据专项调查，相关的企业生产输出数据涉及过去一年中企业营业收入、利润总额和企业增加值三项内容。企业营业收入是企业在日常经营过程中形成的总经济利益，是企业让渡资产使用权和提供劳动力输入所获取的利益；利润总额是在一定时期内，企业在经营过程中将总收入扣除相关成本消耗后的盈余值，该值可能为负，表示在会计年度内，企业的营业收入不足以抵扣成本；企业增加值是在会计报告期内，企业全部的生产活动在扣除生产消耗、转移的物质资产和其他中间品后的剩余价值。企业营业收入、利润总额和企业增加值通常都以货币形式呈现，相较而言，在一定时期内，企业增加值不仅考虑了企业生产输入，还将中间投入和转移资产考虑在内，充分地衡量了企业在所有生产元素前提下的生产输出，更准确地涵盖了企业所有的生产活动。因此，在企业生产输出的相关研究领域，企业增加值被广泛应用于衡量企业层面的劳动生产率。

目前，学者们对企业劳动生产率的衡量主要采用函数法[3]和计量法[4]，

[1] F. Daveri, M. Maliranta, "Age, Seniority and Labour Costs: Lessons from the Finnish IT Revolution," *Economic Policy* 22 (2007): 117 – 175; T. Lallemand, F. Rycx, "Are Young and Old Workers Harmful for Firm Productivity?," IZA Discussion Paper, No. 3938, 2009; C. Göbel, T. Zwick, "Are Personnel Measures Effective in Increasing Productivity of Old Workers?," *Labour Economics* 22 (2013): 80 – 93.

[2] B. Herrendorf, A. Valentinyi, "On the Stability of the Two – sector Neoclassical Growth Model with Externalities," *Journal of Economic Dynamics & Control* 30 (2006): 1339 – 1361; M. Duarte, D. Restuccia, "The Role of the Structural Transformation in Aggregate Productivity," *The Quarterly Journal of Economics* 125 (2010): 129 – 173.

[3] B. Crépon, N. Deniau, S. Pérez – Duarte, "Wages, Productivity and Worker Characteristics : A French Perspective," *Working Papers* 119 (2003): 28; B. Mahlberg et al., "Ageing, Productivity and Wages in Austria," *Labour Economics* 22 (2013): 5 – 15; A. Momota, "Population Aging and Sectoral Employment Shares," *Economics Letters* 115 (2012): 527 – 530.

[4] C. Göbel, T. Zwick, "Are Personnel Measures Effective in Increasing Productivity of Old Workers?," *Labour Economics* 22 (2013): 80 – 93; C. Grund, N. Westergaard – Nielsen, "Age Structure of the Workforce and Firm Performance," *Social Science Electronic Publishing* 29 (2005): 410 – 422.

函数法主要采用基于柯布－道格拉斯生产函数模型或其他生产函数（投入产出生产函数、CES 生产函数、VES 生产函数、超越对数生产函数等）模型的演变形式，利用企业增加值与企业就业人员之比，即单位就业人员的企业增加值来衡量企业劳动生产率，分析在生产函数基础上的劳动生产率现状及劳动生产率的影响因素；计量法则直接采用企业增加值与企业就业人员之比来衡量。可以看到，函数法和计量法均采用企业增加值作为衡量企业劳动生产率的基础指标。

Veen 在并未假设不同部门、不同年龄组劳动力的相对生产率存在差异的前提下，发现从事瓦工、砖工和基本管理工作的劳动力处于劳动年龄阶段可能会具有较低的生产率，银行职员、商业雇员和电子工程师属于年龄中立的职业类型。[1] 另外，在劳动时限范围内，律师、教授、经理、医学博士或工程师的年龄越大，生产率越高。制造业人口的劳动生产率一般具有相对刚性和单调性[2]，他们继续参与培训可能会降低老年劳动力的相对生产率，很重要的原因在于在整个生命周期中，老年雇员可能不愿意或没有能力学习，参与培训的积极性较低[3]。老年人即使参加职业培训，他们的效率似乎也低于年轻人。[4] 在技术密集型企业里，老年人可能因为不适应特定技术的需求而使得相对劳动生产率下降。[5]

Crépon 等将样本框限定在法国制造业和非制造业两个部门，其中包括建筑业。[6] 他们除了发现年轻劳动力在制造业部门的生产劣势大于非制造业部门之外，并没有发现人口年龄结构对劳动生产率的影响差异显著。法国制造业、交易业和服务业劳动生产率的年龄峰值大概位于 40 岁，40 岁及以上人口的劳动生产率保持稳定。与年龄峰值期的劳动生产率相比，

---

[1]　S. Veen, *Demographischer Wandel*, *Alternde Belegschaften und Betriebsproduktivität* (Munich: Rainer Hampp Verlag, 2008), pp. 202 – 203.

[2]　P. Berg, "Strategic Adjustments in Training: A Comparative Analysis of the U. S. and German Automobile Industries," *Dental Materials Journal* 34 (1994): 679 – 685.

[3]　B. Boockmann, T. Zwick, "Company Determinants of the Unemployment of Older Workers," *Journal for Labour Market Research* 37 (2004): 53 – 63.

[4]　C. Göbel, T. Zwick, "Which Personnel Measures Are Effective in Increasing Productivity of Old Workers?," *Labour Economics* 22 (2010): 80 – 93.

[5]　T. Lallemand, F. Rycx, "Are Young and Old Workers Harmful for Firm Productivity?," IZA Discussion Paper, No. 3938, 2009.

[6]　B. Crépon, N. Deniau, S. Pérez – Duarte, "Wages, Productivity and Worker Characteristics: A French Perspective," *Working Papers* 119 (2003): 28.

30 岁及以下人口的劳动生产率占其 80%—85%，35—39 岁人口的劳动生产率大约占其 95%。[①]

Vandenberghe 和 Waltenberg 将比利时的公司按行业类型分为服务业和贸易业。[②] 他们发现 50—65 岁劳动力在服务业的生产率劣势大于整个样本。Cardoso 等研究葡萄牙制造业和服务业的雇员年龄和生产率的关系时发现，在 GMM 回归中，老年人在服务业的生产率略高于制造业。但是，这种差异并不显著，且波动性较大。[③] Ours 和 Stoeldraijer 分析了荷兰的建筑业、批发业、零售业、商业和制造业中人口年龄结构与劳动生产率之间的关系。[④] 研究发现，不同部门之间人口年龄结构和劳动生产率的关系有明显的差异；制造业生产增加值的年龄峰值为 50—56 岁，而在其他部门中，年龄和生产率的关系模式基本一致。

在不同行业部门内，人口年龄结构的生产率效应与 ICT 的应用程度有关。学者们普遍认为，在 ICT 集聚的部门内，老年劳动力的生产率受到的冲击较大。Daveri 和 Maliranta 研究了芬兰的电子、森林工业和机械设备工业的生产率，假定不同部门的劳动生产率存在差异，研究发现，信息资本（ICT）的使用使得年轻人生产率的提高高于老年人。[⑤] 他们指出目前电子部门已经受到信息技术和科技的冲击，这对老年雇员的相对生产率产生了负向影响，与年龄相关的因素与生产率之间的关系呈倒 "U" 形。另外，两个传统部门目前并没有显示 ICT 会对生产率产生影响，但年龄的生产效应递增，并且逐渐使用更高密度的 ICT 可能会在将来对老年人的生产率产生负向影响。Lallemand 和 Rycx 按照部门信息集聚的程度，将比利时的企业分为高 ICT 和低 ICT 集聚部门。[⑥] 他们指出劳动力较高的认知能力、反

---

① P. Aubert, B. Crépon, "Age, Wage and Productivity: Firm – Level Evidence," Discussion Paper, 2006.

② V. Vandenberghe, F. Waltenberg, "Ageing Workforce, Productivity and Labour Costs of Belgian Firms," Discussion Papers, 2010.

③ A. R. Cardoso, P. Guimarães, J. Varejão. "Are Older Workers Worthy of Their Pay? An Empirical Investigation of Age-Productivity and Age – Wage Nexuses," *De Economist* 159 (2011): 95.

④ J. C. Ours, L. Stoeldraijer, "Age, Wage and Productivity in Dutch Manufacturing," *De Economist* 159 (2011): 113 – 137.

⑤ F. Daveri, M. Maliranta, "Age, Seniority and Labour Costs: Lessons from the Finnish IT Revolution," *Economic Policy* 22 (2007): 117 – 175.

⑥ T. Lallemand, F. Rycx, "Are Young and Old Workers Harmful for Firm Productivity?," IZA Discussion Paper, No. 3938, 2009.

应程度和灵活适应新工作的能力对 ICT 集聚部门很重要，随着年龄的增加，这些特质下降的程度大于其他个体特征，ICT 聚集的公司老年劳动力占比相对较大。但是 Bertschek 和 Meyer 利用德国的数据并没有发现 ICT 集聚对年龄与生产率之间的负向关系有显著的影响，在不采用固定效应回归方法时，年轻雇员在制造业的生产率大于服务业。①

从不同行业可能集聚的技术技能及特征属性来看，人口年龄结构与劳动生产率之间的关系存在显著的行业差异，劳动生产率的年龄峰值不尽相同。虽然就这一问题并未有统一的结论，但是普遍支持的观点是，不同行业的劳动生产率与人口年龄结构之间并不是简单的线性关系，而是存在某一年龄的边际劳动生产率最大，并因行业技能集聚特点有明显的差异。

三 人口年龄结构与工资、劳动生产率

在研究人口年龄结构与工资、劳动生产率之间的关系之前，部分学者利用实证经验证实了老年人的工资与劳动生产率之间的关系，存在三种观点：一种是老年人对工资的贡献可能会大于对劳动生产率的贡献②；另一种是老年人对劳动生产率与工资的贡献不存在显著的差异③；还有一种观点则支持老年人对劳动生产率的贡献大于对工资的贡献。

Hellerstein 和 Neumark 第一个比较了人口年龄结构和劳动生产率与劳动力年龄和工资的关系。④ 他们利用以色列的雇主和雇员匹配数据，建立

---

① I. Bertschek, J. Meyer, "Do Older Workers Lower IT – Enabled Productivity? Firm – Level Evidence from Germany," *SSRN Electronic Journal* 229 (2008): 327 – 342.

② L. J. Kotlikoff, J. Gokhale, "Estimating a Firm's Age – Productivity Profile Using the Present Value of Workers' Earnings," *Working Papers* 107 (1992): 1215 – 1242; B. Crépon, N. Deniau, S. Pérez – Duarte, "Wages, Productivity and Worker Characteristics: A French Perspective," *Working Papers* 119 (2003): 28.

③ J. K. Hellerstein, D. Neumark, "Are Earnings Profiles Steeper Than Productivity Profiles? Evidence from Israeli Firm – Level Data," *Journal of Human Resources* 30 (1995): 89 – 112; J. K. Hellerstein, D. Neumark, K. R. Troske, "Wages, Productivity, and Worker Characteristics: Evidence from Plant – Level Production Functions and Wage Equations," *Journal of Labor Economics* 17 (1999): 409 – 446; J. C. Ours, L. Stoeldraijer, "Age, Wage and Productivity," IZA Discussion Paper, No. 4765, 2010, pp. 113 – 137.

④ J. K. Hellerstein, D. Neumark, "Are Earnings Profiles Steeper Than Productivity Profiles? Evidence from Israeli Firm – Level Data," *Journal of Human Resources* 30 (1995): 89 – 112.

了两个结构方程来估计人口年龄结构和劳动生产率与年龄和工资之间的关系。结果发现，在控制了其他生产性输入条件和公司特征的前提下，对于无技能或低技能工人而言，工资和劳动生产率都是向上倾斜的，二者在统计意义上不可区分。Haegeland 和 Klette 发现有较多工作经验（超过 15 年）工人的工资溢价超过相对生产率，而在有 8—15 年经验的工人群体中，结论相反。[①]

Hellerstein 和 Neumark 利用美国的截面数据，通过建立部门生产函数和工资方程，比较了工人群体内部劳动生产率和工资的差异，35—54 岁和 55 岁及以上工人的劳动生产率和工资在生命周期中以相同的速度增长，向上倾斜的年龄与工资之间的关系反映了年龄和劳动生产率之间向上倾斜的特征，同时，女性的劳动生产率和工资均低于男性，并且男性、女性的工资差异大于劳动生产率差异。[②] Hellerstein 和 Neumark 在随后的研究中发现，工资和劳动生产率随着年龄的增加都在不断增加，但是增长速度会逐渐下降。[③]

Aubert 和 Crépon 发现雇员对企业生产率的平均贡献率在 40—45 岁之前保持稳定，并随年龄的增加而增加。[④] 他们认为年龄和生产率的关系与年龄和劳动力成本的关系一致，不支持为老年工人多付工资的想法。Cardoso 等发现劳动生产率的年龄峰值为 50—54 岁，工资的年龄峰值前移至 40—44 岁。[⑤] 年轻劳动力的工资随着生产率的提高而增加，但是，在接近年龄峰值时，工资的增加滞后于生产率的提高。这样也就导致老年劳动力对劳动生产率的平均贡献率可能会超过对工资的贡献率。分行业来看，研究并没有显示工资和老年员工的比重之间有关联。此外，年轻劳动力和

① T. Haegeland, T. J. Klette, "Do Higher Wages Reflect Higher Productivity? Education, Gender and Experience Premiums in a Matched Plant - Worker Data Set," Discussion Papers, 1997.

② J. K. Hellerstein, D. Neumark, "Are Earnings Profiles Steeper Than Productivity Profiles? Evidence from Israeli Firm - Level Data," *Journal of Human Resources* 30 (1995): 89 – 112.

③ J. K. Hellerstein, D. Neumark, "Production Function and Wage Equation Estimation with Heterogeneous Labor: Evidence from a New Matched Employer - Employee Data Set," in E. R. Berndt and C. R. Hulten, eds., *Hard - to - Measure Goods and Services: Essays in Honor of Griliches* (Chicago: University of Chicago Press, 2007), pp. 31 – 71.

④ P. Aubert, B. Crépon, "Age, Wage and Productivity: Firm - Level Evidence," Discussion Papers, 2006.

⑤ A. R. Cardoso, P. Guimarães, J. Varejão, "Are Older Workers Worthy of Their Pay? An Empirical Investigation of Age - Productivity and Age - Wage Nexuses," *De Economist* 159 (2011): 95.

劳动生产率以及工资是负相关的，这在工业和建筑业更显著。具体而言，在工业和建筑业中，29 岁及以下年轻劳动力的比重与生产率之间负相关，而 50 岁及以上老年劳动力的生产率并无显著的差异。企业生产率与雇用的老年员工的比重并非负相关，也没有证实为老年员工多付工资的观点。

Dostie 在研究加拿大劳动力市场中与年龄相关的工资与生产率之间的关系时发现，与年龄相关的工资及生产率之间的关系呈凹形。[1] 平均来看，工资不显著地偏离生产率。在某些年龄组中，工资和生产率之间存在差异。在老年组里，大学本科及以上学历的老年劳动力的生产率高于工资，但是年轻组的情况恰恰相反。另外，男性和女性的生产率并没有发现会显著地分离，55 岁及以上男性劳动力的生产率下降，而女性劳动生产率随着年龄的增加而提高，生产率年龄峰值的估计可能会高于 55 岁及以上女性劳动力的工资变化，这就弥补了劳动力群体中未获得大学学历的男性随年龄逐渐降低的生产率。35 岁及以下的男性工资的变化低于生产率，而 55 岁及以上劳动力的工资与生产率之间关系的研究结论则相反。

Mahlberg 等利用奥地利 2002—2005 年雇主 – 雇员匹配数据，通过建立企业生产函数，按照年龄、工龄和职业特征将劳动力分为不同的类型，在控制了时间和个体特征的基础上，研究发现，企业劳动生产率与老年劳动力比重并不存在负相关的关系，也没发现为老年劳动力过度支付工资的证据，并且工资和老年劳动力之间没有显著的相关关系。[2] 然而，年轻劳动力比重与劳动生产率和工资之间呈负相关的关系。从企业角度来看，采用老年劳动力和年轻劳动力混合的人力资源配置结构策略更有益于企业劳动生产率的提高。[3]

最初基于雇主 – 雇员匹配数据的研究大多采用截面数据，截面数据分析在研究年龄、工资和劳动生产率的关系时，控制变量的选取一般包括性别、教育经历、工作经历、工作部门、社会保障项目、员工个体特征、企业特征等，截面数据分析普遍支持劳动力老化与劳动生产率之间的负相关关系。在后续的研究中，各个国家和地区不断地开展雇主 – 雇员匹配数据的基线追踪调查，为中观视角的年龄、工资和劳动生产率研

① B. Dostie, "Wages, Productivity and Aging," *De Economist* 159 (2011): 139 – 158.

② B. Mahlberg et al., "Ageing, Productivity and Wages in Austria," *Labour Economics* 22 (2013): 5 – 15.

③ C. Göbel, T. Zwick, "Are Personnel Measures Effective in Increasing Productivity of Old Workers?," *Labour Economics* 22 (2013): 80 – 93.

究提供了面板数据研究的基础，基于基线数据的研究能够控制随时间变化的变量，如时间虚拟变量、企业特征等，相对于截面数据研究而言，其研究方法和变量选择更加多元，动态面板数据模型的研究方法逐渐丰富了该领域的研究成果。

四 人口年龄结构的创新效应

国外文献主要从两个层面对年龄与创新、人口老龄化与创新之间的关系进行研究，一方面是从宏观层面考察人口老龄化对一国或地区创新的影响，采用全要素生产率、电脑普及程度等指标反映创新和技术进步，利用国别和地区数据研究人口老龄化与创新之间的关系；另一方面是从微观层面考察人口老龄化（主要是年龄结构）对企业创新的影响，以及年龄对个体创新的影响。

创新型生产力年龄效应的实证研究最早由 Dalton 和 Thompson 针对 2500 个工程师的研究提出，研究指出生产力峰值出现在 31—35 岁，随后开始下降。[1] 在针对不同微观个体的面板数据或截面数据研究中均发现，人口年龄结构与创新产出之间呈明显的倒 "U" 形[2]，其峰值一般出现在劳动力生命周期的早期或中期，不同之处在于劳动力的创新峰值取决于所处行业的属性。

研究样本的行业技术特征使得劳动力的创新峰值存在差异，在对特殊群体——诺贝尔奖获得者的研究中发现，年龄峰值出现在 50 岁，50 岁以后创新行为急速减少，尤其是在物理及化学领域。[3] 在经济学领域，独创性巨作基本创作于 29—38 岁。工业领域则出现了年轻人在诸如生物及信

---

① G. W. Dalton, P. H. Thompson, "Accelerating Obsolescence of Older Engineers," *Harvard Business Review* 49 (1971): 57 – 67.

② K. Hoisl, *A Study of Inventors: Incentives, Productivity, and Mobility* (Deutscher Universitätsverlag, 2007), pp. 7 – 61; M. Mariani, M. Romanelli, "'Stacking' and 'Picking' Inventions: The Patenting Behavior of European Inventors," *Research Policy* 36 (2007): 1128 – 1142; F. Schettino, A. Sterlacchini, F. Venturini, "Inventive Productivity and Patent Quality: Evidence from Italian Inventors," *Journal of Policy Modeling* 35 (2013): 1043 – 1056; G. Henseke, T. Tivig, "Demographic Change and Industry – Specific Innovation Patterns in Germany," in M. Kuhn and C. Ochsen, eds., *Labour Markets and Demographic Change* (Verlag Für Sozialwissenschaften, 2009), pp. 122 – 136.

③ P. E. Stephan, S. G. Levin, "Age and the Nobel Prize Revisited," *Scientometrics* 28 (1993): 387 – 399.

息技术行业的创新性及高速增长企业的产出较高，而老年人及有经验的发明者在更加传统的工业企业中产出较高。在知识密集型行业中，在其他因素保持不变的条件下，40—55 岁雇员的比重每增加 10%，公司采用新技术的概率就会降低 2.5%。[1] 部分文献研究发现，个体年龄与创新能力之间呈现倒"U"形关系[2]，但是不同行业之间存在一定差异，信息、光学和生物等知识密集型行业的倒"U"形曲线会偏左，而农业和冶金等经验密集型行业的倒"U"形曲线形态偏右[3]。

　　另外，基于企业层面的微观研究集中于公司雇员的年龄分布对企业产出的影响，人口老龄化影响创新型企业的产生和新技术的使用，从而影响创新。Bönte 等利用德国区域数据的研究表明，创新型企业和非创新型企业的创立与区域人口年龄结构之间的关系存在差异，前者与人口年龄结构有较强的相关性，而后者与人口年龄结构的相关性较弱。[4] 针对一般企业的实证检验表明，年龄分布与创新行为之间呈显著的倒"U"形关系，且年龄峰值出现在 40 岁左右。[5] 但是，Verworn 和 Hipp 利用同样的样本量研究并未发现公司拥有高比例的老年雇员会对创新产生负向的影响。[6] Mahlberg 等对澳大利亚采矿业和制造业相关数据的研究发现，所有不同形式的年龄变量都有一个驼峰状模式。[7] 也就是说，年轻员工占比较高或者

① J. Meyer, "Workforce Age and Technology Adoption in Small and Medium – sized Service Firms," *Small Business Economics* 37 (2011): 305 – 324.

② B. F. Jones, "Age and Great Invention," NBER Working Paper, No. 11359, 2005; G. Henseke, T. Tivig, "Demographic Change and Industry – Specific Innovation Patterns in Germany," in M. Kuhn and C. Ochsen, eds., *Labor Markets and Demographic Change* (Verlag Für Sozialwissenschaften, 2009), pp. 122 – 136.

③ P. Giuri et al., "Inventors and Invention Processes in Europe: Results from the PatVal – EU Survey," *Research Policy* 36 (2007): 1107 – 1127; M. Mariani, M. Romanelli, "'Stacking' and 'Picking' Inventions: The Patenting Behavior of European Inventors," *Research Policy* 36 (2007): 1128 – 1142; P. E. Stephan, S. G. Levin, "Age and the Nobel Prize Revisited," *Scientometrics* 28 (1993): 387 – 399.

④ W. Bönte, O. Falck, S. Heblich, "Demograhy and Innovative Enterpreneurship," CESifo Working Paper, No. 2115, 2007.

⑤ L. Schneider, "Ageing and Technological Innovativeness – A Linked Employer – Employee Analysis," *Zeitschrift Für Bevölkerungswissenschaft* 33 (2008): 37 – 54.

⑥ B. Verworn, C. Hipp, "Does the Ageing Workforce Hamper Innovativeness of Firms? (No) Evidence from Germany," *International Journal of Human Resources Development & Management* 9 (2009).

⑦ B. Mahlberg, A. Prskawetz, V. Skirbekk, "Demographic Structure and Firm Productivity in Austria," *Social Science Electronic Publishing* 28 (2007): 593 – 597.

老年员工占比较高的企业的劳动生产率比拥有更多中间年龄层员工的企业更高。当将年龄、性别和受教育水平作为控制变量时，上述结果十分显著；当加入职业结构和兼职员工占比等控制变量后，劳动生产率与年龄之间驼峰状关系的减弱趋势更为明显。

Acemoglu 和 Zilibotti 指出一个经济体的最优产业结构和技术结构是由其要素禀赋结构内生决定的。[1] 发达国家基于自身要素禀赋所开发的技术以资本利用和劳动节约型为主，而发展中国家经济发展的主要制约因素就是缺乏资本积累。发展中国家为了化解不平等加剧的风险，努力引进和开发适合发展中国家资源禀赋的技术，这样不但不会牺牲经济效率，反而能促进效率提升以及实现平等。[2] Acemoglu 等进一步研究发现，如果发展中国家首先模仿发达国家的现行先进技术，之后再进行创新发展，那么发展中国家就有可能向发达国家收敛，提高区域经济发展水平。[3]

国外文献关于人口老龄化对创新的影响，存在两种截然相反的观点，一种观点认为，相比年轻人，老年人认知能力较低和知识结构落后导致创新能力弱，支持人口老龄化抑制创新的观点；另一种观点认为，人口老龄化带来的劳动力成本上升会激励年轻人加大人力资本投资，激励企业创新投资，因此人口老龄化不会对创新产生负面影响。[4]

第二节　国内人口老龄化与劳动生产率关系的相关研究

就人口年龄结构与人口老龄化对劳动生产率的影响而言，国内研究成果不及国外那么丰富、全面，研究视角更多集中于人口老龄化或年龄结构

---

① D. Acemoglu, F. Zilibotti, "Productivity Differences," *Quarterly Journal of Economics* 116 (2001): 563 - 606.

② 〔日〕速水佑次郎：《发展经济学：从贫困到富裕》，李周译，社会科学文献出版社，2003。

③ D. Acemoglu, P. Aghion, F. Zilibotti, "Distance to Frontier, Selection, and Economic Growth," *Journal of the European Economic Association* 4 (2006): 37 - 74.

④ M. Fougère, M. Mérette, "Population Ageing and Economic Growth in Seven OECD Countries," *Economic Modelling* 16 (1999): 411 - 427.

对经济增长、产业结构、就业结构等方面的影响，在人口老龄化背景下，认识其对经济增长本源影响的研究存在较大分歧。我国经济改革和人口转变相伴而行，人口老龄化是人口转变的必然结果，二者之间是线性关系还是非线性关系，学术界未有统一判断。

一　对劳动生产率现状的认识

目前学者们大多从两个角度分析生产率的变化趋势。一方面是全要素生产率，即从经济增长效率的角度出发，采用经济生产产出量与投入量的比例或全部要素投入的某种加权平均衡量生产率。全要素生产率是指在一定生产投入前提下的产出效率。基于新古典经济增长理论，索洛等人用剔除全部要素投入对经济增长贡献后的残差来衡量全要素生产率，也就是索洛残差。新古典经济增长理论认为，全要素生产率边际收益递增的特点表明了经济增长的源泉，未来经济增长的关键是全要素生产率。[①] 1993 年以前，我国的全要素生产率变化趋势不一，且波动频繁，1993 年以后开始逐年下降，2000 年以后全要素生产率较为平缓地逐年增长[②]，并且各省份全要素生产率增长存在较大的差异[③]。但是在我国，往往存在全要素生产率被低估的情况。[④] 从我国全要素生产率对经济增长的贡献来看，全要素生产率的贡献率超过劳动投入的贡献率，并且呈现贡献值逐年增长的趋势。[⑤]

另一方面则是从劳动生产率的角度分析，认为劳动生产率是生产率序列中最基本的因素，体现了劳动投入的产出效率，决定了劳动报酬，从而间接影响投资和消费的走向。[⑥] 从我国经济发展的阶段性特点来看，我国在经历了 20 世纪 80 年代农业部门结构性调整、20 世纪 90 年代制造业发展和 21 世纪城镇化的快速扩张阶段后，经济总量和效率均保持着持续的

①　胡鞍钢、郑京海：《中国全要素生产率为何明显下降》，《新华文摘》2004 年第 11 期。
②　郭庆旺、贾俊雪：《中国全要素生产率的估算：1979—2004》，《经济研究》2005 年第 6 期。
③　郭庆旺、赵志耘、贾俊雪：《中国省份经济的全要素生产率分析》，《世界经济》2005 年第 5 期。
④　文红星：《中国全要素生产力的差异比较与启示——以上海、湖北、四川为例》，《经济问题》2005 年第 2 期；郑京海、胡鞍钢：《中国改革时期省际生产率增长变化的实证分析（1979—2001年）》，《经济学》（季刊）2005 年第 1 期。
⑤　田娜：《基于全要素生产率的中韩经济增长因素分析》，《世界经济研究》2012 年第 4 期。
⑥　高帆、石磊：《中国各省份劳动生产率增长的收敛性：1978—2006 年》，《管理世界》2009 年第 1 期。

高速增长。2012 年，我国的 GDP 增速开始告别年均 10% 左右的高速增长阶段，进入"经济新常态"的中高速增长阶段。2018 年我国的 GDP 增速为 6.6%，经济运行进入结构性减速的平稳增长阶段。经济新常态发展强调利用新阶段的经济发展方式实现从规模速度型粗放增长转向质量效率型集约增长，关键就在于劳动生产率的增长①，经济增长的主要动力在于劳动生产率的提升，其次是劳动年龄人口的增长②。

随着经济进入新常态发展阶段，我国的劳动生产率增速明显放缓。③劳动生产率是评价一定时期内单位劳动投入的生产效益。劳动生产率最初依照实物量计算，以劳动力工作时长表示劳动投入，以生产实物数量表示产出。目前，以劳动的实物量（人或工时）作为劳动投入的计量单位，衡量产出的是价值量（货币）而非实物量。学术界并无统一的衡量劳动生产率的指标及测算方法，但是在实证研究过程中，学者们在不同的研究领域普遍采用特定区域（省份、部门）的生产总值与该区域（省份、部门）就业量之比来衡量劳动生产率。④

学者们出于不同的研究目的及核算标准考虑，衡量劳动生产率的指标及测算方法并未统一，因此，对于我国劳动生产率水平的认识存在不同的看法。田成诗和盖美认为我国的劳动生产率与发达国家相比还有很大差距，1993 年我国的劳动生产率在 119 个有资料提供的国家中居第 97 位，1996 年我国的工业劳动生产率仅为美国的 1/16、日本的 1/17、加拿大的 1/15 和巴西的 1/14。⑤ 世界劳工组织（ILO）以珠三角、长三角、京津唐城市群为研究对象，发现三地的平均劳动生产率仅是美国的 14.7%、欧

---

① 砚耘：《我国劳动生产率增长的分析》，《统计研究》1990 年第 1 期。
② 齐明珠：《中国人口变动对经济增长影响的量化研究》，《人口与经济》2013 年第 6 期。
③ 张立新、孙立扬：《产业结构变迁、劳动力市场扭曲与劳动生产率增速放缓——以江苏省为例》，《现代财经－天津财经大学学报》2016 年第 12 期。
④ 范剑勇：《产业集聚与地区间劳动生产率差异》，《中国经济学前沿》2007 年第 3 期；杨俊、盛鹏飞：《环境污染对劳动生产率的影响研究》，《中国人口科学》2012 年第 5 期；孙浦阳、蒋为、张龑：《产品替代性与生产率分布——基于中国制造业企业数据的实证》，《经济研究》2013 年第 4 期；顾乃华、陈秀英：《财政约束、城市扩张与经济集聚密度、劳动生产率变动》，《经济学家》2015 年第 6 期；朱明：《服务投入与中国农业劳动生产率的追赶进程——对中国农业劳动生产率阶段性特征的新解释》，《财经研究》2016 年第 7 期。
⑤ 田成诗、盖美：《我国劳动生产率对经济增长贡献的经济计量研究》，《中国软科学》2004 年第 6 期。

洲的 20.7%、香港的 18.9%。① 但是，张金昌利用价值量衡量劳动生产率，发现我国国民总体的劳动生产率高于美国、日本、英国等国家，但是，资本的生产效率最低。② 虽然国内学者们对于我国劳动生产率水平在世界范围内的认识并不一致，但普遍支持劳动生产率对经济增长具有推动作用。

我国的劳动生产率在国家层面和产业层面上的结论相反，存在"地区－产业收敛悖论"。③ 结构性生产率的变化显示的特点是，新中国成立以后，我国的劳动生产率增长呈现快速的不平衡增长趋势，主要是工业部门的劳动生产率增长较快。④ 第二产业的生产效率远高于第一产业，无论经济发展处于何种阶段，制造业部门（广义上指工业部门）始终是劳动生产率提升的领先部门⑤，我国制造业整体的生产率虽然存在较大的波动，但是仍然保持着年均 3.83% 的增长率⑥。在劳动生产率非均衡增长的经济核算体系范围内，经济整体的增长速度将渐进式地趋近于技术进步相对落后、发展相对缓慢的部门的劳动生产率增长率，相较而言，服务业部门成为经济发展的主导部门。⑦ 从区域范围内的劳动生产率变动来看，三次产业的劳动生产率的省际差距在不断缩小，但东部、中部、西部三大经济带之间的收敛效应未能有效凸显。⑧ 经济发展方式的转变促使劳动力从低生产率部门向高生产率部门转移，从而导致就业结构变化，而就业结构的变化与产业结构息息相关，劳动生产率的提升又在产业结构变迁的过程中起到至关重要的作用。⑨

① 数据来源于世界劳工组织 2003 年 8 月 31 日发布的《劳工市场主要指针》。
② 张金昌：《中国的劳动生产率：是高还是低？——兼论劳动生产率的计算方法》，《中国工业经济》2002 年第 4 期。
③ 李强、郑江淮：《中国劳动生产率的"地区—产业收敛悖论"——基于差异分解的实证研究》，《财贸研究》2012 年第 2 期。
④ 郑宗寒：《中国工业劳动生产率分析》，《中国社会科学》1990 年第 3 期。
⑤ 杭敏、张志远、苑立波：《劳动生产率提升效应与上海经济转型升级——基于制造业劳动生产率的非参数生产前沿动态分析》，《上海经济研究》2015 年第 1 期。
⑥ 杨汝岱：《中国制造业企业全要素生产率研究》，《经济研究》2015 年第 2 期。
⑦ 谭砚文、温思美、汪晓银：《中、日、美服务业劳动生产率对经济增长促进作用的比较分析》，《数量经济技术经济研究》2007 年第 12 期。
⑧ 高毅蓉、袁伦渠：《我国三次产业劳动生产率的地区差异及收敛性分析：1985—2010 年》，《经济问题探索》2014 年第 6 期。
⑨ 罗国勋：《经济增长与劳动生产率、产业结构及就业结构的变动》，《数量经济技术经济研究》2000 年第 3 期。

二 人口年龄结构与劳动生产率

人口年龄结构是衡量人口转变的动态指标，用以判定人口再生产类型，是决定社会再生产程度和规模的主要生产要素。我国经过短暂的时间就从轻度老龄化迈入深度老龄化行列，人口年龄结构的老化速度远远快于美国、法国、德国、英国等早于我国进入人口老龄化的国家，并且将长期持续老化。人口年龄结构老化导致的最直接结果即是人口老龄化以及劳动年龄人口的相对减少、劳动力供给规模和结构发生相应变化。

周浩和刘平利用定性研究指出，中年劳动群体的劳动生产率最高，年龄峰值位于 30—40 岁。[1] 因为老年劳动群体身体机能、医疗需求、创新能力及业务能力无法和年轻人相比，所以人口老龄化的发展势必会降低劳动生产率。李术君和李韬在定性分析人口老龄化对我国农村劳动生产率的影响时认为，农村劳动力进入老年时期后的劳动能力和生理功能衰退，同时记忆、创新和应变能力相应弱化，劳动生产率增长受到限制。[2] 虽然老年劳动力的生产技能和管理经验多于年轻人，但是仍然难以抵御劳动能力衰退所带来的劳动生产率下降。杨道兵和陆杰华通过三个方案的模拟分析发现，劳动生产率的年龄峰值位于 30—44 岁，虽然总产出的效率与劳动力的老化趋势并不一致，但是预计在人口老龄化程度最严重的 2035 年，总产出效率最低，人口老龄化将导致劳动生产率的下降。[3]

徐升艳和周密通过构建生产函数，将人口年龄结构引入生产函数中进行核算，发现各年龄组的劳动生产率水平不尽相同，得出的实证结论并不支持人口老龄化对劳动生产率产生负向影响的观点。[4] 他们认为在退休年龄到来之前，劳动生产率出现了反弹，60—64 岁年龄组人口的相对劳动生产率高于 15—24 岁年龄组。如果提高 60—64 岁年龄组劳

① 周浩、刘平：《中国人口老龄化对劳动力供给和劳动生产率的影响研究》，《理论学刊》2016 年第 3 期。
② 李术君、李韬：《人口老龄化对我国农村劳动力劳动生产率的影响》，《科学决策》2008 年第 10 期。
③ 杨道兵、陆杰华：《我国劳动力老化及其对社会经济发展影响的分析》，《人口学刊》2006 年第 1 期。
④ 徐升艳、周密：《东中西地区城市不同年龄组劳动生产率的比较研究》，《上海经济研究》2013 年第 3 期。

动力的劳动参与率，将会提高社会的总产出水平，且降低低年龄组劳动力的劳动参与率有利于劳动生产率的整体提高。这也从实证角度提供了延迟退休年龄可能性的依据。

袁蓓基于劳动力非完全替代基础上的分析，认为人口老龄化对劳动生产率的影响与不同年龄组的生产率指数和不同年龄之间的替代弹性有关。通过构建 CRESH 函数，实证分析认为不同年龄组劳动力的替代弹性越小，人口老龄化对劳动生产率的影响越大，反之亦然。①

总结学者们对于国内人口年龄结构和劳动生产率的研究，第一种观点认为，人口年龄结构与劳动生产率之间并非简单的线性关系②，不同年龄组劳动力的替代弹性越小，人口老龄化对劳动生产率的影响越大③。在劳动年龄人口在业群体中，30—44 岁在业人口的边际劳动生产率最高，15—29 岁劳动力次之，45—64 岁老年劳动力的边际劳动生产率最低。④无技术变革时期的劳动力资源是外生的，这一时期劳动力变化对劳动生产率没有任何影响。

第二种观点认为，当发生技术变革时，技术变革导致人口年龄结构与劳动生产率之间存在相关关系。⑤ 短期内，人口老龄化挤压生产可用劳动力资源，生产资源不足，劳动生产率降低；而从长期的生产环节来看，可以通过增加资本投入或转变生产方式来提高劳动生产率。随着人工智能的发展，将工业机器人投入生产环节中，其对劳动力的替代效应实际是一种互补式替代效应，在劳动力规模持续缩小的情况下，劳动力供给短缺会倒逼企业推动科技创新，以智能化生产来弥补劳动力供给短缺的负面影响。⑥ 其中，劳动生产率增长最快的阶段出现在劳动年龄人口规模缩小的

① 袁蓓：《劳动力老龄化对劳动生产效率的影响——基于劳动力非完全替代的分析》，《生产力研究》2009 年第 14 期。
② 徐升艳、周密：《东中西地区城市不同年龄组劳动生产率的比较研究》，《上海经济研究》2013 年第 3 期。
③ 袁蓓：《劳动力老龄化对劳动生产效率的影响——基于劳动力非完全替代的分析》，《生产力研究》2009 年第 14 期。
④ 汪伟、刘玉飞、徐炎：《劳动人口年龄结构与中国劳动生产率的动态演化》，《学术月刊》2019 年第 8 期。
⑤ P. Beaudry, F. Collard, D. A. Green, "Demographics and Recent Productivity Performance: Insights from Cross – country Comparisons," *Canadian Journal of Economics/Revue Canadienne D'économique* 38 (2005): 309 – 344.
⑥ 宋旭光、左马华青：《工业机器人投入、劳动力供给与劳动生产率》，《改革》2019 年第 9 期。

阶段。从人口构成来看，劳动年龄人口规模的缩小相对扩大了少儿人口和老年人口规模，在出生率持续平稳下降、少儿人口规模缩小的情况下，老年人口规模扩大，也就是说，劳动生产率快速增长阶段和老年人口规模扩大阶段重叠。

第三种观点从生产技能的角度出发，认为根据行业技术技能集聚能力的差异，人口老龄化与劳动生产率之间的关系并不完全确定。技能贬值是现代生产的特征[1]，也正是由于老年人口无法适应新技术技能而导致人口老龄化所带来的负劳动生产率。与老龄化有关的技能萎缩和贬值造成人力资本退化，也就是说，劳动力在劳动力市场的某些技能过时，尤其对于低技能劳动力，生产环节的技术革新和生产方式的转型使人们日渐摒弃劳动密集型技能，老年劳动力既定的技能不足以满足生产需求，导致生产效率下降。劳动力技能退化是人口老龄化降低劳动生产率的主要原因。在智力型服务行业中，其对劳动力的经验与知识的要求相对较高，经验与知识的累积效应随年龄逐渐增强，因此，该行业的劳动生产率与人口老龄化之间呈正向关系；而在体力型服务行业中，经验与知识的累积效应在中年期达到峰值，但是体力、身体素质、耐力、学习能力和创新能力随年龄增加逐渐衰退，因此劳动生产率与年龄之间呈倒"U"形关系，即老年劳动力占比上升，则劳动生产率受到负面影响。[2]

外部生产环境变化最大的冲击在于，劳动力市场突变的技能冲击使老年劳动力无法适应职业新技能而提前退出劳动力市场。[3] 从生产技能随时间及外在环境变化的角度出发，老年劳动力技能供给与职位技能需求之间的差异是人口老龄化不利于劳动生产率提升的主要原因，支持了人口老龄化会降低劳动生产率的观点。

人口老龄化会影响劳动生产率已经成为必然的趋势。首先，伴随人口老龄化出现的最直接结果即是劳动年龄人口规模的相对缩小，进而改变了劳动力供给的规模和结构，从而对劳动力市场形成冲击；其次，人口老龄

---

[1] P. A. David，D. Foray，"Economic Fundamentals of the Knowledge Society，" *Policy Futures in Education* 1（2003）：20 – 49.

[2] 赵昕东、陈丽珍：《老龄化对劳动生产率的影响是否存在行业差别？——基于智力型与体力型服务行业的证据》，《学习与探索》2019 年第 6 期。

[3] 周浩、刘平：《中国人口老龄化对劳动力供给和劳动生产率的影响研究》，《理论学刊》2016 年第 3 期。

化通过消费结构的变化间接影响劳动力需求，从而推动劳动力成本的
提高。[1]

　　既然人口老龄化已经成为全球人口转变的常态特征，那么是否只能静
观人口老龄化可能带来的负向经济效益？答案是否定的。通过深化教育完
全可以避免人口老龄化可能带来的劳动生产率下降。都阳和曲玥针对制造
业的一项实证研究表明，雇员的受教育年龄每提高 1 年，劳动生产率就会
上升17%，假设全部雇员的受教育水平都得到提升，那么企业的劳动生
产率水平必然提高。[2] 另外，通过劳动力市场的制度改革，通过扩大劳动
力资源规模和增加人力资本存量，可以缓冲人口老龄化的负向效应，实现
"边富边老"。[3] 此外，科技创新、人力资源结构优化等措施对于缓解人口
老龄化对劳动生产率的负向影响均具有重要的作用。

三　其他人口因素与劳动生产率

　　人口集聚对劳动生产率的影响呈现动态非线性特征，随着人口密度由
小变大，劳动生产率会迅速提高，之后提高速度放缓，越过拐点之后，边
际劳动生产率下降，劳动生产率降低。[4] 梁婧等采用单位劳动力产出衡量
劳动生产率，基于新经济地理学模型得出，在地级市中城市规模与劳动生
产率呈现显著的倒 "U" 形关系。[5] 城市人口规模扩大提高了劳动力市场
匹配的概率和质量，劳动生产率相应提高，达到峰值之后，城市规模扩大
造成的拥挤效应所产生的成本超过了城市收益，劳动生产率下降。不同规
模的城市具有不同程度的聚集效应和外部成本，其中，规模为 100 万—
400 万人的大城市净规模收益最高。[6]

　　不同于梁婧等对城市规模的测度，刘修岩用城市非农就业密度衡量城

① 于宁：《"后人口红利时代"中国的挑战与机遇——基于老龄化经济影响的视角》，《社会科学》
2013 年第 12 期。

② 都阳、曲玥：《劳动报酬、劳动生产率与劳动力成本优势——对 2000—2007 年中国制造业企业的
经验研究》，《中国工业经济》2009 年第 5 期。

③ 蔡昉：《未来的人口红利——中国经济增长源泉的开拓》，《中国人口科学》2009 年第 1 期。

④ 陈心颖：《人口集聚对区域劳动生产率的异质性影响》，《人口研究》2015 年第 1 期。

⑤ 梁婧、张庆华、龚六堂：《城市规模与劳动生产率：中国城市规模是否过小？——基于中国城市
数据的研究》，《经济学》（季刊）2015 年第 3 期。

⑥ 王小鲁、夏小林：《优化城市规模　推动经济增长》，《经济研究》1999 年第 9 期。

市的集聚水平，在控制其他因素的条件下，地区就业密度和公共基础社会实践对城市非农劳动生产率都有显著为正的影响，在忽略城市公共基础设施的情况下，人口的集聚经济估计值明显偏高。[①]

城市集聚对劳动生产率的影响归根到底是人口分布与城市基础供给的匹配关系。考虑到城市的产业分布状况，姚德龙认为现阶段我国工业集聚和城市劳动生产率之间的关系是互为因果、相互促进的，我国城市内部的拥挤效应已使劳动生产率明显降低。[②] 1997—2008 年，我国农业剩余劳动力转移对劳动生产率提高的贡献率达到 16.33%。[③]

刘渝琳和张敏从人口年龄、性别、城乡分布以及受教育程度四个方面衡量广义人口结构，较全面地研究了人口因素对区域劳动生产率的影响。[④] 我国人口结构对劳动生产率的影响存在区域差异，也可以说少儿抚养比下降、老年抚养比上升带来的正向影响存在区域差异，人口城镇化对东部地区的劳动生产率具有正向效应，对西部地区的劳动生产率具有负向的抑制作用。受教育程度对劳动生产率的推动作用主要集中于高等教育阶段，高中教育对劳动生产率的推动作用不显著。这一结论与 Hua 的研究结果基本一致，Hua 的实证结果支持初等教育和中等教育增加会降低劳动生产率，而大学及以上高等教育增加会通过技术进步促进劳动生产率提高。[⑤] 在我国中部地区，人口性别比与劳动生产率之间呈现倒 "U" 形关系，而在西部地区则表现为 "U" 形关系。

我国经济改革和人口转型相伴出现，人口老龄化是人口转型必然出现的结果，二者之间是单向的线性关系还是非线性关系，学术界未有统一的判断。国外已有的研究认为，人口老龄化对劳动生产率的影响在短期和长期范围内存在差异，这在国内的研究中鲜有出现。本书在国内外研究基础上，利用我国省际面板数据，从宏观角度分析了人口老龄化与劳动生产率

① 刘修岩：《集聚经济、公共基础设施与劳动生产率——来自中国城市动态面板数据的证据》，《财经研究》2010 年第 5 期。

② 姚德龙：《中国省域工业集聚的空间计量经济学分析》，《统计与决策》2008 年第 3 期。

③ 张广婷、江静、陈勇：《中国劳动力转移与经济增长的实证研究》，《中国工业经济》2010 年第 10 期。

④ 刘渝琳、张敏：《基于广义人口结构的区域劳动生产率差异分析》，《人口与经济》2017 年第 4 期。

⑤ P. Hua, "How Does Education at All Levels Influence Productivity Growth? Evidence from the Chinese Provinces," Working Papers, 2005.

之间的动态变动关系，并从生产环节出发，分析了人口老龄化对劳动生产率的影响机制。

第三节　人口老龄化与劳动生产率关系的数理基础

按照经济增长理论，决定生产能力的基本要素包括资本、劳动力、技术水平等生产要素，本书假设在一定的技术条件下，生产能力由以下的生产要素组合决定：

$$Y = F(K, L) \qquad (2-1)$$

其中，Y 表示产出，K 表示资本投入，L 表示劳动力投入。

劳动生产率衡量的是单位劳动力的生产效率，用总劳动产出与全部就业人员之比来表示：

$$LP = \frac{Y}{L_b} \Rightarrow \ln LP = \ln Y - \ln L_b \qquad (2-2)$$

式（2-2）中，LP 表示劳动生产率，Y 表示总劳动产出，L_b 表示全部就业人员。

考虑到目前经济体并非充分就业，因此全部就业人员与劳动力投入并不相等，存在失业的情况，假设就业率为 β，则：

$$L_b = \beta L \qquad (2-3)$$

本书关注的焦点是人口老龄化对劳动生产率的影响，这里的经济体仅由劳动年龄人口和老年人口构成，暂时不考虑少年儿童人口。假设人口老龄化程度为 α，总人口为 N，劳动年龄人口和全部就业人员与人口老龄化之间的关系可以表示为：

$$L = (1 - \alpha)N \qquad (2-4)$$

$$L_b = \beta L = \beta(1 - \alpha)N \qquad (2-5)$$

结合式（2-1）、式（2-4）和式（2-5），劳动生产率函数可以表示为：

$$\ln LP = \ln F[K,(1-\alpha)N] - \ln \beta(1-\alpha)N \qquad (2-6)$$

对式（2-6）的方程两侧取全微分，得出以下表达式：

$$\frac{\mathrm{d}LP}{LP} = \frac{\mathrm{d}F[K,(1-\alpha)N]}{F[K,(1-\alpha)N]} - \frac{\mathrm{d}[\beta(1-\alpha)N]}{\beta(1-\alpha)N}$$

$$\frac{\mathrm{d}LP}{LP} = \frac{F_K\mathrm{d}K + F_L\mathrm{d}(1-\alpha)N}{F[K,(1-\alpha)N]} - \frac{(1-\alpha)N\mathrm{d}\beta}{\beta(1-\alpha)N} - \frac{-\beta N\mathrm{d}\alpha}{\beta(1-\alpha)N} - \frac{(1-\alpha)\beta\mathrm{d}N}{\beta(1-\alpha)N}$$

$$\frac{\mathrm{d}LP}{LP} = \frac{F_K\mathrm{d}K}{F[K,(1-\alpha)N]} - \frac{F_L N\mathrm{d}\alpha}{F[K,(1-\alpha)N]} + \frac{F_L(1-\alpha)\mathrm{d}N}{F[K,(1-\alpha)N]} - \frac{(1-\alpha)N\mathrm{d}\beta}{\beta(1-\alpha)N} +$$

$$\frac{\beta N\mathrm{d}\alpha}{\beta(1-\alpha)N} - \frac{(1-\alpha)\beta\mathrm{d}N}{\beta(1-\alpha)N}$$

$$\frac{\mathrm{d}LP}{LP} = \frac{F_K}{F[K,(1-\alpha)N]}\frac{\mathrm{d}K}{\mathrm{d}\alpha}\mathrm{d}\alpha - \frac{F_L N\mathrm{d}\alpha}{F[K,(1-\alpha)N]} + \frac{F_L(1-\alpha)\mathrm{d}N}{F[K,(1-\alpha)N]} - \frac{\mathrm{d}\beta}{\beta} + \frac{\mathrm{d}\alpha}{1-\alpha} - \frac{\mathrm{d}N}{N}$$

$$\frac{1}{LP}\mathrm{d}LP = \left\{\frac{F_K}{F[K,(1-\alpha)N]}\frac{\mathrm{d}K}{\mathrm{d}\alpha} - \frac{F_L N}{F[K,(1-\alpha)N]} + \frac{1}{1-\alpha}\right\}\mathrm{d}\alpha + \frac{F_L(1-\alpha)\mathrm{d}N}{F[K,(1-\alpha)N]} - \frac{\mathrm{d}\beta}{\beta} - \frac{\mathrm{d}N}{N}$$

根据以上过程，得到：

$$\frac{1}{LP}\frac{\partial LP}{\partial \alpha} = \frac{F_K}{F[K,(1-\alpha)N]}\frac{\mathrm{d}K}{\mathrm{d}\alpha} - \frac{F_L N}{F[K,(1-\alpha)N]} + \frac{1}{1-\alpha}$$

$$\frac{1}{LP}\frac{\partial LP}{\partial \alpha} = \frac{F_K}{F[K,(1-\alpha)N]}\frac{\mathrm{d}K}{\mathrm{d}\alpha} - \frac{F_L N}{F[K,(1-\alpha)N]} + \frac{1}{1-\alpha}$$

$$\frac{1}{LP}\frac{\partial LP}{\partial \alpha} = \frac{1}{F[K,(1-\alpha)N]}\frac{\partial Y}{\partial K}\frac{K}{Y}\frac{\partial K}{\partial \alpha}\frac{Y}{K}\frac{\alpha}{\alpha} - \frac{1}{F[K,(1-\alpha)N]}\frac{\partial Y}{\partial L}\frac{L}{Y}\frac{Y}{L}N + \frac{1}{1-\alpha}$$

根据式（2-1）的生产函数，令 $\varphi_K = \dfrac{\partial Y}{\partial K}\dfrac{K}{Y}$、$\varphi_L = \dfrac{\partial Y}{\partial L}\dfrac{L}{Y}$。$\varphi_K$、$\varphi_L$ 分别表示的是产出的资本弹性与劳动投入的弹性。另外，令 $k_\alpha = \dfrac{\partial K}{\partial \alpha}\dfrac{\alpha}{K} = \dfrac{\partial \ln K}{\partial \ln \alpha}$，表示资本对人口老龄化的弹性，于是劳动生产率可进一步表示为：

$$\frac{\partial LP}{\partial \alpha} = \frac{LP}{Y}\varphi_K k_\alpha \frac{Y}{\alpha} - \frac{LP}{Y}\varphi_L \frac{Y}{1-\alpha} + \frac{LP}{1-\alpha}$$

$$\frac{\partial LP}{\partial \alpha} = LP\varphi_K k_\alpha \frac{1}{\alpha} - LP\varphi_L \frac{1}{1-\alpha} + \frac{LP}{1-\alpha} \qquad (2-7)$$

式（2-7）用数理关系表达了劳动生产率对人口老龄化的一阶导数，可以作为判断人口老龄化对劳动生产率影响的依据。根据一阶导数的数理含义，如果式（2-7）的右侧恒为正数，那么劳动生产率是人口老龄化的递增函数，即随着人口老龄化程度的加深，劳动生产率提高；如果式（2-7）的右侧恒为负数，那么劳动生产率是人口老龄化的递减函数，即人口老龄化程度的加深将会导致劳动生产率水平降低；如果式（2-7）的右侧恒为 0，那么劳动生产率与人口老龄化之间不存在显著的线性关系。

当 $\dfrac{\partial LP}{\partial \alpha} = 0$ 时，$LP\,\varphi_K\,k_\alpha\dfrac{1}{\alpha} - LP\,\varphi_L\dfrac{1}{1-\alpha} + \dfrac{LP}{1-\alpha} = 0$，对该式进行简化，则：

$$\varphi_K\,k_\alpha\frac{1}{\alpha} - \varphi_L\frac{1}{1-\alpha} = -\frac{1}{1-\alpha}$$

$$\varphi_K\,k_\alpha(1-\alpha) - \alpha\,\varphi_L = -\alpha$$

$$\alpha = \frac{\varphi_K\,k_\alpha}{\varphi_K\,k_\alpha + \varphi_L - 1} \qquad\qquad (2-8)$$

可以看到，劳动生产率随人口老龄化的变化趋势与资本弹性、产出弹性和资本对人口老龄化弹性的大小和正负有关。

当 $\alpha = \dfrac{\varphi_K k_\alpha}{\varphi_K k_\alpha + \varphi_L - 1}$ 时，$\dfrac{\partial LP}{\partial \alpha} = 0$，说明劳动生产率与人口老龄化之间不存在统计意义上的线性关系；当 $\alpha > \dfrac{\varphi_K k_\alpha}{\varphi_K k_\alpha + \varphi_L - 1}$ 时，$\dfrac{\partial LP}{\partial \alpha} < 0$，说明劳动生产率与人口老龄化之间呈负相关关系，人口老龄化程度越深，劳动生产率水平越低；当 $\alpha < \dfrac{\varphi_K k_\alpha}{\varphi_K k_\alpha + \varphi_L - 1}$ 时，$\dfrac{\partial LP}{\partial \alpha} > 0$，说明劳动生产率是人口老龄化的递增函数，人口老龄化程度越深，越能促进劳动生产率提高。

因此，根据建立在生产函数基础上的数理推导结果可知，人口老龄化与劳动生产率之间呈非线性关系，存在某一水平的劳动生产率峰值，人口老龄化和劳动生产率之间的关系与其他经济因素的变动息息相关。

第三章 我国劳动生产率发展现状
——基于收敛性分析视角

本书旨在研究人口老龄化对劳动生产率的影响，我国的人口老龄化发展已成为不可逆转的事实，在研究人口老龄化与劳动生产率之间的关系之前，我们需要对劳动生产率的发展现状进行详细的分析。

第一节　对我国区域发展差异的基本认识

改革开放 40 多年来，我国的经济增长和人民生活都有了质的飞跃和量的突破，虽然"十二五"期间，我国已经结束了 10% 以上的高速经济增长，开始步入稳定的中高速增长阶段，但是我国仍然是世界上经济增长速度最快的国家之一。然而，在经济高速增长背后值得关注的是，区域经济发展的不平衡性和结构性失衡问题凸显，区域间和区域内的发展差距扩大对我国经济的可持续协调发展构成了威胁。党的十九大报告明确指出，中国特色社会主义进入新时代，我国社会主要矛盾已经转化为人民日益增长的美好生活需要和不平衡不充分的发展之间的矛盾，不平衡不充分的区域发展成为阻碍人民美好生活实现的主要制约因素。[①] 不平衡不充分的发展在我国经济增长过程中最直观的表现就是地区

---

① 习近平:《决胜全面建成小康社会　夺取新时代中国特色社会主义伟大胜利——在中国共产党第十九次全国代表大会上的报告》，中华人民共和国中央人民政府网，2017 年 10 月 27 日，http://www.gov.cn/zhuanti/2017－10/27/content_5234876.htm。

间的发展差距。

　　受限于不同区域间的资源禀赋分布差异，我国东、中、西部地区的经济发展始终保持着显著的组间差距，同时，区域内部的组内差距也十分明显。按照经典的经济增长模型——索洛模型①推演结果，区域间的发展差距终究会缩小，并最终收敛于稳定状态。单位劳动力输入和资源禀赋的不同缘于区域间平衡增长的路径不同、资本的边际报酬递减和知识扩散滞后特征的存在，且长期范围内经济不发达地区可以追赶上发达地区，区域发展的不平衡程度最终降低。后来的学者们在索洛模型基础上，放宽模型的假设条件，并加入控制变量，通过理论创新和实证研究，得出了不同经济体的收敛性各有差异，在其他条件相同的情况下，每个经济体达到稳态水平的人均收入会趋于相等，经济体之间将形成一个绝对收敛"俱乐部"。②

　　诸多研究者应用时间序列、动态面板数据等对我国经济增长的收敛性进行了实证研究。在不同时间范围内，不同研究者对我国经济增长的收敛性认识不一。一种观点认为，我国的地区经济发展不存在绝对收敛，按照地理区位划分的东、中、西部地区存在显著的俱乐部收敛和条件收敛③，并且地区间经济增长的收敛性具有阶段性和区域性④。目前，学者们也普遍支持这种观点，认为绝对收敛通常只存在于最富裕的国家之间或者最贫穷的国家之间⑤，条件收敛和俱乐部收敛较为普遍。另一种观点认为，我国不存在严格意义上的经济收敛现象。朱国忠等使用空间动态面板数据模型，强调各省份经济在空间上的相关性，发现我国各省份的经济增长不存在收敛性。⑥ 有一些学者通过将经济发展阶段按照不同的标准划分，证实

① R. M. Solow, "A Contribution to the Theory of Economic Growth," *Quarterly Journal of Economics* 70 (1956)：65 – 94.

② 彭国华：《我国地区经济的"俱乐部"收敛性》，《数量经济技术经济研究》2008 年第 12 期。

③ 蔡昉、都阳：《中国地区经济增长的趋同与差异——对西部开发战略的启示》，《经济研究》2000 年第 10 期；S. Démurger, "Infrastructure Development and Economic Growth：An Explanation for Regional Disparities in China?," *Journal of Comparative Economics* 29 (2001)：95 – 117。

④ 刘金全、隋建利、闫超：《亚洲国家经济增长路径的实际敛散性》，《世界经济》2009 年第 2 期；刘强：《中国经济增长的收敛性分析》，《经济研究》2001 年第 6 期；刘生龙、张捷：《空间经济视角下中国区域经济收敛性再检验——基于 1985—2007 年省级数据的实证研究》，《财经研究》2009 年第 12 期；M. Weeks, J. Y. Yao, "Provincial Conditional Income Convergence in China, 1953 – 1997：A Panel Data Approach," *Econometric Reviews* 22 (2003)：59 – 77.

⑤ R. J. Barro, X. S. Martin, "Convergence," *Journal of Political Economy* 100 (1992)：223 – 251.

⑥ 朱国忠、乔坤元、虞吉海：《中国各省经济增长是否收敛？》，《经济学》（季刊）2014 年第 2 期。

了经济增长收敛的间断性和区域间的不收敛现象普遍存在①，不认同经济增长收敛的连续性。

部分文献研究了地区经济发展差距和收敛性问题，但是这些收敛性研究大多集中于经济增长速度和收入水平，对于经济增长源泉——劳动生产率的收敛性研究甚少。其实，劳动生产率收敛机制在实际中的作用越来越重要，劳动生产率是导致地区经济发展差距的主要因素。赵伟和马瑞永认为，资本、劳动力等生产要素流动导致劳动生产率收敛，最终导致经济增长收敛。②他们发现，1978—1989年，劳动生产率存在明显的收敛现象；1990—2002年，劳动生产率存在显著的发散现象，同时劳动生产率收敛机制表现出"俱乐部收敛"特征。高帆和石磊将劳动生产率分解成纯生产率效应、鲍默效应和丹尼森效应，认为纯生产率效应促使劳动生产率的提高；进一步通过采用1978—2006年省际数据证实，劳动生产率的增长率表现出东部地区领先的有限收敛，劳动生产率绝对值则表现出东部地区占优条件下的相对分散。③彭国华采用一般线性模型、固定效应面板数据模型和动态面板数据模型对1982—2002年省际劳动生产率进行了收敛性检验，结果显示，全国范围内不存在绝对收敛，只有条件收敛，且收敛速度慢于全要素生产率的收敛速度。④李桂娥和万威通过将劳均GDP分解，发现1990—2008年全国劳动生产率呈现显著的发散趋势，1978—1990年东部地区的劳动生产率呈现显著的收敛趋势。⑤

基于上述分析不难看出，已有研究对样本框、时间段和研究方法的选取不同，实证检验的结果差异明显，对劳动生产率的收敛性并未有较为一致的结论。本书认为不同时间段内，经济要素的活跃程度和初始发展水平不同可能会导致劳动生产率表现有所差异，但目前鲜有文献详尽地对不同阶段我国的劳动生产率收敛性进行阐述。据此，本章试图应用1991—

① M. Raiser, "Subsidising Inequality: Economic Reforms, Fiscal Transfers and Convergence Across Chinese Provinces," *Journal of Development Studies* 34 (1998): 1 – 26；林毅夫、刘培林：《中国的经济发展战略与地区收入差距》，《经济研究》2003年第3期；石磊、高帆：《地区经济差距：一个基于经济结构转变的实证研究》，《管理世界》2006年第5期。

② 赵伟、马瑞永：《中国经济增长收敛性的再认识——基于增长收敛微观机制的分析》，《管理世界》2005年第11期。

③ 高帆、石磊：《中国各省份劳动生产率增长的收敛性：1978—2006年》，《管理世界》2009年第1期。

④ 彭国华：《中国地区收入差距、全要素生产率及其收敛分析》，《经济研究》2005年第9期。

⑤ 李桂娥、万威：《关于中国经济收敛性的再认识》，《统计与决策》2013年第15期。

2015 年我国 29 个省（区、市）的省际面板数据，解析全国范围及东、中、西部地区的劳动生产率变化趋势，检验我国劳动生产率的 σ 收敛、绝对 β 收敛、条件 β 收敛和俱乐部收敛状况，以此为基础说明我国劳动生产率的区域发展差异。

第二节 对我国劳动生产率水平的基本认识

区域发展是否存在收敛性可以作为判断不同区域发展是否存在差异的主要依据，在对我国劳动生产率的收敛性进行分析之前，先对不同区域的劳动生产率水平进行具体的分析。

一 我国劳动生产率水平的国际比较[①]

我国是世界上最大的发展中国家，高速的经济增长为社会转型和经济发展方式转型提供了基本的条件。我国的劳动生产率经历了长期的增长阶段后开始下降，2016 年末保持稳定的低速增长。我国的劳动生产率变动呈现以下几个特点。第一，劳动生产率维持高速增长。1996—2015 年，我国的劳动生产率平均增速为 8.6%；从 2007 年开始，我国的劳动生产率增速放缓，但是增速始终远远高于同期世界平均水平，1996—2015 年我国的劳动生产率增长率比世界平均水平高 7.3 个百分点（见图 3-1）。第二，劳动生产率绝对量大幅提高。国际劳工组织以 2005 年不变价计算得出，1996 年我国的劳动生产率仅有 1535 美元/人，到 2015 年我国的劳动生产率上升到 7318 美元/人（见表 3-1），增幅将近 4 倍。第三，劳动生产率水平较低。2000—2005 年我国的劳动生产率不足世界平均水平的 1/5，与美国、日本、欧元区等发达经济体的劳动生产率相比更是相去甚远（见表 3-1）。虽然我国劳动生产率的增长率和绝对量都持续保持着高速的增长，但是劳动生产率的绝对量仍然不及世界主要发达经济体。

[①] 为了便于将中国的劳动生产率水平与世界其他经济体进行比较，这里采用国际劳工组织按照 2005 年不变价核算的各经济体的劳动生产率水平进行比较。

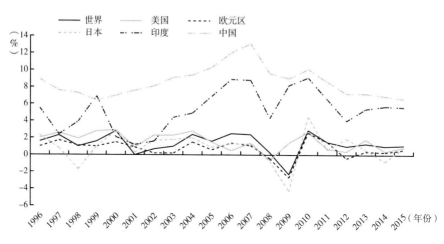

图 3 - 1   1996—2015 年世界及部分经济体的劳动生产率增长率

资料来源:《国际比较表明我国劳动生产率增长较快》,国家统计局网站,http://www. stats. gov. cn/tjsj/sjjd/201609/t20160901_ 1395572. html,最后访问日期:2016 年 9 月 1 日。

表 3 - 1   2000—2015 年世界及部分经济体劳动生产率

单位:美元/人

年份	世界	美国	日本	欧元区	印度	中国
2000	15606	81720	67568	60767	1555	2018
2005	16497	90072	72209	64992	1872	2088
2010	17449	95069	73631	66586	2731	5146
2015	18487	96990	76068	68631	3559	7318

资料来源:《国际比较表明我国劳动生产率增长较快》,国家统计局网站,http://www. stats. gov. cn/tjsj/sjjd/201609/t20160901_ 1395572. html,最后访问日期:2016 年 9 月 1 日。

由表 3 - 1 可知,2000 年我国的劳动生产率为 2018 美元/人,不足世界平均水平的 1/7,仅比印度高出了 463 美元/人。美国是世界范围内劳动生产率水平最高的国家,2000 年,美国的劳动生产率水平是我国的 40.5 倍。2000 年以后,我国的劳动生产率水平有了很大程度的提升。2015 年,我国的劳动生产率为 7318 美元/人,与世界平均水平、美国、日本和欧元区的差距有所缩小。

显然,我国的劳动生产率水平较低,但是发展速度较快,与此同时,世界主要发达经济体的劳动生产率水平较高,但是发展速度有所回落。随着我国经济结构优化、人力资本水平提升、创新发展驱动、劳动力市场完善，未来我国的劳动生产率存在较大的提升空间，增长潜力巨大。

二 我国劳动生产率水平的区域比较

对于我国劳动生产率的认识，按 1991 年不变价计算，考察去除价格因素影响之后的实际劳动生产率水平。改革开放以来，我国的地区发展差异比较突出地表现在三类地区之间。[①] 本章检验了我国各省份、各区域的发展差异，对于区域的划分按照 2000 年发布的《国务院关于实施西部大开发若干政策措施的通知》，采用最新的东、中、西部[②]划分。我国的实际劳动生产率呈现以下特点。

一是我国的实际劳动生产率持续稳定提高。按照 1991 年不变价计算，1991 年我国的劳动生产率为 3627.39 元/人，"十五"计划时期我国的劳动生产率开始突破 10000 元/人，到 2015 年我国的劳动生产率上升到 37162.77 元/人，相较于 1991 年的劳动生产率水平，增幅超过 9 倍。东部、中部、西部地区的劳动生产率与全国的劳动生产率演变趋势一致（见图 3 - 2），保持较高的生产率增长。其中，东部地区的劳动生产率高于中部、西部地区，甚至高于全国的平均水平。1991—2015 年，东部地区的劳动生产率从 4893.15 元/人升至 50982.04 元/人，其初始劳动生产率和劳动生产率增幅领先于其他地区。相较而言，中部、西部地区的劳动生产率水平接近，从 2003 年开始，西部地区劳动生产率的增长率快于中部地区，到"十二五"规划末期，西部地区的劳动生产率有赶超中部地区的趋势。

分区域来看，东部地区中上海市的劳动生产率水平最高，1991 年上海市的劳动生产率高达 11198.30 元/人（见表 3 - 2），远高于当期全国平均水平。依据劳动生产率的绝对量判断，上海市的劳动生产率水平领先全国大约 11 年，领先西部地区 16 年。东部地区劳动生产率最低的是河北省，2015 年河北省的劳动生产率水平不足上海市的 1/2，但差距较 1991

---

① 林毅夫、蔡昉、李周：《中国经济转型时期的地区差距分析》，《经济研究》1998 年第 6 期。

② 东部地区包括北京、天津、河北、辽宁、上海、江苏、浙江、福建、山东、广东和海南；中部地区包括山西、安徽、吉林、黑龙江、江西、河南、湖北和湖南；西部地区包括内蒙古、广西、重庆、四川、贵州、云南、西藏、陕西、甘肃、青海、宁夏和新疆。

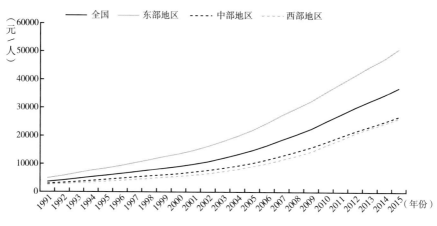

图 3 - 2　1991—2015 年中国各区域劳动生产率

资料来源：根据国家统计局《中国统计年鉴 2016》（中国统计出版社，2016）中的相关数据，由笔者计算所得。

年有所缩小；在中部地区中，吉林省和黑龙江省的劳动生产率水平最高，二者受惠于振兴东北老工业基地战略，通过体制机制创新，优化生产结构，劳动生产率水平得到有效提高；在西部地区中，内蒙古自治区的劳动生产率水平最高，其他地区的劳动生产率接近。相对于中部、东部地区，西部地区的劳动生产率水平和增长率更接近。

表 3 - 2　个别省（区、市）、个别年份的劳动生产率

单位：元/人

省（区、市）	1991 年	1995 年	2000 年	2005 年	2010 年	2015 年
北　京	9446.22	14327.91	25078.45	31306.94	45718.25	57189.21
天　津	7143.45	10934.92	19753.74	34120.88	53390.65	77728.26
上　海	11198.30	19461.23	32175.11	48185.90	71762.21	82379.10
江　苏	3747.70	7384.07	12444.59	22054.82	40029.80	63185.11
浙　江	4223.26	8455.62	13698.89	22219.23	33212.63	47875.07
福　建	4315.14	8042.86	13050.93	19324.16	30776.51	41453.12
山　西	3516.81	5169.70	8490.15	14598.97	21601.82	28469.73
吉　林	3879.67	5550.25	9663.10	15061.04	28483.83	39430.62
黑龙江	5548.96	7215.10	10620.32	16084.60	25659.16	36284.99
湖　北	2962.92	4689.49	7105.83	11053.55	20559.91	34129.84
湖　南	2585.94	3661.17	5639.87	8646.48	15583.45	25607.32

续表

省（区、市）	1991 年	1995 年	2000 年	2005 年	2010 年	2015 年
内蒙古	3735.18	5303.67	8699.25	19550.85	38366.16	50082.58
云　南	2600.70	3718.17	5293.49	7582.88	11764.13	18714.55
陕　西	2856.44	3900.81	6273.53	10077.10	19189.43	32468.29
甘　肃	2083.77	2742.37	4415.94	7804.41	12313.85	19851.09

资料来源：根据国家统计局《中国统计年鉴 2016》（中国统计出版社，2016）中的相关数据，由笔者计算所得。

二是劳动生产率的增长率高水平持续稳定增长、波动性较大。1991—2015 年，我国的劳动生产率增长率呈高水平增长，1992 年达到高峰 13.43%。东南亚金融危机前后，我国的劳动生产率增长率有所回落，进入 2000 年后，我国的劳动生产率增长率开始回升，直至 2008 年受到国际金融危机影响，劳动生产率增长率略有下降，但"十二五"规划时期，劳动生产率增长率回暖，虽然远低于"八五"计划时期的平均水平，但 2011—2015 年全国平均劳动生产率增长率仍有 8.09%（见表 3-3），远高于美国、日本和欧元区国家。[①]

表 3-3　1991—2015 年我国各区域劳动生产率增长率

单位：%

年份	全国	东部地区	中部地区	西部地区
1991—2015	10.20	10.29	9.67	10.21
1991—1995	12.68	14.70	10.31	9.68
1996—2000	9.24	9.92	8.25	8.55
2001—2005	10.29	10.12	9.76	10.25
2006—2010	11.18	10.20	11.52	12.90
2011—2015	8.09	7.40	8.62	9.56

资料来源：根据国家统计局《中国统计年鉴 2016》（中国统计出版社，2016）中的相关数据，由笔者计算所得。

1991—2000 年，东部地区的劳动生产率的平均增长率始终高于其他地区，从 2001 年开始，西部地区的劳动生产率增长率有了较大幅度的提高，并且超

---

① 国际劳工组织最新报告了世界各国的劳动生产率，1996—2015 年，我国的劳动生产率平均增速为 8.6%，比世界平均水平高 7.3 个百分点，明显高于美国 1.6% 的水平，比增速较快的印度也高出 3.3 个百分点。

过中部、东部地区，表现出阶段性的区域崛起。另外，中部地区的劳动生产率增长率也于 2006 年开始赶超东部地区。新古典经济增长理论指出，发展起点较低的经济体倾向于在随后的发展中速度更快，经济增长速度和人均收入水平在国家或地区之间存在趋同的可能。[①] 西部和中部地区的劳动生产率增长率分别在西部大开发、中部崛起计划的发展战略下，在"十五"计划到"十二五"规划时期，表现出逐渐向东部发达地区靠近的趋势。

综合来讲，我国的省际劳动生产率发展差异明显，并且地区间的劳动生产率差异具有明显的区域性和阶段性。东部地区劳动生产率初始水平较高，增长速度逐渐趋缓；相对而言，中部、西部地区劳动生产率初始水平偏低，但增长速度较快，并在 2000 年以后出现赶超东部地区的趋势。东部、中部、西部各省（区、市）之间的劳动生产率差距随时间的推移逐渐缩小。由此可见，我国各区域的劳动生产率水平存在差距，但差距逐渐缩小，并有进一步趋同的趋势。东部、中部、西部各省（区、市）的劳动生产率差距也呈现逐年缩小的趋势。由此可以初步判断，我国东部、中部、西部地区的劳动生产率具有内部趋同的趋势。

第三节　我国劳动生产率的收敛性检验及经济事实

一　检验方法

本节对我国劳动生产率水平的收敛性检验采用 σ 收敛、绝对 β 收敛、条件 β 收敛和俱乐部收敛。

1. σ 收敛

我国劳动生产率的 σ 收敛是指各区域劳动生产率对数值的标准差随时间的推移而下降，意味着区域间的差距越来越小，区域劳动生产率发展

---

① N. G. Mankiw, D. H. Romer, D. N. Weil, "A Contribution to the Empirics of Economic Growth," *The Quarterly Journal of Economics* 107 (1992): 407 – 437.

存在 σ 收敛。判断依据为标准差，即组内个体间的离散程度。

$$\sigma_{i,t} = \sqrt{\frac{1}{n}\sum_{i=1}^{n}\left(\ln P_{i,t} - \frac{1}{n}\sum_{i=1}^{n}\ln P_{i,t}\right)^2} \qquad (3-1)$$

其中，i 代表省份，t 代表时间，n 代表省份个数，根据考虑区域不同，n 的取值不同，$\ln P_{i,t}$ 表示 i 省份 t 时期劳动生产率的对数值，$\sigma_{i,t}$ 为 i 省份 t 时期劳动生产率对数值的标准差，即 σ 收敛系数。

2.β 收敛

β 收敛是指不同省份的劳动生产率增长速度与发展水平负相关，包括绝对 β 收敛和条件 β 收敛。绝对 β 收敛在假定各地区的经济基础环境相同的条件下，指各区域的劳动生产率都能达到相同的稳定增长速度和增长水平，表现为落后地区的劳动生产率水平以一定的速度追赶发达地区的趋势。收敛方程为：

$$\omega_{i,t} = \alpha + \beta\ln P_{i,0} + u_{i,t} \qquad (3-2)$$

$$\omega_{i,t} = \frac{\ln P_{i,t} - \ln P_{i,0}}{t}$$

其中，$\omega_{i,t}$ 为 i 省份在 0—t 时期 $\ln P$ 的平均增长率，$\ln P_{i,t}$ 为 i 省份 t 时期的劳动生产率的对数值，$\ln P_{i,0}$ 表示 i 省份的初始劳动生产率的对数值，t 为时间，回归系数 β 为收敛系数。如果 $\beta > 0$，则区域劳动生产率发展趋于发散；如果 $\beta < 0$，意味着区域劳动生产率发展趋于收敛。α、u 分别为常数项和误差项。收敛速度 λ 为：

$$\beta = -\frac{(1 - e^{-\lambda\tau})}{\tau} \qquad (3-3)$$

其中，τ 为时间间隔。绝对 β 收敛是建立在严苛的社会经济环境条件下的区域发展收敛性判断标准，在实际区域发展过程中，完全相同的经济基础假设条件难以满足。条件 β 收敛是在放宽地区经济基础发展环境的条件下，各区域的劳动生产率依据自身的禀赋条件收敛于不同的稳定状态，各个地区的劳动生产率最终趋于自身的稳定状态。即：

$$\omega_{i,t} = \alpha + \beta\ln P_{i,t-1} + \gamma X_{i,t} + u_{i,t} \qquad (3-4)$$

式（3-4）中的变量含义与式（3-2）一致，$X_{i,t}$ 表示 i 省份 t 时期的控制变量。关于条件 β 收敛方程中控制变量的选取，学者们普遍从新古典经济增长理论出发，选取投资率、社会就业人员增长率、技术进步率和折旧率作为控制变量①，也有部分学者认为控制变量可以根据研究目的和要求而任意选取其他变量②，本书延续新古典经济增长理论中动态经济学对于平衡路径的判断，即：

$$\omega_{i,t} = \alpha + \beta\ln P_{i,t-1} + \gamma_1\ln s_{i,t} + \gamma_2\ln(n + g + d)_{i,t} + u_{i,t} \tag{3-5}$$

其中，$\ln s_{i,t}$ 是 i 省份 t 时期储蓄率的对数值，也是投资率的对数值，指 i 省份 t 时期的资本形成总额与净出口之和占全国生产总值之比；$n_{i,t}$ 是 i 省份 t 时期的社会就业人员增长率；$(g + d)_{i,t}$ 为 i 省份 t 时期的外生技术进步率和折旧率之和，按照一般的做法设定其为 0.05。收敛速度 λ 为：

$$\beta = -(1 - e^{-\lambda\tau}) \tag{3-6}$$

3. 俱乐部收敛

俱乐部收敛是指初始经济发展水平、社会发展程度和生产条件接近的经济集团之间，在划分类似特征的前提下趋同，即发展水平较低的经济集团和发展水平较高的经济集团内部各自趋同。判断俱乐部收敛的依据为在 β 收敛的基础之上，即在全国范围内的劳动生产率存在 β 收敛的情况下，对东部、中部和西部地区内部的 β 收敛进行检验。

二　数据说明

"八五"计划时期是改革开放推进最快，也是市场经济体制建立的时期。综合考虑，本书从"八五"计划开始，分别考虑了"八五"计划、"九五"计划、"十五"计划、"十一五"规划和"十二五"规划时期，全国和东部、中部、西部地区劳动生产率的收敛性状况，相应数据来源于《新中国六十年统计资料汇编》、1991—2016 年《中国统计年鉴》、1991—2016 年各省份统计年鉴。由于在计量过程中，重庆市和西藏自治区部分数据缺失，因此样本中剔除了这两个地区。

---

① 王志刚：《质疑中国经济增长的条件收敛性》，《管理世界》2004 年第 3 期；彭国华：《中国地区收入差距、全要素生产率及其收敛分析》，《经济研究》2005 年第 9 期；赵伟、马瑞永：《中国经济增长收敛性的再认识——基于增长收敛微观机制的分析》，《管理世界》2005 年第 11 期；胡晓珍、杨龙：《中国区域绿色全要素生产率增长差异及收敛分析》，《财经研究》2011 年第 4 期。

② 沈坤荣、马俊：《中国经济增长的"俱乐部收敛"特征及其成因研究》，《经济研究》2002 年第 1 期。

　　劳动生产率是生产总值和社会就业人员之比，为了最大限度地减小不同省份和地区间发展水平差异可能造成的检验偏差，本章统一将生产总值按各省份 1991 年的价格指数进行平减，统一以 1991 年不变价核算地区生产总值，以此核算的劳动生产率是剔除了价格因素影响后的实际劳动生产率。

三　收敛性检验

1. σ 收敛检验

　　图 3 - 3 显示了全国和东部、中部、西部地区劳动生产率对数值的标准差随时间的变化趋势，即各区域劳动生产率的 σ 收敛情况。从图 3 - 3 来看，全国和东部、中部、西部地区的劳动生产率最终都呈现一定程度的 σ 收敛趋势，但是在"十二五"规划末期，全国、东部和西部地区劳动生产率对数值的标准差出现了微小的上扬趋势，呈现细微的发散趋势。从整体来看，全国劳动生产率对数值的标准差随时间的变化呈倒"U"形，最终呈收敛趋势。从"八五"计划初期到"九五"计划末期，全国范围内的劳动生产率呈发散趋势，"十五"计划时期有一定起伏，2006 年以后开始出现 σ 收敛趋势。

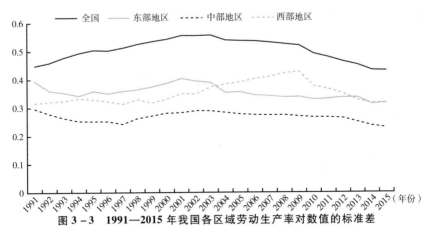

图 3 - 3　1991—2015 年我国各区域劳动生产率对数值的标准差

资料来源：根据国家统计局《中国统计年鉴 2016》（中国统计出版社，2016）公布的 GDP 与就业人员数，由笔者计算所得。

　　分区域来看，东部地区劳动生产率对数值的标准差变化相对起伏，内部差距波动性较大，但最终呈缓慢收敛趋势。"八五"计划时期，东部地区劳动生产率收敛速度最快，1995—2002 年，东部地区劳动生产率开始发散；2003—2013 年，东部地区劳动生产率开始收敛，变化速度较为平稳；2014 年开始，东部地区劳动生产率呈现微小的发散趋势。中部地区劳动生产率对数值的标准差变化最为平稳，并以平稳的速度最终收敛，"九五"计划时期，中部地区的劳动生产率有轻微的波动。西部地区劳动生产率对数值的标准差变化最大，也就是说，西部地区劳动生产率的内部差距最不平稳、波动性最大。2009 年是西部地区劳动生产率变化的分水岭，2009 年之前劳动生产率对数值的标准差上升，内部差距扩大，从2010 年开始其劳动生产率对数值的标准差急速下降，内部差距缩小。

值得关注的是，在 2003 年以前，东部地区劳动生产率对数值的标准差显著高于中部和西部地区，也就是说，东部地区的内部差距远远大于中部和西部地区。从 2004 年开始，西部地区的劳动生产率对数值的标准差开始超过东部地区，即西部地区的内部差距开始大于东部地区，并且在2010 年以前这种差距逐渐变大，直至 2010 年，西部地区劳动生产率的内部差距才开始逐渐缩小。

2. 绝对 β 收敛检验

绝对 β 收敛检验采用了面板数据模型，根据 Hausman 检验采用固定效应模型，表 3 - 4 报告了我国各区域劳动生产率的绝对 β 收敛状况。从回归系数的显著性可以看到，1991—2015 年，全国的劳动生产率收敛系数为负，即显著收敛，也就是说，全国范围内的劳动生产率差距在逐渐缩小，收敛速度为每年 0.83%。分阶段来看，"八五"计划时期，回归方程中全国劳动生产率的收敛系数不显著，但呈现发散趋势，即 1991—2000 年全国范围内的劳动生产率呈发散趋势。从"十五"计划开始，全国范围内的劳动生产率开始呈现收敛的态势，"十一五"规划和"十二五"规划时期，全国范围内的劳动生产率的收敛速度分别为每年 1.95%、2.34%。

表 3 - 4 我国各区域劳动生产率绝对 β 收敛检验

变量	1991—2015 年	"八五"计划时期	"九五"计划时期	"十五"计划时期	"十一五"规划时期	"十二五"规划时期
全国:β	- 0.0075 * (- 1.89)	0.0177 (1.64)	0.0148 ** (3.41)	- 0.0100 (- 1.49)	- 0.0186 ** (- 3.49)	- 0.0221 *** (- 4.12)
R^2	0.1165	0.0902	0.3012	0.0761	0.3115	0.3861
λ	0.0083	- 0.0170	- 0.0143	0.0103	0.0195	0.0234

续表

变量	1991—2015 年	"八五"计划时期	"九五"计划时期	"十五"计划时期	"十一五"规划时期	"十二五"规划时期
东部地区: β	− 0.0161 * (− 2.23)	− 0.0330 (− 1.24)	0.0197 ** (2.41)	− 0.0289 * (− 1.99)	− 0.0111 (− 1.11)	− 0.0148 (− 0.96)
R^2	0.3560	0.1457	0.3930	0.3064	0.1209	0.0921
λ	0.0206	0.0361	− 0.0188	0.0312	0.0114	0.0154
中部地区: β	− 0.0148 * (− 2.01)	− 0.0352 * (− 1.99)	0.0152 (0.64)	− 0.0058 (− 0.48)	− 0.0118 (− 0.63)	− 0.0338 (− 1.81)
R^2	0.4036	0.3983	0.0632	0.0365	0.0613	0.3530
λ	0.0185	0.0387	− 0.0147	0.0059	0.0122	0.0370
西部地区: β	− 0.0171 (− 1.47)	0.0026 (0.15)	0.0020 (0.16)	0.0123 (0.48)	− 0.0199 (− 1.11)	− 0.0302 ** (− 2.57)
R^2	0.2121	0.0027	0.0031	0.0283	0.1325	0.4528
λ	0.0223	− 0.0026	− 0.0020	− 0.0119	0.0210	0.0327

*、**、*** 分别表示在 10% 、5% 、1% 的显著性水平下显著。

注：括号中表示的是 t 值。因常数项对回归结果和收敛性判断并无影响，所以在表中未列出。

分地区来看，1991—2015 年东部地区的劳动生产率在 10% 的显著性水平下显著收敛，收敛速度为每年 2.06% ，是所有地区中劳动生产率收敛速度最快的地区，也就是说，东部地区内部的劳动生产率差距不断缩小，存在俱乐部收敛现象，且"十五"计划时期东部地区的绝对收敛程度对全国范围内的收敛趋势贡献最大。东部地区的劳动生产率在"九五"计划时期以每年 − 1.88% 的速度完全发散，"十一五"规划和"十二五"规划时期东部地区的劳动生产率 β 系数均不显著，表明这两个阶段东部地区内部不存在俱乐部收敛现象。

1991—2015 年中部地区的劳动生产率以每年 1.85% 的速度收敛，区域内部之间的劳动生产率完全收敛，存在俱乐部收敛现象。从表 3 - 4 报告的回归结果可以看到，中部地区内部的劳动生产率差距缩小主要归因于"八五"计划时期的收敛，并且收敛速度达到了每年 3.87% 。中部地区其他时期的 β 收敛系数均不显著，不存在俱乐部收敛现象。从这个方面来看，中部地区各省份在假定初始经济环境相同的情况下，劳动生产率变化的波动性极小，具有较强稳定性。

从"八五"计划初期到"十一五"规划末期，西部地区劳动生产率的 β 收敛系数在各个显著性水平下均不显著，不存在俱乐部收敛现象。分阶段来看，1991—2010 年，西部地区的劳动生产率 β 收敛系数始终不显著，直至"十二五"规划初期，西部地区的劳动生产率才开始呈现收敛趋势，并以每年 3.27% 的速度收敛。相较于东部、中部地区，西部地区各省份之间劳动生产率水平的差距极大，近五年来，这一差距才开始逐渐缩小。

3. 条件 β 收敛检验

表 3 – 5 是应用面板数据模型对全国各地区劳动生产率的条件收敛进行的检验。检验结果显示，各地区在放宽了初始经济条件的情况下，劳动生产率的收敛情况与绝对 β 收敛情况基本一致，仅存在细微的差异。在加入控制变量后，1991—2015 年全国、东部和中部地区的劳动生产率均在 1% 的显著性水平下显著收敛，收敛速度慢于绝对 β 收敛。分阶段来看，除了"十五"计划时期，其他时间段全国、东部和中部地区的劳动生产率均趋于收敛。西部地区在 1991—2015 年仍然不存在俱乐部收敛现象，并且各阶段的收敛速度也完全慢于其他地区。值得重点关注的是，"十五"计划时期，全国和东部、中部、西部地区的劳动生产率 β 收敛系数都显著为正，存在完全发散现象。在这一时期，全国范围内和各地区的劳动生产率差距在不断扩大。"十五"计划时期，公平和效率的取舍是影响这一阶段经济可持续发展的重要问题，这一阶段的突出表现就是城乡差距不断扩大、经济发展结构不平衡，这与劳动生产率的发散趋势不谋而合。

表 3 – 5　我国各区域劳动生产率条件 β 收敛检验

变量	1991—2015 年	"八五"计划时期	"九五"计划时期	"十五"计划时期	"十一五"规划时期	"十二五"规划时期
全国:β	- 0.0232 ***	- 0.1308 ***	- 0.0496 ***	0.0743 ***	- 0.0319	- 0.1383 ***
	(- 10.54)	(- 6.84)	(- 3.46)	(4.41)	(- 1.21)	(- 10.28)
ln s	0.0813 ***	0.0717 **	0.0193	0.0233	0.1496 **	0.0216
	(9.81)	(2.32)	(0.75)	(1.10)	(2.73)	(1.12)
$\ln(n + g + d)$	0.0059 *	- 0.0642 ***	- 0.0249 ***	- 0.0859 ***	- 0.0340 **	- 0.0761 ***
	(1.86)	(- 6.33)	(- 9.09)	(- 11.72)	(- 2.83)	(- 14.79)
λ	0.0009	0.0280	0.0102	- 0.0143	0.0065	0.0298
东部地区:β	- 0.0311 ***	- 0.1704 ***	- 0.0543 **	0.0477 **	- 0.0517 **	- 0.0845 **
	(- 10.55)	(- 4.73)	(- 3.92)	(2.22)	(- 2.09)	(- 3.30)
ln s	0.0859 ***	0.1453	- 0.0085	0.0707 *	0.0058	0.0513
	(4.36)	(1.42)	(- 0.09)	(1.88)	(0.07)	(1.11)
$\ln(n + g + d)$	- 0.0325 ***	- 0.0542 **	- 0.0205 ***	- 0.0830 ***	- 0.0632 **	- 0.0946 ***
	(- 9.04)	(- 2.90)	(- 7.17)	(- 11.59)	(- 2.86)	(- 13.78)

续表

变量	1991—2015 年	"八五"计划时期	"九五"计划时期	"十五"计划时期	"十一五"规划时期	"十二五"规划时期
λ	0.0013	0.0374	0.0112	-0.0093	0.0106	-0.0162
中部地区:β	-0.0142^{***} (-3.92)	-0.0636^{*} (-2.09)	-0.1029^{**} (-2.83)	0.0560^{**} (2.29)	-0.0282 (-1.11)	-0.1102^{***} (-4.35)
lns	0.0577^{***} (3.96)	0.0136 (0.27)	-0.0019 (-0.02)	0.0483 (1.47)	0.01386 (0.16)	0.0883 (1.55)
$\ln(n+g+d)$	-0.0371^{***} (-5.73)	-0.0761^{***} (-5.35)	-0.0429^{***} (-4.20)	-0.0625^{***} (-4.35)	0.0428 (1.15)	-0.0480^{**} (-3.42)
λ	0.0006	0.0131	0.0217	-0.0109	0.0057	0.0234
西部地区:β	-0.0063 (-1.64)	-0.0739^{***} (-4.04)	-0.0043 (-0.17)	0.1066^{**} (2.84)	-0.0177 (-0.25)	-0.1614^{***} (-10.20)
lns	0.0584^{***} (5.43)	0.0540^{**} (3.09)	0.0184 (0.71)	-0.0100 (-0.26)	0.1749 (1.70)	0.0108 (0.55)
$\ln(n+g+d)$	-0.0365^{***} (-6.89)	-0.0744^{***} (-6.69)	-0.0256^{***} (-6.14)	-0.1124^{***} (-4.48)	-0.0337 (-1.67)	-0.0638^{***} (-7.48)
λ	0.0003	0.0153	0.0009	-0.0203	0.0036	0.0352

$*$、$**$、$***$ 分别表示在 10%、5%、1% 的显著性水平下显著。

注：括号中表示的是 t 值。因常数项对回归结果和收敛性判断并无影响，所以在表中未列出。

投资率、社会就业人员增长率、技术进步率和折旧率对各地区内部的劳动生产率差距缩小具有一定的影响。投资率越高，越有助于劳动生产率的收敛，但随着时间的推移，投资率的作用逐渐被弱化。虽然经济发展模式逐渐由投资型向创新型转变，但从根本上说，从 1991 年开始，我国依然依靠投资驱动经济发展，各省份的资源禀赋差异、产业结构发展特点等决定了不同省份的投资规模差异明显，直接决定了各地区劳动生产率的收敛程度和收敛速度完全不同。根据收入法和支出法核算国民收入，在一定时期内，投资和储蓄相等，因此，回归结果间接地表明，储蓄率越高，越有助于缩小区域内部的差距。由于在控制变量（$n+g+\delta$）的核算过程中将 $g+\delta$ 设定为常数，所以这部分控制变量的影响主要来自社会就业人员增长率，社会就业人员增长率越大，越不易于缩小地区间的劳动生产率差距，越远离平衡状态。为了缩小地区间劳动生产率的差距，应该从提高投资率、降低社会就业人员增长率入手。从稳定社会就业人员增长率、技术进步率和折旧率的角度出发，缩小区域内部差距的同时，必定会减少区域劳动生产率存量，因此，在区域经济发展过程中，公平和效率的选择决定了资源要素投入策略和政府决策的取向。

全国及东部、中部、西部地区的劳动生产率在条件 β 收敛情况下的显著性强于绝对 β 收敛，并且在个别时期，劳动生产率只存在条件 β 收敛，可窥见地区投资规模和就业规模在缩小地区间发展差距方面的贡献。另外，单纯依靠经济集团自身的经济行为实现经济平衡状态的效果并不明显，政府干预行为更有益于尽快缩小不发达地区和发达地区之间劳动生产率的差距。

四 劳动生产率区域发展差距的经济事实

由于自然地理与经济地理差异，我国东、中、西部地区的比较优势迥异，决定了区域之间的发展程度必然不均等。其中，人口是社会经济发展过程中基础性、全局性和战略性的因素，是经济发展过程中最能动的要素，本部分将从人口迁移角度阐述劳动生产率区域发展差距的经济事实。

改革开放以来，我国省际人口迁移的区域模式表现出明显的顽健性，主要表现出由西向东迁移的特征。[1]"八五"计划时期，中国确立了发展出口导向型制造业战略，东部沿海地区的区位优势结合倾向性政策使得东部地区经济快速增长[2]，继而使得 20 世纪 90 年代后期迁入东部地区的人口比例超过 76%，到 20 世纪末期，该比例更是在 80% 以上。一方面，相较于留在原居住地的居民而言，迁移流动人口呈现年轻化和高技能化。作为主要人口流入地的东部地区，高人力资本相对聚集，知识外溢效应通过人力资本正式或非正式交流的增加及人力资本与物质资本互补性的增强等机制，促进技术创造，从而提升劳动生产率。[3] 另一方面，人口迁移流动

---

[1] 王桂新、潘泽瀚：《中国人口迁移分布的顽健性与胡焕庸线》，《中国人口科学》2016 年第 1 期。

[2] C. K. Lau, "New Evidence about Regional Income Divergence in China," *China Economic Review* 21 (2010): 293 – 309.

[3] 李竞博：《人口老龄化对劳动生产率的影响》，《人口研究》2019 年第 6 期。

能够作为促进经济增长的内生变量，极大地提高资本贡献率[1]，且可作为传导机制激发劳动生产率的提高。因此，人口迁移流动是生产要素的优化配置过程，附着的人力资本以及资本要素流动使得东部地区的劳动生产率始终高于中部和西部地区，使区域差距扩大。

进入 21 世纪后，西部大开发战略和中部崛起计划实施，政策倾向于鼓励中西部区域经济发展。与此同时，由于东部地区严格限制土地供应，房价骤然上升，阻碍了劳动力流入东部地区，产生了工资上涨的拐点，从而削弱了 20 世纪以来东部地区形成的劳动力成本优势[2]，倒逼劳动密集型产业转移至中西部地区，出现"中国的雁型模式"[3]。因此，在 2000 年以后，中国的劳动生产率发展出现了阶段性的中西部区域追赶现象，并且呈现区域发展差距缩小的特征。根据前文的研究可知，西部地区内并不呈现显著的差距缩小趋势，这一事实与人口迁移流动的区域模式相关。受改革开放和社会主义市场经济体制的影响，人口迁移呈快速稳定发展趋势[4]，从中西部地区向东部地区转移的趋势不变。此外，户籍制度改革不断降低中小城市的落户门槛，这样更加催生了人口向东部地区迁移的行为。因此，劳动生产率区域发展差距的方向不变。

人口迁移流动通过生产要素的优化配置创造了劳动生产率及其区域发展差距，但是反过来，劳动生产率区域发展差距又是人口迁移流动的动因，二者之间互为因果。无论是人口迁移流动还是劳动生产率区域发展差距，都是区域经济发展的反映和体现。在市场经济条件下，人口倾向于向经济发达地区聚集是事实，这可能会进一步导致地区差距的扩大和发展模式的分化。因此，在发展过程中，如何有效改善西部乃至中部地区的社会发展环境、避免由人口流失导致的发展梗阻是需要关注的问题。

---

[1] 王金营、李竞博：《人口与经济增长关系的再检验——基于人口活跃度—经济模型的分析》，《中国人口科学》2016 年第 3 期。

[2] 陆铭、李鹏飞、钟辉勇：《发展与平衡的新时代——新中国 70 年的空间政治经济学》，《管理世界》2019 年第 10 期。

[3] J. Ruan, X. Zhang, "Do Geese Migrate Domestically? Evidence from the Chinese Textile and Apparel Industry," IFPRI Discussion Paper, 2010；曲玥、蔡昉、张晓波：《"飞雁模式"发生了吗？——对 1998—2008 年中国制造业的分析》，《经济学》（季刊）2013 年第 3 期。

[4] 王桂新：《新中国人口迁移 70 年：机制、过程与发展》，《中国人口科学》2019 年第 5 期。

第四节 主要结论和政策建议

一 主要结论

本章采用劳动生产率对数值的标准差衡量劳动生产率的波动性，应用 σ 收敛、绝对 β 收敛和条件 β 收敛检验了全国和东部、中部、西部各地区间劳动生产率的收敛趋势，结合各个收敛性检验结果可知，我国的劳动生产率收敛呈现显著的区域性和阶段性，不同区域范围内的劳动生产率收敛程度和收敛速度因各自的资源禀赋差异而截然不同。本章基本结论具体如下。

首先，根据全国范围内及东部、中部、西部地区在 1991—2015 年劳动生产率的 σ 收敛状况，从整体来看，全国和东部、中部、西部地区的劳动生产率都具有一定程度的收敛趋势。值得关注的是，在 2003 年以前，东部地区劳动生产率对数值的标准差显著高于中部和西部地区，也就是说，东部地区的内部差距远远大于中部和西部地区。从 2004 年开始，西部地区的劳动生产率差距开始大于东部地区，并且在 2010 年以前这种差距逐渐扩大，直至 2010 年，西部地区劳动生产率的内部差距才开始逐渐缩小。

其次，采用面板数据模型对全国范围内劳动生产率的 β 收敛进行检验。绝对 β 收敛检验结果显示，1991—2015 年，全国的劳动生产率显著收敛，收敛速度为每年 0.83%。1991—2000 年，全国范围内的劳动生产率呈发散趋势。从"十五"计划开始，全国范围内的劳动生产率开始呈现收敛的态势，"十一五"规划和"十二五"规划时期，全国范围内的劳动生产率的收敛速度分别为每年 1.95%、2.34%。分地区来看，1991—2015 年东部地区的劳动生产率在 10% 的显著性水平下显著收敛，收敛速度为每年 2.06%，是所有地区中劳动生产率收敛速度最快的地区，存在俱乐部收敛现象。1991—2015 年中部地区的劳动生产率以每年 1.85% 的速度收敛，区域内部之间的劳动生产率完全收敛，俱乐部收敛现象明显。从"八五"计划初期到"十一五"规划末期，西部地区劳动生产率的 β

收敛系数在各个显著性水平下均不显著，不存在俱乐部收敛现象。

最后，条件 β 收敛检验结果显示，各地区在放宽了初始经济条件的情况下，劳动生产率的收敛情况与绝对 β 收敛基本一致，仅存在细微的差异。在加入控制变量后，1991—2015 年全国、东部和中部地区的劳动生产率均在 1% 的显著性水平下显著收敛，收敛速度慢于绝对 β 收敛。分阶段来看，除了"十五"计划时期，其他时间段全国、东部和中部地区的劳动生产率均趋于收敛。西部地区在 1991—2015 年仍然不存在俱乐部收敛现象，并且各阶段的收敛速度也完全慢于其他地区。投资率、社会就业人员增长率、技术进步率和折旧率对各地区劳动生产率的收敛状况具有一定的影响。其中，投资率对劳动生产率收敛具有正向的推动作用，社会就业人员增长率、技术进步率和折旧率对区域间的劳动生产率收敛影响为负，并且投资率对东部和中部地区劳动生产率收敛程度的影响大于西部地区。

二 政策建议

区域劳动生产率发展过程中必须要取舍公平和效率，公平的实现必定会损失一部分效率，如果一味追求劳动生产率最大化，那么地区间不同的初始经济环境、产业结构和资源禀赋又势必会进一步扩大区域间的劳动生产率差距，区域发展不平衡程度加深。党的十九大报告明确指出，不平衡不充分的发展是制约人民美好生活需要的主要因素，因此，在下一阶段的工作中，重要的是公平的实现。根据实证结果，缓解地区间劳动生产率发展的不平衡现象、缩小不发达地区和发达地区之间的差距需要做到以下几点。

其一，提高资本投资率。提高资本投资率是缩小地区内部劳动生产率差距的重要措施。虽然中国正在逐步实现由粗放型速度驱动向集约型创新驱动的转型，但是即使是创新驱动，也离不开充足的资本投资。尤其是对于西部地区而言，在东部、中部、西部三个地区中，西部地区内部的劳动生产率差距最大，这就要充分发挥西部地区各个省份特有的资源禀赋优势，扩大对现代化农业发展和旅游资源的开发投资规模。东部和中部地区的劳动生产率差距在逐渐缩小，资本投资可以侧重于创新产业，除了能够进一步缩小区域发展差距之外，也能在原有的基础上提高劳动生产率水平。

其二，适当控制就业人员增长率。控制就业人员增长率并不是提高失业率，而是在可控范围内维持就业人员的稳定性。近年来，我国劳动力市场的就业人员失业率维持在 4% 左右，劳动力市场的不稳定就业因素主要体现在结构性失业方面，技能错配、青年自愿失业和农村劳动力转移变缓等因素都提高了劳动力的结构性失业率。因此，改善劳动力市场的结构性失业问题需要重点关注以下方面。一是就业人员的技能培训。就业人员技能供给和劳动力市场需求的错配归因于信息不对称，人力资源管理部门定期公布当地职位技能需求，并联合企业定期举办技能培训能够有效减少信息不对称所带来的自然失业现象。政府鼓励企业针对自身发展缺陷进行技能培训，对定期开展技能培训的企业给予财政优惠，尤其是对提供高技能培训的企业给予一定额度的补贴，降低企业技能培训的成本，调动企业开展技能培训的积极性。二是重塑青年就业观。2005 年，《国务院关于大力发展职业教育的决定》提出，为了更好地满足全面建成小康社会对高素质劳动力和技能型人才的迫切需要，要深化中等职业教育改革。但是，高等教育扩招使普通本专科招生人数逐年增加，而中等职业教育招生人数不断下降。2010—2016 年，中等职业教育招生人数从 870.4 万人下降到 593.3 万人，社会技能型人才培养缺少教育支撑，青年职业教育诉求欠缺。当务之急需要建立行业、企业和学校共同参与的人才培养模式，大力推行工学结合、校企结合，拓宽中等职业教育的就业渠道，从学校层面重塑青年就业观。三是鼓励一定程度的农村劳动力转移。党的十九大报告将乡村振兴战略提到了国家顶层设计层面，在农村就业、创业政策优惠的前提下，农村劳动力回流农村将会改变未来流动人口的状况。但是，城市建设不能完全脱离农村劳动力，低技能、可替代性强的职业仍然需要农村劳动力，因此，鼓励一定程度的农村劳动力转移能够缓解城市结构性失业问题，稳定城市就业形势。

其三，缩小地区间的技术进步率差距。根据实证结果可以看到，技术进步率提高对劳动生产率的收敛性有负向的影响，也就是说，技术进步率提高扩大了地区间劳动生产率的差距。众多实证结果表明，技术进步是提高劳动生产率的重要因素。从政策制定层面来说，需要在缩小地区间差距和提高劳动生产率之间进行权衡，公平和效率的目标不能完全同步实现。因此，在提高整体技术进步率的前提下，尽量缩小地区间技术进步率的差异能够兼顾劳动生产率发展公平和效率的目标。西部地区由于区位特征、产业结构和资源禀赋的特点，技术进步依赖度和使用度较低，技术技能型经济发展模式的缺失导致西部地区劳动生产率的差距较大。无论从西部地区的区域性发展，还是全国范围内公平的实现来看，提高西部地区的技术进步率是提高劳动生产率和缩小地区差距的有效途径。东部和中部地区的初始经济发展水平高于西部地区，在积极提高技术进步率的前提下，政府应引导东部、中部地区加强与西部地区之间的技术技能交流，甚至是加强企业技术技能项目合作，东部、中部地区企业可以利用西部地区生产成本低、资源损耗率低等优势提高经济利润；西部地区可以借助东部和中部地区的技术技能优势，加快技能型产业升级，提高劳动生产率，缩小区域发展差距。

第四章 人口红利实现路径转型：
从劳动参与率转向劳动生产率

人口问题始终是社会经济发展过程中需要面对的基础性、全局性、长期性和战略性问题。关注人口转型的经济效应需要关注人口红利概念。在人口动态转型中，人口机会窗口形态随之变化，人口优势逐渐从人口规模向人口素质转变，因此，收获人口红利的路径必定从劳动参与率转向劳动生产率。在未来人口老龄化深化成为必然趋势的背景下，需要认识劳动生产率在人口转型过程中的重要作用。

人口机会窗口产生于人口转变过程中，是有利于经济社会发展的人口现象，奠定了收获人口红利的人口基础。人口红利是建立在人口学基础之上的经济学概念，与人口机会窗口匹配的经济政策、就业政策、社会保障制度、财政政策、金融政策、市场营销决策、外交政策等是获取人口红利的必要条件。人口转变是人口发展过程中长周期的动态过程，遵循人口发展规律，人口转变不同时期所呈现的人口机会窗口形态亦动态变化，再加上社会经济形态变迁，导致收获人口红利的路径也随之调整，这是人口与社会经济发展相适应的客观要求。因此，对人口机会窗口形态的判断和人口红利的获得要遵循人口与社会经济发展的客观规律，要具有大尺度的时空视野。本章以人口转变为背景，重点考察人口机会窗口转型和人口红利形态转型，探索收获人口红利的社会经济路径的创新改革。

第一节 人口因素在经济发展过程中的作用

最初，人口红利用来解释人口转变所导致的人口增长与高速经济增长之间高度相关的关系。[1] 当一个国家或地区的劳动年龄人口比重较高、总抚养比较低时，充足的劳动力供给将带来高投资率、高储蓄率、高资本形成率并成为经济增长的重要源泉。[2] 劳动力的无限供给延缓了资本报酬递减现象的出现，使得资本积累成为经济增长的主要引擎。[3] 从这个角度出发，我国在低生育率长期稳定的情况下，劳动年龄人口（15—64 岁）绝对规模从 2014 年进入下行通道，相对规模从 2011 年开始缩小，2010 年以后累进式人口盈利消失，我国即将进入"人口负债"阶段[4]，人口红利逐渐削弱。

人力资本存量将可供利用的劳动力数量优势转变成质量优势，削弱了"人口红利"效应[5]，且逐渐改变人口红利的形态和性质。随着人口老龄化的加深，人口规模优势开始削弱，老年人力资源开发、老年人力资本和储蓄积累形成新的人口红利。[6] 在劳动力供给优势削弱的同时，劳动力受教育程度提高和综合素质提升成为推动经济增长的主要因素。[7] 在生产性资料不变的情况下，人力资本通过"内在效应"和"外在效应"作用于经济增长[8]，依靠创新知识（技术）、技术吸收和扩散，降低生产成本，提高劳动生产率，促进经济可持续发展。因此，教育质量的提高、培训的增加和健康状况的改善延长了人口机会窗口的存续期，促使人口机会窗口从劳动力数量优势转变为劳动力质量优势。质量型人口红利随着数量型人口红利的弱化而强化，且没有明确的时限，至少目前我国仍然具有人力资源减少但依然充足、人力资本日益增强的人口红利

① D. E. Bloom, J. G. Williamson, "Demographic Transitions and Economic Miracles in Emerging Asia," *World Band Economic Review* 12 (1998): 419 – 455.

② 钟水映、李魁：《人口红利、空间外溢与省域经济增长》，《管理世界》2010 年第 4 期。

③ 蔡昉：《中国如何通过经济改革兑现人口红利》，《经济学动态》2018 年第 6 期。

④ 都阳：《人口转变、劳动力市场转折与经济发展》，《国际经济评论》2010 年第 6 期；王伟同：《中国人口红利的经济增长"尾效"研究——兼论刘易斯拐点后的中国经济》，《财贸经济》2012 年第 11 期。

⑤ 原新、高瑗、李竞博：《人口红利概念及对中国人口红利的再认识——聚焦于人口机会的分析》，《中国人口科学》2017 年第 6 期。

⑥ R. Lee, A. Mason, "What Is the Demographic Dividend?," *Finance & Development* 43 (2006): 16 – 17.

⑦ 杨云彦、向华丽、黄瑞芹：《"单独二孩"政策的人口红利效应分析——以湖北省为例》，《中南财经政法大学学报》2014 年第 5 期。

⑧ N. G. Mankiw, D. H. Romer, D. N. Weil, "A Contribution to the Empirics of Economic Growth," *Quarterly Journal of Economics* 107 (1992): 407 – 437.

基础，人口机会窗口正处在以人力资源为主向以人力资本为主转移的过渡期。

党的十九大报告指出，"我国经济已由高速增长阶段转向高质量发展阶段"。高速增长阶段主要依靠高投资、高劳动参与率等要素驱动，高质量发展阶段主要依靠技术进步、效率驱动。[①] 人口是社会经济发展的基础性、全局性和战略性因素。在经济发展转型过程中，人口形态转变改变了生产要素组合形态，从而导致人口红利的收获路径随之变动。本章立足于中国实际，构建了人口转型—年龄结构转型—人口机会窗口转型—人口红利转型的理论分析框架，结合改革开放以来收获人口红利的历史经验，探索和展望新时代中国特色社会主义经济建设时期继续收获人口红利、促进经济社会可持续发展的战略路径。

第二节　人口转型的中国实际

传统人口转变理论描述的是人口出生率、死亡率与自然增长率的动态变化规律。人口转变必然带来人口年龄结构的动态变化，由此开启人口机会窗口，人口机会窗口的形态随人口转变阶段发生规律性变化，经济社会发展所展现的人口优势也发生转变，而人口优势转变使经济红利的方式和路径也发生变化。

一　人口转型是人口变动的动态规律

我国的人口转变属于典型的政策干预型转变。在人口转变的早期阶段，生育率的快速下降缘于全国性计划生育政策的有效推行，属于政策约束性下降。伴随改革开放以来中国经济奇迹的发生，在人口转变的后期阶段，生育率的继续降低和低生育水平的稳定，在计划生育政策依然存在的前提下，人口自发性少生发挥着越来越重要的作用。

---

① 中国经济增长前沿课题组：《中国经济长期增长路径、效率与潜在增长水平》，《经济研究》2012年第 11 期。

1970 年初，计划生育政策在全国范围内推行，从最早提出"晚（晚婚、晚育）、稀（拉开生育间隔）、少（少生）"的弹性政策，过渡到"三个多了""两个不少"的刚性政策；1980 年提出"提倡一对夫妇只生一个"的独生子女政策；1984 年调整为"城镇一孩、农村一孩半、部分二孩、少数民族自治"的多元政策，该政策是执行时间最长的计划生育政策；2013 年底提出"单独二孩"政策，2015 年底进一步调整为"全面两孩"政策。1982 年中共十二大报告提出"实行计划生育是我国的一项基本国策"，1984 年计划生育被写入《中华人民共和国宪法》，由此形成了独具特色的以"控制人口数量、提高人口素质"为主旨的中国生育政策动态模式，在改革开放 40 多年来的社会经济快速发展的综合作用下，急速完成人口转变，实现了人口年龄结构的转型。

　　新中国成立后，我国人口结构已经实现了从传统再生产类型向现代再生产类型的转变。在这个过程中我国经历了三次出生高峰（见图 4 - 1）。1949—1958 年第一次"婴儿潮"，年均出生人口规模为 2064 万人。第二次"婴儿潮"发生在 1962—1975 年，出生人口规模始终保持在 2000 万人以上，年均出生人口达到 2583 万人。当第一次和第二次"婴儿潮"的出生人口相继步入婚育年龄时，惯性规律造成 1981—1997 年第三次"婴儿潮"，历年出生人口规模回升至 2000 万人以上，年均出生人口为 2206 万人。1998 年以后，历年出生人口规模再也没有回升到 2000 万人以上。虽然伴随近几年的生育政策适度放宽，出生人口规模略有波动，2017 年出生人口为 1723 万人，2018 年只有 1523 万人，但依然没有改变出生人口规模缩小的大趋势。另外，死亡率率先并快速下降，从 1949 年的 20‰跌至 20 世纪 70 年代中期的 6‰—7‰，并持续至今，尤其是婴儿死亡率从新中国成立初期的 200‰以上快速降至 1957 年的 70.4‰，2000 年进一步跌至 28.4‰，2018 年只有 6.1‰，婴儿存活率大幅度提升。相应地，平均预期寿命从新中国成立前的 35.0 岁增加至 1981 年的 67.7 岁；世纪之交突破 70.0 岁，2018 年达到 77.0 岁，已接近发达国家的平均水平。①

――――――――――

① 根据 2000—2018 年《国民经济和社会发展统计公报》计算所得。

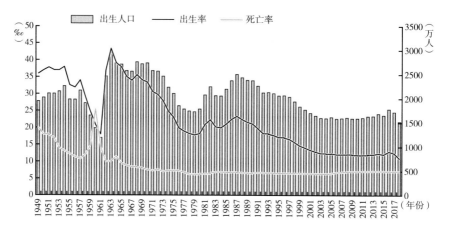

图 4 – 1　1949—2018 年我国人口转变历程

资料来源：①国家统计局国民经济综合统计司：《新中国六十年统计资料汇编》，中国统计出版社，2010；②国家统计局：《中国统计年鉴 2018》，中国统计出版社，2018；③国家统计局：《2018 年国民经济和社会发展统计公报》，国家统计局网站，http：//www. stats. gov. cn/tjsj/zxfb/201902/t20190228_ 1651265. html。

二　人口机会窗口是人口转型的必然结果

　　遵循人口惯性规律，每一个出生队列的基本人口特征必然随时间在生命周期的所有阶段递次复制和传递，直至生命结束。新中国成立到改革开放初期，我国的人口年龄结构为典型的年轻型，在此期间，两次"婴儿潮"伴随高生育率和快速下降的死亡率，特别是婴儿死亡率迅速下降，导致少年儿童人口比重始终维持在 40% 以上、老年人口比重低于 5%。

　　改革开放至世纪之交，前两次"婴儿潮"出生队列人口渐次进入劳动年龄阶段，并相互叠加，形成"劳动力潮"。劳动年龄人口的增长速度快于总人口，其绝对量和相对量不断增加。1953—2000 年，劳动年龄人口从占总人口的 59.3% 升至 70.2%；少年儿童（0—14 岁）人口规模伴随生育率下降而缩小，占总人口比重降至 22.9%（见表 4 – 1）。2010 年以来，第一次"婴儿潮"出生队列人口相继进入老年期，演变为"老年潮"，人口老龄化加速，2018 年人口老龄化水平为 11.9%；但是，第三次"婴儿潮"出生队列人口步入劳动年龄阶段，劳动年龄人口处于规模在 10

亿人左右的峰值期，比重始终保持在 70% 以上；少年儿童人口伴随稳定的低生育率水平，规模继续缩小，比重降至 2018 年的 16.9%。

表 4-1　我国人口年龄结构的变迁

单位：万人，%

年份	人口规模	各年龄组人口占比				
		0—14 岁	15—59 岁	60 岁及以上	15—64 岁	65 岁及以上
1953	59435	36.3	56.2	7.6	59.3	4.4
1964	69458	40.7	52.3	6.9	55.6	3.6
1982	100818	33.6	58.8	7.6	61.5	4.9
1990	113368	27.7	63.7	8.6	66.7	5.6
2000	126583	22.9	66.8	10.3	70.2	6.9
2010	133792	16.6	70.1	13.3	74.5	8.9
2018	139538	16.9	65.2	17.9	71.2	11.9

资料来源：1953—2010 年数据为全国人口普查数据，引自国家统计局《中国统计年鉴 2018》，中国统计出版社，2018；2018 年数据引自国家统计局《2018 年国民经济和社会发展统计公报》，国家统计局网站，http://www.stats.gov.cn/tjsj/zxfb/201902/t20190228_ 1651265.html。

与此同时，人口总抚养比持续下降探底，从 1950 年的 62.5（以 15—64 岁人口计算，下同）增至 1978 年的 73.2，2010 年跌至最低点 34.2，然后开始回升，2018 年为 40.5。其中，前期总抚养比的下降主要归因于少儿抚养比迅速下降，后期总抚养比的回升则主要受人口老龄化影响。

人口转变导致人口年龄结构从年轻型向老年型转型，形成了劳动力供给充足、少儿抚养比急速下降、老年抚养比缓慢上升的成年型人口结构，为改革开放时期的经济社会发展开启了人口机会窗口，创造了改革开放以来有利于经济社会发展的人口优势。

三　劳动力资源丰富是人口机会窗口的典型优势

在人口转变过程中，死亡率和出生率的增减速度差异导致劳动年龄人口规模早于总人口到达峰值，充足的劳动力资源成为开启人口机会窗口的重要力量以及社会发展可供利用的人口红利资源。

1. 劳动力供给规模巨大

劳动力资源是经济增长的基石。第一个和第二个生育高峰出生队列人口在改革开放后渐次步入劳动年龄阶段，昔日的"婴儿潮"随时间推移转变为劳动力人口大潮。1978年以来，劳动年龄人口的绝对规模和相对规模都保持了高速扩大趋势。从规模上看，1978年劳动年龄人口（15—64岁）为5.61亿人，1986年达到7亿人，1993年超过8亿人，2002年超过9亿人，2011年超过10亿人，2013年达到峰值10.06亿人。2014年以来，劳动年龄人口规模出现缩小，但始终维持在10亿人左右，2018年为9.94亿人。1998—2013年，劳动年龄人口的年均增速为1.66%，而总人口的年均增速只有0.99%。[①] 2014年以后，劳动年龄人口增量由正转负，总量开始减少，但存量依然巨大，相对于劳动力市场需求，劳动力供给规模仍然庞大。

2. 劳动力价格低廉

1978年，我国城乡居民家庭人均可支配收入分别为343.4元和133.6元；改革开放以来增长较快，2000年分别达到6280.0元和2253.4元，但依然处在解决温饱的低收入阶段，居民收入水平之低映射了低廉的劳动力价格。[②] 根据国际劳工组织报告，2002年我国制造业每小时劳动力成本仅为0.6美元，只是美国的1/45、挪威的1/50、德国的1/44、日本的1/35。作为迅速崛起的新兴经济体，我国劳动力成本甚至低于有些发展中国家。如果以美国的劳动力成本为基准，我国50个制造业劳动力的报酬之和才相当于美国1个制造业劳动力的报酬。到2012年，我国的制造业劳动力成本有所提高，与发达经济体的劳动力成本的差距缩小，但仍处于成本较低的国家行列，是美国的1/17、挪威的1/30、德国的1/21、日本的1/16，仅与菲律宾持平。劳动力价格相对较低成为我国在国际贸易市场竞争中的绝对优势，廉价劳动力源源不断地补充制造业，为劳动密集型产业主导的高速经济增长奠定了生产资料基础。

3. 劳动力素质大幅提升

在发挥劳动力规模和劳动力价格优势的充分就业战略时代，我国的人口素质特别是劳动力素质大幅度提高。第一，全民受教育程度显著提高。改革开放以来，我国坚持教育优先发展战略，促进教育公平，国民受教育程度大幅提升，15岁及以上人口平均受教育年限由1982年的5.3

---

① 国家统计局：《中国统计年鉴2019》，中国统计出版社，2019。
② 国家统计局：《中国统计年鉴2001》，中国统计出版社，2001。

年提高到 2017 年的 9.6 年；2017 年，小学学龄儿童净入学率达 99.9%，初中阶段毛入学率为 103.5%，高等教育向普及化阶段快速迈进，每年招收和毕业的大专及以上学历人口在 800 万人以上。[①] 第二，劳动年龄人口的知识技能水平不断提高。劳动年龄人口的平均受教育年限由 1982 年刚超过 8 年提高到 2017 年的 10.5 年。[②] 预计到 2020 年，劳动年龄人口的平均受教育年限将达到 10.8 年，新增劳动力平均受教育年限将达到 13.3 年，相当于大学一年级水平。[③] 劳动力受教育水平提升，为建设知识型、技能型、创新型劳动力大军提供了坚实的人力资本基础。第三，人口健康水平提升。1981—2018 年，我国人口平均预期寿命从 67.8 岁增至 77.0 岁；婴儿死亡率、5 岁以下儿童死亡率、孕产妇死亡率分别下降至 6.1‰、8.4‰和 18.3/10 万，城乡居民健康状况显著改善，显著高于中等偏上收入国家的平均水平。[④] 总人口和劳动力综合素质的提升为以人力资源优势为主的人口数量型机会窗口向以人力资本优势为主的人口质量型机会窗口转变奠定了基础。

人口形态变迁为人口机会窗口开启奠定了基础，由于人口转型并非一蹴而就，也并非一成不变，所以人口机会窗口期和人口优势必将变化。那么，在人口惯性规律作用下，人口转型成为必然趋势，伴随经济发展形态转变，收获人口红利的路径也随之转变。

第三节 高劳动参与率是收获数量主导型人口红利的重要因素

改革开放以来，我国一直坚持充分就业战略，围绕劳动力极其丰富的

---

① 根据国家统计局《中国统计年鉴 2018》（中国统计出版社，2018）相关数据计算所得。

② 《教育部对十三届全国人大一次会议第 4423 号建议的答复》，中华人民共和国教育部网站，http://www.moe.gov.cn/jyb_xxgk/xxgk_jyta/jyta_jijiaosi/201901/t20190103_365790.html，最后访问日期：2018 年 9 月 21 日。

③ 《中华人民共和国国民经济和社会发展第十三个五年规划纲要》，中国人大网，http://www.npc.gov.cn/wxzl/gongbao/2016-07/08/content_1993756.htm，最后访问日期：2016 年 7 月 8 日。

④ 国家统计局：《中国统计年鉴 2019》，中国统计出版社，2019。

巨大人口优势，以提高劳动参与率为主轴，最大限度地开发和创造就业机会和就业岗位，释放大量的劳动力资源，利用和吸纳劳动力就业，把劳动力资源的规模优势发挥得淋漓尽致。劳动力资源丰富的"人口机会"和社会经济环境使得劳动参与率成为收获第一次人口红利的主要路径。高劳动参与率是保证在人口机会窗口开启时人口优势转化为有效生产力进而收获人口红利的关键因素，从而实现了经济高速发展，使得中国经济奇迹成为收获人口红利的全球典范。

一 经济体制改革创造了劳动机会

我国的经济体制改革从单一计划经济，经过了以计划经济为主、市场经济为辅的过渡，最终转型为社会主义市场经济体制；从单纯国有经济形式，发展到多种经济形态、多种经营方式并存的新格局。经济体制改革极大地开辟了就业机会和就业岗位，创造了灵活多样的就业方式和创业方式，尽可能多地吸纳劳动力就业，走出了人民和国家共同富裕的双赢发展道路。截止到 2017 年 6 月，我国非公有制经济税收贡献超过 50%，城镇就业超过 80%，对新增就业的贡献达到 90%，已然成为社会经济发展的重要基础、财政收入的重要来源和自主创新的重要力量。①

二 农村制度改革盘活了劳动力资源

农村制度从低效率的集体公有、统一经营、统一生产、统购统销体制改革为以家庭为单位的联产承包责任制，适应了改革开放时代的基本国情，大幅度地调动了农民的生产积极性，提高了农业生产效率；同时，允许和鼓励农业劳动力从土地中分离出来，进入城市或乡镇企业工作，提高了劳动力的使用效率。根据 1982 年人口普查结果，全国流动人口仅为 657 万人，仅占总人口的 0.7%；2000 年超过 1 亿人，2010 年增至 2.21 亿人，2014 年达到峰值 2.53 亿人，占总人口的 18.5%；2018 年略有减少，为 2.41 亿人，占总人口的 17.3%。近年来，中小城镇计划性地吸收

---

① 《经济日报：坚持和完善基本经济制度 促进公有制经济和非公有制经济融合发展》，国务院国有资产监督管理委员会网站，http://www.sasac.gov.cn/n2588025/n2588139/c8586233/content.html，最后访问日期：2018 年 2 月 18 日。

农民落户，大城市合理设置流动人口的落户门槛，将农村剩余劳动力有效地转化为城市发展的生产要素，基本形成了以内陆向沿海、乡村向城镇转移为主的流动模式，以制造业、劳动密集型服务业为主要就业行业，盘活了社会劳动力资源，激活了地区发展活力，推动了整体经济发展。

三　经济结构调整吸纳了劳动力就业

在我国劳动力资源丰富、劳动力成本价格相对较低的情况下，劳动密集型产业在国际市场竞争中具有比较优势，成就了劳动密集型产业结构。从玩具、纺织、服装、皮革、家具等劳动密集型出口产业的迅速崛起，到如今快递、外卖、货运等共享经济的发展，这些产业吸纳了大量的非农就业，城乡就业结构发生本质改变。1978年，城镇、乡村就业人员占比分别为23.7%、76.3%，人口主要集中在乡村就业。伴随改革开放释放劳动力市场活力，大量农村劳动力转移到城镇就业，2014年城镇就业比重首次超越农村，达到50.9%，2017年城镇就业占比进一步提高到54.7%。

以庞大的劳动力资源为背景、以促进就业为目标的一系列社会经济政策改革，充分开发和利用了充足的劳动力资源，使劳动参与率居高不下。1990年以来，我国的劳动参与率始终维持在65%以上，粗劳动率即总劳动率始终高于75%。虽然我国劳动参与率近年来有所下降，但是仍然高于同期的世界平均水平，并高于世界主要发达国家（见表4-2），男性、女性劳动参与率都处于高水平行列。人口机会窗口与劳动密集型生产特征重合，高劳动参与率促进了劳动力供给与生产资料的有效配置，提高了劳动力资源的使用效率，从而提高了生产力水平。

表4-2　1990—2018年部分国家的劳动参与率

单位：%

	1990年	1995年	2000年	2005年	2010年	2015年	2017年	2018年
世界	65.67	65.30	64.78	64.25	62.77	62.02	61.55	61.37
中国	79.14	78.76	77.37	73.55	71.26	69.98	69.19	68.72
德国	58.25	58.19	58.06	58.45	59.43	60.08	60.51	60.83
法国	55.52	55.10	55.39	55.90	56.11	55.50	55.27	55.29
加拿大	66.78	64.41	65.27	66.67	66.62	65.61	65.59	65.26

	1990 年	1995 年	2000 年	2005 年	2010 年	2015 年	2017 年	2018 年
美国	65.44	65.83	66.42	65.04	63.57	62.01	62.29	62.31
日本	63.42	63.62	62.59	60.61	60.08	59.99	60.87	61.88
英国	62.62	60.82	61.44	61.76	61.87	62.37	62.51	62.75
意大利	50.47	47.34	47.72	48.95	48.03	48.74	49.61	49.71

资料来源：世界银行，参见 https://data.worldbank.org.cn/indicator/SL.TLF.CACT.ZS？locations = CN‒DE‒1W‒FR‒CA‒US‒JP‒GB‒IT&name_ desc = false。

在经济体制改革创造社会劳动力就业的同时，农村体制改革拓展了劳动力就业空间，加上经济结构调整，高劳动参与率成为收获数量主导型人口红利的重要途径。时至今日，高劳动参与率仍然是保证在人口机会窗口开启时，人口优势转化为有效生产力的关键因素，为人口红利的收获奠定了坚实的生产基础。1978 年，我国国内生产总值仅为 1495 亿美元，仅占全球生产总值的 1.8%；2018 年，我国国内生产总值达到 13.6 万亿美元，占全球生产总值的 15.8%，稳居世界第二大经济体。其间，国内生产总值年均增长率约为 11.94%，创造了经济长期持续稳定的高速增长，经济发展水平大幅提升。与此同时，改革开放以来所创造的社会经济奇迹，如经济总量、居民收入水平、产业结构转变等跨越式发展，使得人民生活水平实现了 2000 年解决温饱、2010 年基本小康、2020 年即将实现全面小康的"三级跳"。

综上，在劳动密集型经济发展模式下，高劳动力供给规模与低抚养比人口基础决定了高劳动参与率是收获第一次人口红利的主要途径，沿着这个逻辑，我国采取了充分就业战略，通过改革开放以来一系列的制度创新、体制创新，充分挖掘了人口红利，创造了中国经济奇迹。

第四节　提高劳动生产率——收获新时代综合型人口红利的改革大方向

在低生育率和人口老龄化并存的情况下，后人口转变时期将削弱第一次人口机会窗口所创造的劳动力供给规模和抚养比优势，数量型人口红利渐趋消失，加之劳动力成本快速提高，通过高劳动参与率收获的人口红利优势将逐渐减弱。我国已进入上中等收入阶段，开始从劳动力数量和人力资本"双增长阶段"转向"一减一增阶段"，过去依靠廉价劳动力的粗放型发展模式已不合时宜。[①] 在经济新常态背景下，除了经济增长速度从高速转向中高速之外，发展方式必然从规模速度型转向质量效率型，发展动力从主要依靠资源和低成本劳动力等要素投入转向创新驱动。因此，对应的经济发展路径要从关注规模经济转向关注效率经济，通过提高单位劳动力产出，即劳动生产率来保持经济的可持续稳定增长。在人口形态与经济形态转变双重叠加情况下，提高劳动生产率成为未来继续收获人口红利的改革方向。

一　人口转变决定劳动生产率是未来经济发展的主旋律

人口机会窗口形态伴随人口转变而发生变化，这是人口发展的规律性结果。当我国从"劳动力潮"进入"老年潮"时，人口老龄化成为必然，从老龄化社会迈向深度、重度老龄社会不可避免。在这个过程中，人力资源型人口机会窗口的人口优势不断弱化。在低生育率时代，劳动力供给规模缩小但绝对量依然庞大，低生育率促使人均教育投资和健康投资增加，人口综合素质大幅度提升，人力资本积累日渐雄厚，老年人力资源蕴藏巨大开发潜力，这些均是新时代中国特色社会主义现代化建设时期的人口基础。

党的十九大报告指明了到 21 世纪中叶的两个"十五年"的社会主义现代化建设战略，从"富起来"走向"强起来"，跻身创新型国家前列。在两个"十五年"战略周期内，老龄社会逐渐进入常态化、深度化和重度化，并且从 2014 年开始，劳动年龄人口开始进入下行通道，劳动力资源减少而抚养比不断增加。产业结构的升级和区域产业转移将会导致劳动力供给结构与需求结构失衡[②]，劳动力供给的稀缺性特征日益显现，劳动力成本低廉优势消失。在刘易斯转折点之前，经济增长的唯一推动力是通过现代生产部门扩张吸纳劳动力；在刘易斯转折点之后，劳动力供给成为影响经济增长的主要因素，而人力资本投入与劳动力供给紧密相关，它通

① 刘伟、范欣：《现代经济增长理论的内在逻辑与实践路径》，《北京大学学报》（哲学社会科学版）2019 年第 3 期。

② 齐明珠：《我国 2010—2050 年劳动力供给与需求预测》，《人口研究》2010 年第 5 期。

过劳动生产率的中长期途径与劳动力市场规模的短期途径影响经济增长。① 因此，未来在劳动参与率降低、劳动力供给日益稀缺的背景下，劳动年龄人口减少量改变了人口机会窗口类型，人力资本投入成为促进劳动力供给的重要因素。人口红利不会消失，而是转型为以人力资本为主要特征的综合优势，这是新时代人口红利转型的基本形态。与之对应，收获人口红利的路径必然要从劳动参与率转向劳动生产率，这是人口发展规律与经济发展规律的客观要求。

二 劳动生产率潜能提供基本条件

我国已进入经济新常态发展阶段，发展要求从"量增"上升到"质变"。新中国成立后，工业化进程逐步形成了劳动密集型产业的相对优势，也为经济高速增长奇迹奠定了重要的产业基石。但是，随着产业结构调整，劳动密集型就业结构也相应弱化，并且随着人工智能技术的应用，劳动密集型就业岗位开始逐渐被机器人替代。据牛津经济研究院报告，2000—2016 年全球已有 170 万个制造业工作岗位被机器人"接管"，我国约占 1/3；预计到 2030 年，全球还将有 2000 万个制造业岗位被机器人取代，相当于全部制造业岗位数量的 8.5%，我国将占全球机器人市场份额的 1/5，且 1/3 的新增机器人将"落户"我国。② 平均 1 个产业机器人可取代 1.6 个制造业工人，职业技术含量越低，其替代率越高。预计到 2030 年，我国机器人数量将达 1400 万个，高于年均新增就业岗位。因此，被人工智能挤出的剩余劳动力必须通过教育培训手段进行职业转换，进而流入技术技能相对较高的行业。在劳动力供给规模缩小的前提下，劳动力就业结构的内部转移扩大了劳动力的回旋空间，这无疑将拓展劳动生产率的提升空间。

就目前而言，我国的劳动生产率水平低于世界主要经济体，增速高于世界主要经济体，处于"量低速增"阶段。2000 年以后我国的劳动生产率水平增速较快，2000—2018 年我国的劳动生产率增速均在 6.5% 以上，

① 都阳、贾朋：《劳动供给与经济增长》，《劳动经济研究》2018 年第 3 期。
② Oxford Economics，"How Robots Change the World，" 2019，https：//www. resources. oxfordeconomics. com/how－robots－change－the－world? source = homepage－hero.

其中，2007 年增速最快，达到 13.1%，同期，世界主要经济体只有印度的劳动生产率增速与我国接近。但是从绝对水平来看，我国的劳动生产率水平不足世界平均水平的 1/10，与美国相比，差距更大。因此，在我国经济发展的环境、条件、任务、要求等都出现新变化的背景下，未来我国劳动生产率的绝对规模和相对规模均具有广阔的扩大空间，在劳动力供给规模缩小的情况下，单位劳动力生产效率提升是弥补供给减少量的有效途径。

三 创新极激发劳动力产能

我国处于从规模速度型粗放增长转向质量效率型集约增长的发展阶段，转变发展方式、优化经济结构、转换增长动力成为必然，为提高劳动生产率提供了基础。在经济新常态发展阶段，生产环境、生产条件和生产资料均出现了新的特征，粗放的经济结构和生产方式不足以支撑经济可持续发展，基于此，以供给侧结构性改革为主线，质量变革和效率变革的新发展理念为经济可持续稳定增长提供了发展途径。创新型国家建设、乡村振兴战略、区域协调发展、全面开放格局等战略性的工作指导将激发全社会的发展活力，其中，创新技术成为实现新发展理念的重要手段。

党的十八大报告提出重点实施创新驱动发展，党的十九大报告明确指出建设创新型国家，创新是发展的第一原动力。创新不只强调科技创新，同时强调体制、机制创新，通过双轮驱动为建设国家创新体系释放创新活力。由于按照不同区位特征划分的区域内部具有同质性，未来应发展区域创新增长极，利用各区域的相对优势形成区域创新极，以优势区域创新极带动其他区域发展，并以创新增长引领区域协调发展，由此附着于创新极的劳动力要素将通过空间回旋提高单位劳动力产能，进而提高劳动生产率。

四 产业内部高级化助推高质量发展

我国产业结构的演变符合配第一克拉克定理，即产业沿第一产业—第二产业—第三产业路径自然变迁。在服务型产业导向前提下，随着经济结构渐趋成熟，劳动力向服务业部门集中，高就业比重、低劳动生产率增长率的第三产业扩张，拉低了全社会劳动生产率的增长率，导致经济"结构性减速"。[1] 但是，新中国成立至今，农业从单一化的种植业主导逐步发展为多元化生产方式；工业生产由低端向中高端迈进，产品单一向门类齐全转化；而服务业成为经济增长的主导产业，传统服务业比重下降，新兴服务业成为助推服务业持续增长的新动能。新时代的产业新业态对劳动生产要素的利用率更高，资源配置效率更高，产业结构演变所呈现的内部高级化能够助推高质量发展，在一定程度上能够降低经济"结构性减速"的程度。在服务业超过第二产业成为国民经济主导产业的同时实现了服务业结构高级化，形成了"高劳动生产率、高消费能力、高资本深化能力"的高效率模式，实现了增长跨越和高质量发展。[2] 未来服务业仍然是经济发展的主导产业，随着科学技术的发展，除了传统型产业依托新技术发展新业务、新商业模式之外，以技术创新为主要生产要素的新兴服务业不断兴起，甚至催生出数字产业、信息产业、知识产业等，经济形态高级化、分工优化将助推高质量发展。

在人口转变过程中，人口红利从主要依靠人力资源、辅以人力资本向人力资本主导转型；同时，在经济发展的质量变革、效率变革、动力变革的内在发展需求下，收获人口红利的路径必须实现从高劳动参与率到高劳动生产率的转型。因此，对人口红利的认识并非一成不变，未来的人口红利应建立在第一次人口红利收获期的人口优势基础上，通过资本积累、就业结构调整、人力资本积累和技术进步来提高劳动生产率[3]，从而延长人口红利的存续期。

第五节　人口红利实现路径转型实际

一　我国人口红利转型

在经济新常态背景下，我国的经济增长速度要从高速转向中高速，发

---

① 袁富华：《长期增长过程的"结构性加速"与"结构性减速"：一种解释》，《经济研究》2012 年第 3 期。

② 袁富华、张平、刘霞辉等：《增长跨越：经济结构服务化、知识过程和效率模式重塑》，《经济研究》2016 年第 10 期。

③ 王德文：《人口低生育率阶段的劳动力供求变化与中国经济增长》，《中国人口科学》2007 年第 1 期。

展方式要从规模速度型转向质量效率型，经济结构调整要从增量扩能为主转向调整存量、做优增量并举，发展动力要从主要依靠资源和低成本劳动力等要素投入转向创新驱动。[①] 需要特别注意的是，剔除社会经济因素的人口转变仅是单一形态的人口特征，经济发展过程中出现的人口优势只能称为人口机会窗口，因此，经济发展形态转变是人口红利实现路径的必需条件，新时代经济环境转变决定了收获人口红利的路径必将随之转变。

从人口红利概念产生到解释中国经济增长奇迹的实践应用，学者们对人口红利存续期、实现路径、类型等的争论不断，需要注意的是，人口红利并非一成不变。人口转变是长周期的动态过程，要从大尺度视野动态考察。无论是人口红利的实现途径还是所属类型，都不具有单一性。在人口转变过程中，人口机会窗口随之转变，对应的收获人口红利的路径也发生变化。第一次人口红利是数量型人口优势与劳动密集型产业结构及转型过程中生产要素需求的有机结合，在经济增长过程中人力资源发挥了主导优势，高劳动参与率是获取人口红利的主要路径。在后人口转变过程中，人口老龄化不断深化、劳动年龄人口减少和抚养比升高导致第一次人口红利的人口基础不复存在，劳动参与率的降低导致劳动力成为稀缺资源，其中，第一次人口红利收获期积累的人力资本逐渐成为促进经济增长的关键因素，因此，可以通过提高单位劳动产出，即劳动生产率水平来收获人口红利。

未来的人口红利属于综合型人口红利，在人力资本成为收获人口红利的基础时，人口规模的作用仍然不可忽视，再加之人口迁移流动频繁，辅以强国战略、科技兴国战略、区域发展战略等社会发展政策，人口转型过程中的人口优势将推动社会经济发展。此外，随着人口转变和经济发展方式转变，人口红利必然发生转型，收获人口红利的路径也必然出现对应的转型。在劳动力规模优势向人力资本主导的转型过程中，劳动生产率代替劳动参与率成为收获人口红利的主要路径。

因此，人口机会只是经济发展的潜在基础。传统意义上人口红利的人口基础是充足的劳动力供给。当人口年龄结构处于年轻型、成年型时，配合恰当的社会经济政策，依靠高劳动参与率，实施充分就业战略，从而产生劳动力等生产要素供给充沛的优势，保持经济高速增长。当然，如果劳

[①]　中共中央宣传部编《习近平新时代中国特色社会主义思想学习纲要》，学习出版社、人民出版社，2019，第 112 页。

动力优势不能通过就业转化为经济成果,人口机会也会白白浪费。从生命全周期来看,劳动年龄人口队列最终会走入老年人口队列,劳动力优势势必逐渐削弱,单纯依赖充足劳动力所带来的高劳动参与率难以满足经济增长的需求,经济增速放缓,数量型人口红利的经济效应被削弱。但与此同时,经济发展前期人口素质随之大幅提升,人力资本存量不断增加,经济由规模速度型粗放增长转向质量效率型集约增长,经济结构从要素投资驱动转向创新驱动。在人口转变过程中,人力资本存量增加,在不改变人口年龄结构的基础上,通过提高劳动生产率,维持经济的可持续稳定增长。因此,在人口转变与经济增长并行的过程中,从劳动力参与生产的环节来看,人口转变改变了不同时期人口机会窗口的性质,客观上要求开发人口优势的政策环境发生改变,人口红利转型逐渐从劳动参与率向劳动生产率转变。

二 延长人口红利收获期的政策启示

在人口惯性规律作用下,传统型的人口红利优势渐趋消失,人口红利在经济形态动态变迁过程中,需要注重人口红利转型时的路径转换。人口红利实现途径从劳动参与率向劳动生产率的转变是适应新时代中国特色社会主义发展的客观规律,是经济发展和人口发展转变的自然结果。在劳动力供给规模缩小的情况下,提高劳动生产率是延长综合型人口红利收获期的重要举措。

一是坚持质量第一、效益优先。以供给侧结构性改革为主线,优化要素市场化配置,提高生产要素的资源配置效率,以劳动力、土地、资本、制度、技术等要素的市场化配置改革为基础,优化传统产业,加快建设实体经济、科技创新、现代金融、人力资源协同发展的产业体系。在产业结构高级化趋势明显的前提下,对标欧美发达国家的服务业发展模式,找准发展点,重点突破,并且发展以创新技术为主要生产要素的数字产业、信息产业等,有效分配劳动力资源。

二是坚持以公有制为主体、多种所有制经济共同发展的基本经济制度。积极探索多种所有制经济的实现形式,协调公有制与非公有制经济主体平等使用生产资源要素,最大限度地调动生产积极性、主动性和创新性,增强发展的整体性。发挥多种所有制经济的优势,整合农村生产资源，发展农村集体经济，引导流动人口返乡就业，提高农村劳动力生产效率的同时振兴乡村。

三是完善科技创新体制机制。企业是有效转化科技创新成果的主体，坚持"引、融、用"原则，引入前沿科技创新技术，与现有生产方式、生产技术融合，高效应用。在产品生产过程中，在保持原有生产优势的前提下，积极发展新动能，提升产业基础能力和产业链现代化水平。完善科技创新人才体系，建立"引得进、留得住"激励机制。

第五章 人口老龄化对劳动生产率的影响研究

本章将分析我国人口老龄化对劳动生产率的影响，从劳动生产率水平的发展规律出发，在人口老龄化已经成为人口年龄结构最主要的特点，并且未来不可逆转的背景下，分析人口老龄化对劳动生产率的长期和短期影响，以及在控制其他经济因素的前提下，揭示人口老龄化与劳动生产率之间的关系。

第一节 人口老龄化对劳动生产率影响的模型设定

劳动生产率和人口老龄化均是动态变化的指标，并且受控制变量的影响，人口老龄化对劳动生产率的作用机制和影响程度在不同的经济发展阶段表现不一。截面数据计量经济模型和时间序列模型无法在控制一定变量影响的基础上，揭示二者之间的动态关系。综合考虑，本章采用面板数据模型作为基础模型。考虑到经济行为的"棘轮效应"，前期经济行为往往会或正或负地影响当期经济行为和决策，同时，静态面板固定效应模型存在无法消除的多重共线性及不可观测的内生性问题，导致动态面板数据模型拟合有偏，而将滞后一期的被解释变量纳入估计方程既能有效降低模型偏度，又能反映动态滞后效应。

一 基础模型设定

生产资料作用于生产环节，产生有效的劳动输出需要生产转换，且具有时效滞后性，即省域劳动生产率具有自回归形式。另外，人口老龄化的变动是建立在一期甚至多期人口生产性基础上而形成的，而且由于产业结构调整和资源调配的时序性，劳动生产率对人口老龄化的影响同样具有滞后性。因此，基础模型采用动态 ADL（1，1）模型，构建的动态人口老龄化生产效应模型具体形式为：

$$P_{i,t} = \alpha P_{i,t-1} + \beta_0 D_{i,t} + \beta_1 D_{i,t-1} + \gamma_0 X_{i,t} + \gamma_1 X_{i,t-1} + \varepsilon_i + u_t + v_{i,t} \qquad (5-1)$$

式（5-1）为动态回归模型，其中，$P_{i,t}$、$P_{i,t-1}$ 分别为 i 省份在 t 时期和 $t-1$ 时期的劳动生产率水平，$D_{i,t}$、$D_{i,t-1}$ 分别表示 i 省份在 t 时期和 $t-1$ 时期的人口老龄化水平，$X_{i,t}$、$X_{i,t-1}$ 分别为区域 D 在 t 时期和 $t-1$ 时期的控制变量水平，γ_0、γ_1 分别表示当期、滞后一期控制变量对当期劳动生产率的短期影响程度，α、β_0、β_1 为动态参数或短期参数，分别表示滞后一期劳动生产率水平、当期人口老龄化水平、滞后一期人口老龄化水平对当期劳动生产率的短期影响程度，ε_i 表示区域固定效应，u_t 为时间固定效应，$v_{i,t}$ 表示动态固定效应的误差项。

本书除了关注人口老龄化对劳动生产率的短期影响之外，同时关注在长期范围内劳动生产率在应对人口老龄化变迁时的变化程度。对于 ADL（1，1）基础模型而言，对式（5-1）左右两端分别求期望：

$$E(P_{i,t}) = E(\alpha P_{i,t-1} + \beta_0 D_{i,t} + \beta_1 D_{i,t-1} + \gamma_0 X_{i,t} + \gamma_1 X_{i,t-1} + \varepsilon_i + u_t + v_{i,t})$$
$$\because E(P_{i,t}) = E(P_{i,t-1}), E(D_{i,t}) = E(D_{i,t-1})$$
$$\therefore (1-\alpha)E(P_{i,t}) = (\beta_0 + \beta_1)E(D_{i,t}) + (\gamma_0 + \gamma_1)X_{i,t}$$
$$\Rightarrow E(P_{i,t}) = \frac{\beta_0 + \beta_1}{1-\alpha}E(D_{i,t}) + \frac{\gamma_0 + \gamma_1}{1-\alpha}E(X_{i,t})$$

因此，$P_{i,t}$ 和 $D_{i,t}$ 的长期关系是：

$$P_{i,t} = \theta D_{i,t} + \delta X_{i,t}$$
$$\theta = \frac{\beta_0 + \beta_1}{1-\alpha} \qquad (5-2)$$

式（5-2）为静态模型，θ 是静态参数或长期参数，在回归结果中采用差分法检验这一系数的显著性。如果 α 等于 1 或接近于 1，那么 θ 就会被错误估计。因此，除了检验长期系数的显著性之外，我们还将对 $\beta_0 + \beta_1 = 0$ 进行 Wald 检验，结合长期系数的显著性检验结果。如果两个检验均通过，则表示人口老龄化对劳动生产率存在长期的影响；如果检验未通过，则表示人口老龄化只在短期内对劳动生产率存在影响。长期参数描述了在长期范围内人口老龄化和劳动生产率之间的均衡关系，当其达到均衡状态时将不存在破坏均衡的内在机制。这里我们只考虑平稳的均衡状态，即当系统受到干扰后会偏离均衡点，而内在均衡机制将努力使系统重新回到均衡状态。总的来说，系统将在下一期转移至均衡点，这是一个动态均衡过程。人口老龄化和劳动生产率都是动态变化的要素，不同时期影响的显著性存在差异，这种长效机制能够有效集聚不同时期的影响程度。

二 改进模型设定

基于相关文献的研究，劳动生产率受人口老龄化的影响可能并非单向变动。因此，我们在研究人口老龄化对劳动生产率长期和短期影响的基础上，提出改进模型，进一步验证非线性关系的存在。人口老龄化和老年抚养比在一定程度上都能够作为表征人口年龄结构老化程度的指标。人口老龄化是国际上通用的衡量人口年龄结构老化程度的指标。老年抚养比用来直接衡量一定区域内单位劳动力抚养老年人口的能力，是从劳动力抚养负担角度判断人口再生产类型的主要依据，是从经济角度出发衡量人口年龄结构老化程度的指标。目前，我国长期处于低生育率水平，0—14 岁人口的绝对规模和相对规模都处于低水平的平稳状态。因此，在少儿人口规模一定的前提下，老年抚养比越大，劳动力需抚养的老年人口规模越大，人口年龄结构老化程度越高。在本章的实证研究中，我们采用 65 岁及以上老年人口占比作为核心解释变量来衡量人口老龄化程度，采用老年抚养比作为稳健性检验中人口老龄化的代理变量。综合考虑人口老龄化与劳动生产率之间的数量关系，依据上述章节在生产函数基础上推导出的理论模型，认为二者之间呈典型的非线性关系，因此，提出如下改进模型：

$$P_{i,t} = \alpha P_{i,t-1} + \beta_0 D_{i,t} + \beta_1 (D_{i,t})^2 + \gamma_0 X_t + \varepsilon_i + u_t + v_{i,t} \qquad (5-3)$$

式（5-3）中各变量含义与上文相同。在改进模型中，我们加入了人口老龄化的平方项，初步支持理论推导基础上的人口老龄化与劳动生产率之间非线性的变动关系。加入人口老龄化平方项的改进模型与基础模型的长期和短期结果并不冲突，可以作为基础模型的稳健性检验。如果基础模型中滞后一期的人口老龄化对劳动生产率的影响为正，当期的人口老龄化对劳动生产率的影响为负，而改进模型中人口老龄化和劳动生产率之间的关系呈倒"U"形，则结论稳定；如果基础模型中滞后一期的人口老龄化对劳动生产率的影响为负，当期的人口老龄化对劳动生产率的影响为正，而改进模型中人口老龄化和劳动生产率之间的关系呈"U"形，则基础模型和改进模型的实证结论稳定。

动态面板数据模型中含有不可观测的个体固定效应，因变量的一阶滞后项与不可观测的个体固定效应必定相关，从而导致混合线性回归估计、固定效应估计、随机效应估计的结果有偏或无效。[①] 为了消除模型内生性及自相关性，此处运用差分 GMM 估计方法来估计动态面板数据模型，可以提高估计模型的准确度。

针对动态面板数据模型，差分 GMM 估计方法的应用解决了固定效应模型的有偏、无效问题，将滞后一期的因变量及滞后一期的解释变量作为工具变量，在不使用外部工具变量的情况下解决内生性问题。但一般认为差分 GMM 估计方法通常存在弱工具性问题，而系统 GMM 估计方法可以增加矩条件提高模型估计率。系统 GMM 估计方法将水平回归方程和差分回归方程结合起来进行估计，将解释变量的一期滞后项作为一阶差分的工具变量，而一阶差分又作为水平变量的工具变量，可以有效提高估计率。[②]

第二节　人口老龄化对劳动生产率影响的变量选择

本节所使用的人口和经济数据主要来自《中国统计年鉴》《新中国六十年统计资料汇编》《中国科技统计年鉴》，以及各省份的统计年鉴，时间选定为"八五"计划初期（1991 年）到"十二五"规划末期（2015

---

① 〔美〕杰弗里·M. 伍德里奇：《计量经济学导论——现代观点（第6版）》，张成思译，中国人民大学出版社，2018。

② M. Arellano, S. Bond, "Some Tests of Specification for Panel Data: Monte Carlo Evidence and an Application to Employment Equations," *Review of Economic Studies* 58 (1991): 277 – 297; R. Blundell, S. Bond, "Initial Conditions and Moment Restrictions in Dynamic Panel Data Models," *Journal of Econometrics* 87 (1998): 115 – 143.

年）。劳动生产率、人口老龄化和相关的控制变量指标采用建立在各数据源基础上的绝对数和计算所得的相对数，本节涉及的主要指标如下所示。

一　被解释变量：劳动生产率

劳动生产率能够解释考察期内劳动力资源的生产效能，是衡量单位劳动力输入的生产价值及有效生产输出的主要指标。学者们对劳动生产率的衡量方法主要有两种，一种是生产总值与全部就业人员之比，另一种是基于数据包络分析（Data Envelopment Analysis，DEA）的劳动生产率测算。前者是对静态劳动生产率的计量，是考核单位就业人员劳动生产率的最直接指标；后者是基于多个输入与输出决策单元间的相对劳动生产率，准确来说是对动态劳动生产率的计量。相对于静态衡量方法，DEA 衡量方法将劳动生产率分解为纯技术效率、技术进步和规模效率三个部分，除了动态测度的优势之外，还能准确把握劳动生产率受到科技创新和资本积累的影响程度。

各省份统计年鉴公布的生产总值数据以当年价格核算，即名义生产总值。为了更准确地测度在考察期内劳动生产率的实际变化，本节以 1991 年为基期，采用价格平减指数将名义生产总值转变为实际生产总值，继而得出单位就业人员的实际生产总值，即实际劳动生产率。

二　核心解释变量：人口老龄化

人口年龄结构是判断人口再生产类型的重要指标。一般而言，以年龄为识别指标，将总人口分为少年儿童组（0—14 岁）、劳动年龄人口组（15—64 岁）和老年人口组（65 岁及以上）。根据不同年龄组人口占总人口的比重综合衡量总人口的生产力，严格意义上考量人口年龄结构的经济效应需要考虑各个年龄组的特征。不同类型年龄结构的人口再生产规模、效率和发展不尽相同，判断人口年龄结构类型的标准并非一成不变，人口年龄结构是动态、多维度的指标。现代人口转型的最重要特点即为人口老龄化，本节对人口年龄结构的判断主要采用人口老龄化指标，即 65 岁及以上老年人口占总人口的比重。采用老年抚养比，即老年人口规模占劳动年龄人口规模的比重作为稳健性检验中人口年龄结构的衡量指标。虽然人口老龄化和老年抚养比是两个不同的指标，分别表示顶部老龄化和底部老龄化，但是均可以作为衡量人口年龄结构老化程度的指标。本书重点关注人口年龄结构老化程度与劳动生产率之间的关系，不关注老龄化的具体形态，因此，采用老年抚养比作为人口老龄化的替代指标对于分析人口年龄结构与劳动生产率之间的关系具有实际意义，并不影响结果分析。

三　控制变量

结合劳动生产率的研究文献，本节采用的控制变量主要包括人力资本水平、技术创新、产业结构变迁、资本深化、城镇化水平。

1. 人力资本水平

人口老龄化程度深化势必会挤压劳动力市场的可用劳动力规模，在数量型劳动力资源有限的情况下，质量型劳动力输入能够在一定程度上缓冲劳动力资源锐减的负经济效应。对于人力资本水平对劳动生产率的影响，一方面，学者们认为由于人口老龄化，劳动力将成为相对稀缺的生产资源，这必将导致个人、家庭和社会增加对教育和职业培训的投资，由此导致人力资本投资收益率提高，从而使劳动生产率提高。[①] 但是，另一方面，学者们认为人口老龄化的加深导致劳动供给量的减少，这样会提高劳动力的边际生产率，但是核心劳动力比重的减少将成为阻碍劳动生产率提高的因素。相反，如果劳动力的人力资本水平比上一代高，那么劳动生产率会提高，所以人力资本水平对劳动生产率的影响方向不定。[②] 人力资本是非物力资本，是劳动力在接受教育、技能培训等投资后而收获的知识和技能的存量，是衡量人口质量的动态指标。严格意义上说，人力资本包括知识和技能两部分，斯密和穆勒认为知识和技能是提高劳动生产率的重要因素。但是，在可获得数据的基础上，没有直接的人力资本指标可以从省际区域角度涵盖知识和技能两部分内容，此处采用每 10 万人中大学生数作为代理变量。

2. 技术创新

新常态经济从要素驱动、投资驱动逐步转向创新驱动的特点为经济结

---

① W. Scarth, "Population Aging, Productivity, and Living Standards," *Social & Economic Dimensions of an Aging Population Research Papers* 34（2002）：43 – 46.

② 任明、金周永：《韩国人口老龄化对劳动生产率的影响》，《人口学刊》2015 年第 6 期。

构转型及经济发展提供了重要的渠道。与此同时，在日益全球化的市场经济背景下，创新能力是经济体的核心竞争力。党的十九大报告明确提出："创新是引领发展的第一动力，是建设现代化经济体系的战略支撑。"两阶段"两步走"战略，也将我国建设成创新型国家作为下一阶段发展工作的重要目标，可见技术创新在经济发展过程中的重要性。现有文献一般采用专利申请量和专利授予量两个指标来衡量创新活动强度[①]，考虑到发明专利授予受限于严格烦琐的审批环节，以及地域差异导致部分创新活动被掩盖，此处采用发明专利申请量来表征区域创新行为。

3. 产业结构变迁

市场经济环境下，产业结构变迁驱动生产资源从低效率部门向高效率部门流动，继而提高社会劳动生产率水平。[②] 党的十九大报告中明确提出要加快发展现代服务业，促进产业优化升级。服务型产业主导经济增长是目前产业发展和经济发展的重要特点，2015 年我国第三产业增加值首次突破 50%。鉴于产业结构的服务型发展趋势，本章采用第三产业生产总值占比和第二产业生产总值占比两个指标来衡量产业结构变迁。

4. 资本深化

此处用劳均资本存量来表示资本深化程度，即区域实际资本存量与就业人员总量之比。资本深化对劳动生产率提升有重要的作用，也是导致不同区域劳动生产率水平差异的主要原因。[③] 本章对实际资本存量的测度借鉴单豪杰的估算[④]，采用永续盘存法 $K_t = (1-\delta)K_{t-1} + I_t$，基期资本存量 K_{t-1} 采用单豪杰测度的 1991 年实际资本存量，投资额 I_t 采用以 1991 年价格平减指数得出的固定资产价格作为当年投资额，折旧率 δ 统一为 10.96%。

---

① A. Irmen, A. Litina, "Population Aging and Inventive Activity," CESifo Working Paper, 2016; A. Tusch, "Essays on the Impact of Demography and Aging on Capital, Innovation and Energy Consumption in Switzerland," University of St. Gallen, 2014.

② M. Peneder, "Intangible Investment and Human Resources," *Journal of Evolutionary Economics* 12 (2002): 107 – 134.

③ 黄先海:《中国各省劳动生产率变化的测度与比较——基于数据包络分析法（DEA）的研究》，《浙江社会科学》2005 年第 5 期；陶洪、戴昌钧:《中国工业劳动生产率增长率的省域比较——基于 DEA 的经验分析》，《数量经济技术经济研究》2007 年第 10 期。

④ 单豪杰:《中国资本存量 K 的再估算: 1952—2006 年》，《数量经济技术经济研究》2008 年第 10 期。

5. 城镇化水平

城镇化水平用城市人口占比来表示，是人口和产业向城市集聚的表现。以人口流动为载体，社会发展完成了从消耗型粗放生产向效率型集约生产的转变。在区域资源禀赋和城市人口规模一定的情况下，城镇化提高了公共资源和服务的共享程度，有效降低了生产成本，提高了单位投入的产出。[1] 城市人口规模不断扩大，公共资源的"拥挤效应"所产生的成本将会超过共享成本所创造的利益，导致生产效率下降。[2]

本书的研究期限选定为1991—2015年，即"八五"计划初期至"十二五"规划末期。由于我国1997年才开始撤销原重庆市、设立重庆直辖市，新旧重庆市部分指标统计口径不一，且存在与四川省混淆统计的情况；此外，在可用数据源基础上，西藏自治区查无专利申请统计量指标。综合考虑，研究框去掉重庆市和西藏自治区两个地区，最终样本框为29个省（区、市）。主要变量的描述性统计如表5-1所示。

表5-1 主要变量的描述性统计

变量	标志	平均值	标准差	最小值	最大值
劳动生产率	P	16452	14406	1739	86215
人口老龄化	$aging$	7.921	2.120	3.366	16.38
老年抚养比	odr	11.17	2.670	4.970	21.90
人力资本水平	ed	104.9	86.86	7.766	398.8
技术创新	pa	21906	53841	81	504500
第二产业占比	sec	44.67	7.965	19.74	61.61
第三产业占比	thi	39.35	7.696	26.58	79.65
资本深化	lc	12356	9575	191.6	44136
城镇化水平	u	43.94	17.37	12.19	94.18

资料来源：①国家统计局：《中国统计年鉴2016》，中国统计出版社，2016；②国家统计局国民经济综合统计司：《新中国六十年统计资料汇编》，中国统计出版社，2010。

---

[1] G. S. Goldstein, T. J. Gronberg, "Economies of Scope and Economies of Agglomeration," *Journal of Urban Economics* 16 (1984): 91-104; E. J. Feser, "A Flexible Test for Agglomeration Economies in Two US Manufacturing Industries," *Regional Science & Urban Economics* 31 (2001): 1-19.

[2] 王小鲁、夏小林：《优化城市规模 推动经济增长》，《经济研究》1999年第9期；梁婧、张庆华、龚六堂：《城市规模与劳动生产率：中国城市规模是否过小？——基于中国城市数据的研究》，《经济学》（季刊）2015年第3期。

第三节 人口老龄化对劳动
生产率的影响效应分析

一 人口老龄化对劳动生产率影响的模型拟合结果

1. 基础模型实证结果分析

为了消除基础模型中变量的内生性问题，我们对部分数值较大的变量指标进行了取自然对数的处理。表5-2报告了基础模型实证回归结果，分别采用固定效应模型、差分 GMM 模型、系统 GMM 模型对人口老龄化对劳动生产率的影响进行了检验，并且对 GMM 回归中的自相关性和工具变量的过度识别问题进行了检验。GMM 模型中一阶序列相关性 AR（1）检验结果接受了原假设，二阶序列相关性 AR（2）检验结果拒绝了原假设，即动态面板数据随机误差项的自相关性通过检验，随机误差项不存在序列相关，GMM 回归结果可接受；Sargan 检验显示差分 GMM 和系统 GMM 回归模型中所使用的工具变量不存在过度识别的问题，工具变量选取适当。

表5-2 基础模型实证回归结果

变量	固定效应模型	差分 GMM 模型	系统 GMM 模型
L. 劳动生产率	0.923 *** （0.00789）	0.831 *** （0.0271）	0.857 *** （0.0305）
人口老龄化	0.00024 （0.00158）	-0.00374 *** （0.00130）	-0.00347 * （0.00199）
L. 人口老龄化	0.00395 ** （0.00162）	0.00268 *** （0.00087）	0.00604 *** （0.00131）
第二产业占比	0.00539 *** （0.00087）	0.00551 *** （0.00122）	0.00522 *** （0.00114）
L. 第二产业占比	-0.00455 *** （0.00085）	-0.00162 （0.00155）	-0.00319 *** （0.00095）
第三产业占比	0.00185 ** （0.00093）	0.00364 ** （0.00183）	0.00149 （0.00156）

续表

变量	固定效应模型	差分 GMM 模型	系统 GMM 模型
L. 第三产业占比	-0.00139	-0.00033	-0.00121
	(0.00090)	(0.00128)	(0.00108)
城镇化水平	-8.33e-05	8.51e-05	-0.00027 *
	(0.00024)	(8.06e-05)	(0.00014)
L. 城镇化水平	-0.00047 **	-3.70e-05	-0.00050 ***
	(0.00024)	(8.26e-05)	(0.00016)
人力资本水平	-0.04820 ***	-0.07510 ***	-0.03890 *
	(0.01370)	(0.02750)	(0.02220)
L. 人力资本水平	0.07630 ***	0.11600 ***	0.08070 ***
	(0.01400)	(0.02260)	(0.02140)
资本深化	0.40700 ***	0.61000 ***	0.57600 ***
	(0.02420)	(0.07500)	(0.08560)
L. 资本深化	-0.31300 ***	-0.45000 ***	-0.43100 ***
	(0.01830)	(0.05440)	(0.06320)
技术创新	0.01730 ***	0.02320 ***	0.02900 ***
	(0.00537)	(0.00801)	(0.00910)
L. 技术创新	-0.01260 **	0.00579	0.00042
	(0.00488)	(0.00646)	(0.00792)
常数项	-0.29700 ***	-0.55000 ***	-0.44400 **
	(0.06070)	(0.18300)	(0.19600)
观察值	696	667	696
R^2	0.999		
省份个数	29	29	29
$LR \dfrac{(\beta_0 + \beta_1)}{(1-\alpha)}$	0.54420 **	-0.00630	0.01800
	(0.01700)	(0.01100)	(0.17000)
$\beta_0 + \beta_1$	0.00420 **	-0.00110	0.00300
	(0.00100)	(0.00200)	(0.00200)
AR(1)		-1.801 *	-2.088 **
		[0.072]	[0.037]
AR(2)		-1.538	1.303
		[0.124]	[0.193]
Sargan 检验		21.372	22.632
		[1.000]	[1.000]

***、**、* 分别表示在 1%、5%、10% 的显著性水平下显著。

注：AR（1）、AR（2）检验用来检验动态面板数据随机误差项是否存在自相关性；Sargan 检验用于检测动态面板数据工具变量是否存在过度识别的问题；小括号中的值为标准差，中括号中的值为 p 值。L. 表示滞后一期。

根据基础模型的实证回归结果可知，在研究期限内，当期和滞后一期的人口老龄化对劳动生产率都有显著的影响。在固定效应模型中，当期人口老龄化对劳动生产率的影响不显著，滞后一期的人口老龄化对劳动生产率的影响显著为正。固定效应模型无法消除的多重共线性问题可能会导致回归结果有偏或无效，因此这里我们重点分析 GMM 回归结果。根据差分 GMM 回归和系统 GMM 回归结果可知，当期人口老龄化对劳动生产率的影响显著为负，滞后一期的人口老龄化对劳动生产率的影响显著为正。我国从 2000 年才开始进入人口老龄化社会，虽然发展速度极快，但是初期人口年龄结构优势的积累可能会抵消 2000 年以后人口老龄化的负向影响。

本节除了关注人口老龄化对劳动生产率的短期影响外，同时关注人口老龄化对劳动生产率的长期影响。通过将基础回归模型进行标准化处理，差分 GMM 回归和系统 GMM 回归结果证实，长期影响系数不显著，也就是说，人口老龄化对劳动生产率的长期影响并不确定。在人口年龄结构老化初期，人口老龄化速度远小于经济增长速度，人力资本投资的外溢性尚可提高劳动生产率，人口红利效果凸显，人口老龄化的生产效应为正。但是，随着老年人口比重的增加，人口老龄化通过作用于生产规模和就业资源两个途径来影响劳动生产率。一方面，当前人口出生率保持着低水平的平稳持续不变甚至下降，导致人口发展处于"低增量、高减速"的阶段，因此在人口规模一定的前提下，伴随人口老龄化必然出现的是劳动年龄人口总量的减少。劳动年龄人口是生产环节的重要生产资料，劳动年龄人口比重的降低将减缓经济增长速度，不利于经济增长。[1] 另一方面，劳动力市场伴随人口老龄化出现的严重后果是劳动力老化。在不考虑劳动年龄人口就业状况变化的情况下，准老年人和部分低龄老年人进入退休年龄后再度返回劳动力市场，除了从事高技能职业困难之外，身体机能老化导致可创造的生产价值低下。从整个劳动力市场的就业状况来看，老年人口就业冲击了劳动年龄人口的就业形势，再加之劳动力结构性短缺，劳动年龄人口的就业规模和质量有限。

---

[1]　R. Tyers, J. Golley, I. Bain, "Projected Economic Growth in China and India: The Role of Demographic Change," Anu Working Papers in Economics & Econometrics, 2007；胡鞍钢、刘生龙、马振国：《人口老龄化、人口增长与经济增长——来自中国省际面板数据的实证证据》，《人口研究》2012 年第 3 期。

根据系统 GMM 模型回归结果可知，控制变量中第二产业占比、城镇化水平、资本深化、人力资本水平和技术创新对劳动生产率的影响显著。第一，产业结构变迁能够充分引导劳动力在产业之间转移和流动，使生产资料从低效率部门向高效率部门转移，生产性服务业的转型升级能够有效提高当期的劳动生产率。当期的第二产业占比对劳动生产率的影响显著为正，滞后一期的第二产业占比对劳动生产率的影响显著为负，当期和滞后一期的第三产业占比对劳动生产率的影响均不显著。由于第三产业吸纳劳动力的能力长期内逐步降低[①]，因此第二产业对劳动生产率的影响大于第三产业。劳动力就业结构与产业结构发展不相适应，导致滞后一期的产业结构变迁对劳动生产率产生负向的影响。第二，当期资本深化对劳动生产率有正向的影响。劳均资本存量体现了单位劳动力可用资本的多少，该值越大，劳动力投入生产时可利用的资源越多。在生产环节其他资源一定的前提下，劳均资本存量对劳动生产率的提升有重要的作用。相比之下，滞后一期的资本深化显著负向地影响劳动生产率，这与部分学者的研究不谋而合，即他们认为劳均资本的产出弹性呈下降趋势[②]，单纯依靠资本投资方式的劳动生产率会越来越低。第三，人力资本水平作为技术研发与吸收的重要投入对劳动生产率的作用显著，并且呈现显著的当期降低、滞后一期提升的影响。这从侧面反映了当期人力资本水平积累难以形成有效的劳动力输出，正外部效应具有滞后性。知识外溢效应通过人力资本正式或非正式交流的增加，以及人力资本与物质资本之间的互补性的增强等机制，促进知识和技术的创造，进而提高劳动生产率。另外，我们以受教育水平作为人力资本水平的代理变量，当期为负、滞后一期为正的回归结果同样显示了教育回报率具有滞后性。第四，当期和滞后一期的城镇化水平对劳动生产率的影响均为负。理论上讲，城镇化水平的提高增加了城市土地所承载的经济活动。城镇化水平越高，单位土地面积所承载的经济活动越活跃，知识外溢、劳动力池、专业化投入

[①]　张抗私、王振波：《中国产业结构和就业结构的失衡及其政策含义》，《经济与管理研究》2014 年第 8 期。

[②]　毛丰付、潘加顺：《资本深化、产业结构与中国城市劳动生产率》，《中国工业经济》2012 年第 10 期。

品、产能产出等集聚效应越强,劳动生产率越高。[1] 经济集聚程度的正外部性始终对劳动生产率具有正向的推动作用。[2] 之所以会出现城镇化对劳动生产率的负向影响,原因在于我国的城镇化发展以土地扩张为基础,并不能完全代表经济活动的活力。我国城市内部的拥挤效应已使劳动生产率明显降低。[3] 另外,在省际面板数据范围内,不同区域的城镇化水平极不均衡,单位土地面积能够承载的经济活动量自然受限。第五,当期技术创新对劳动生产率的影响显著为正。熊彼特认为,实现经济持续动态发展的基本动力是技术创新,技术创新通过淘汰落后的生产方式,有效提高了单位生产资料的生产输出。

2. 改进模型实证结果分析

通过理论推导结果可知,人口老龄化与劳动生产率之间不是单向的线性关系,因此,在改进模型中加入了人口老龄化的平方项,以探讨二者之间的非线性关系。表5-3报告了不加入控制变量的改进模型实证回归结果。改进模型的 AR(1)、AR(2) 和 Sargan 检验均通过,差分 GMM 模型和系统 GMM 模型所使用的工具变量选择合理,并且随机误差项不存在自相关性。通过表5-3可以看到,人口老龄化对劳动生产率的平方项影响系数为负、一次项影响系数为正,人口老龄化与劳动生产率之间呈倒"U"形关系。这说明人口老龄化对劳动生产率先呈现正向影响,达到拐点后,产生负劳动生产率效应。这一结论也印证了基础模型中滞后一期的人口老龄化对劳动生产率的影响为正、当期人口老龄化对劳动生产率的影响为负的实证结果。基础模型和改进模型的实证结果相互印证,结论稳健。在不考虑控制变量影响的情况下,根据固定效应回归结果判断,人口老龄化最大劳动生产效应的拐点位于 12.48%,差分 GMM 和系统 GMM 回归结果显示,这一拐点位于 10.61%—10.94%,也就是说,当人口老龄化超过上述临界值之后,劳动生产率将随着人口老龄化的加深而呈现负增长的趋势。

① 陈良文、杨开忠、沈体雁等:《经济集聚密度与劳动生产率差异——基于北京市微观数据的实证研究》,《经济学》(季刊)2008 年第 10 期。
② A. Ciccone, R. E. Hall, "Productivity and the Density of Economic Activity," *American Economic Review* 86(1996):54-70.
③ 柯善咨、姚德龙:《工业集聚与城市劳动生产率的因果关系和决定因素——中国城市的空间计量经济联立方程分析》,《数量经济技术经济研究》2008 年第 12 期。

表 5 - 3　不加入控制变量的改进模型实证回归结果

变量	固定效应模型	差分 GMM 模型	系统 GMM 模型
L. 劳动生产率	0.96500 ***	0.97100 ***	0.96400 ***
	（0.00341）	（0.00178）	（0.00196）
人口老龄化的平方	- 0.00149 ***	- 0.00155 ***	- 0.00263 ***
	（0.000246）	（9.01e - 05）	（0.000114）
人口老龄化	0.03720 ***	0.03390 ***	0.05580 ***
	（0.00475）	（0.00211）	（0.00241）
常数项	0.22600 ***	0.20000 ***	0.15800 ***
	（0.02360）	（0.01500）	（0.01200）
观察值	696	667	696
R^2	0.998		
省份个数	29	29	29
AR（1）		- 2.667 **	- 2.683 **
		[0.008]	[0.007]
AR（2）		0.742	0.526
		[0.458]	[0.599]
Sargan 检验		28.083	28.436
		[1.000]	[1.000]

*** 、** 分别表示在 1%、5% 的显著性水平下显著。

　　注：AR（1）、AR（2）检验用来检验动态面板数据随机误差项是否存在自相关性；Sargan 检验用于检测动态面板数据工具变量是否存在过度识别的问题；小括号中的值为标准差，中括号中的值为 p 值；L. 表示滞后一期。

　　表 5 - 4 报告了加入控制变量的改进模型实证回归结果。从表 5 - 4 中可以看出，人口老龄化对劳动生产率的平方项影响系数为负、一次项影响系数为正，人口老龄化与劳动生产率之间呈倒 "U" 形关系的结论稳健。在固定效应模型中，人口老龄化对劳动生产率的一次项影响系数显著，依然支持二者之间呈倒 "U" 形关系的结论，人口老龄化最大劳动生产效应的拐点为 12.59%。从差分 GMM 和系统 GMM 回归结果来看，当劳动生产率达到最大值时，人口老龄化最大劳动生产效应的拐点位于 8.65%—8.79%，也就是说，当人口老龄化超过临界值后，劳动生产率将随着人口老龄化的深化而呈现负增长的趋势。值得注意的是，考虑经济因素的劳动生产率的人口老龄化拐点早于不考虑经济因素的情况，可见，人口老龄化不仅直接影响劳动生产率，而且可以通过影响其他经济行为的途径间接影响劳动生产率。

表5-4 加入控制变量的改进模型实证回归结果

变量	固定效应模型	差分 GMM 模型	系统 GMM 模型
L. 劳动生产率	0.93600 *** (0.00950)	0.88300 *** (0.01590)	0.91900 *** (0.00990)
人口老龄化的平方	-0.00104 *** (0.00027)	-0.00096 *** (0.00015)	-0.00137 *** (0.00019)
人口老龄化	0.02620 *** (0.00544)	0.01690 *** (0.00335)	0.02370 *** (0.00400)
第二产业占比	0.00253 *** (0.00057)	0.00223 *** (0.00069)	0.00339 *** (0.00114)
第三产业占比	0.00167 ** (0.00065)	-7.75e-06 (0.00082)	0.00074 (0.00105)
城镇化水平	-0.00039 *** (0.00015)	0.00025 ** (0.00011)	-2.09e-05 (8.81e-05)
人力资本水平	0.01520 *** (0.00517)	0.02720 *** (0.00258)	0.02310 *** (0.00622)
资本深化	-0.00984 (0.00647)	0.01900 * (0.01080)	-0.00352 (0.00868)
技术创新	0.00721 ** (0.00357)	0.02950 *** (0.00677)	0.01520 *** (0.00306)
常数项	0.35000 *** (0.05800)	0.46000 *** (0.02360)	0.37000 *** (0.07700)
观察值	696	667	696
R^2	0.998		
省份个数	29	29	29
AR(1)		-2.612 ** [0.009]	-2.640 ** [0.008]
AR(2)		1.098 [0.272]	1.042 [0.297]
Sargan 检验		19.699 [1.000]	20.613 [1.000]

*** 、** 、* 分别表示在1%、5%、10%的显著性水平下显著。

注：AR（1）、AR（2）检验用来检验动态面板数据随机误差项是否存在自相关性；Sargan 检验用于检测动态面板数据工具变量是否存在过度识别的问题；小括号中的值为标准差，中括号中的值为 p 值。L. 表示滞后一期。

当人口老龄化位于拐点值以下的水平时，从中短期来看，人口年龄结构的老化将缩小人口规模绝对值的增加幅度，会产生劳动生产效应。由于人口老龄化的不断深化，劳动力将成为相对稀缺的生产资源，这导致教育和培训投资增加以及人力资本投资收益率迅速提高，从而可以提高劳动生产率。另外，物质资本的回报率不断下降、人力资本的回报率不断上升、劳动供给量减少等提高了劳动力的边际生产率。人口老龄化初始阶段通过加大人力资本投资来增强人力资本的外溢性可以对冲初始人口老龄化的负生产效应，并且在较低人口老龄化水平下，相对于年轻劳动力，一定比例的老年人口所集聚的技能、经验更有益于劳动生产率的提高，劳动生产率增长最快的阶段出现在劳动年龄人口规模缩小的阶段。①

　　随着现代生产的发展，当人口老龄化超过拐点值之后，老年人口比重增加，劳动力老化凸显，与老龄化相关的技能萎缩和贬值导致人力资本退化。尤其对于低技能劳动力，现代生产的技能革新和创新发展日渐摒弃劳动密集型技能，技术型技能贬值（Technical Skill Obsolescence）成为人口老龄化负向影响劳动生产率的主要因素。另外，劳动力市场突变的技能冲击老化的劳动力，致使老年人力资本价值下降，形成经济型技能贬值（Economic Skill Obsolescence）。因此，从这个方面来看，减轻甚至扭转人口老龄化对劳动生产率负向影响的有效途径是人力资本投资，通过创新技术技能提高老年人力资本价值，以适应现代生产技能贬值的特征。另外，核心劳动力比重的减少将成为阻碍劳动生产率提高的重要因素。

　　在选择的 29 个省（区、市）的时间范围内，短期内，当期人口老龄化对劳动生产率的影响显著为负，滞后一期的人口老龄化对劳动生产率的影响显著为正；长期内，由于区域之间的人口老龄化水平和发展速度差异显著，人口老龄化对劳动生产率的长期影响未凸显。改进模型中通过加入人口老龄化的平方项，得出人口老龄化与劳动生产率之间呈显著的倒"U"形关系的结论。

①　P. Beaudry, F. Collard, D. A. Green, " Demographics and Recent Productivity Performance: Insights from Cross－Country Comparisons," *Canadian Journal of Economics/Revue Canadienne D'économique* 38 (2005): 309－344.

二 稳健性检验

为了检验上述回归模型结果的稳健性,我们采用老年抚养比作为人口老龄化的代理变量。老年抚养比是单位劳动力需抚养老年人口的比例,该值越大,老年人口的相对规模越大,在一定程度上它可以作为衡量人口年龄结构老化程度的指标。采用与上述模型相同的回归方法,表5-5报告了基础模型稳健性检验结果,AR(1)、AR(2)、Sargan检验均通过,表明差分GMM和系统GMM回归模型的随机误差项满足自相关检验,工具变量选取适度。结果显示,系统GMM模型中,当期老年抚养比对劳动生产率的影响为负,滞后一期的老年抚养比对劳动生产率的影响为正。老年抚养比对劳动生产率的长期影响系数不显著。基础模型的稳健性检验与基础模型的回归结果基本保持一致,支持人口年龄结构老化对劳动生产率的短期影响当期为负、滞后一期为正、长期影响未定的实证结果。

表5-5 基础模型稳健性检验

变量	固定效应模型	差分 GMM 模型	系统 GMM 模型
L. 劳动生产率	0.92600 *** (0.00783)	0.84700 *** (0.02760)	0.88700 *** (0.03290)
老年抚养比	0.00035 (0.00104)	- 0.00233 ** (0.00112)	- 0.00174 (0.00136)
L. 老年抚养比	0.00172 (0.00107)	0.00144 * (0.00075)	0.00374 *** (0.00081)
第二产业占比	0.00547 *** (0.00088)	0.00406 *** (0.00121)	0.00360 *** (0.00091)
L. 第二产业占比	- 0.00471 *** (0.00085)	- 0.00153 (0.00149)	- 0.00221 ** (0.00098)
第三产业占比	0.00181 * (0.00094)	0.00134 (0.00180)	- 0.00093 (0.00094)
L. 第三产业占比	- 0.00147 (0.00090)	- 0.00037 (0.00126)	- 0.00059 (0.00107)
城镇化水平	- 8.91e - 05 (0.00024)	0.00015 * (8.20e - 05)	- 0.00012 (0.00010)

续表

变量	固定效应模型	差分 GMM 模型	系统 GMM 模型
L. 城镇化水平	− 0.00047 ** (0.00024)	− 5.59e − 05 (9.71e − 05)	− 0.00039 ** (0.00018)
人力资本水平	− 0.04990 *** (0.01380)	− 0.04800 * (0.02550)	− 0.01770 (0.02100)
L. 人力资本水平	0.07930 *** (0.01390)	0.08990 *** (0.02190)	0.05670 ** (0.02480)
资本深化	0.40800 *** (0.02440)	0.58400 *** (0.07760)	0.53100 *** (0.09520)
L. 资本深化	− 0.31300 *** (0.01850)	− 0.43100 *** (0.05740)	− 0.40100 *** (0.06980)
技术创新	0.01720 *** (0.00540)	0.01830 ** (0.00858)	0.02030 ** (0.00868)
L. 技术创新	− 0.01260 ** (0.00490)	0.00841 (0.00697)	− 0.00143 (0.00991)
常数项	− 0.31400 *** (0.06060)	− 0.46800 ** (0.18300)	− 0.40400 ** (0.18200)
观察值	696	667	696
R^2	0.999		
省份个数	29	29	29
$LR \dfrac{(\beta_0 + \beta_1)}{(1 - \alpha)}$	0.028 ** (0.012)	− 0.006 (0.011)	0.018 (0.018)
$\beta_0 + \beta_1$	0.002 ** (0.001)	− 0.001 (0.002)	0.002 (0.002)
AR(1)		− 1.733 * [0.083]	− 2.028 ** [0.043]
AR(2)		1.454 [0.146]	1.235 [0.217]
Sargan 检验		22.230 [0.446]	22.499 [0.998]

*** 、** 、* 分别表示在 1% 、5% 、10% 的显著性水平下显著。

注：AR（1）、AR（2）检验用来检验动态面板数据随机误差项是否存在自相关性；Sargan 检验用于检测动态面板数据工具变量是否存在过度识别的问题；小括号中的值为标准差，中括号中的值为 p 值；L. 表示滞后一期。

　　表5-6 报告了不加入控制变量的改进模型稳健性检验，结果显示，老年抚养比与劳动生产率之间的关系呈现显著的倒"U"形。固定效应回归结果显示，老年抚养比的最大劳动生产率拐点为 16.88，当老年抚养比超过 16.88，老年抚养比对劳动生产率的影响开始减弱。差分 GMM 和系统 GMM 回归结果显示，老年抚养比对劳动生产率影响的峰值位于13.85—14.30。回归结果与表5-3 的报告结果基本保持一致，证实了人口年龄结构老化与劳动生产率之间呈倒"U"形关系的研究结果的稳健性。

表5-6　不加入控制变量的改进模型稳健性检验

变量	固定效应模型	差分 GMM 模型	系统 GMM 模型
L. 劳动生产率	0.97400 *** (0.00273)	0.98400 *** (0.00205)	0.97700 *** (0.00190)
老年抚养比的平方	− 0.00070 *** (0.00016)	− 0.00037 *** (0.00004)	− 0.00134 *** (8.29e − 05)
老年抚养比	0.02350 *** (0.00388)	0.01067 *** (0.00140)	0.03709 *** (0.00204)
常数项	0.16200 *** (0.02420)	0.17500 *** (0.01887)	0.06700 *** (0.01450)
观察值	696	667	696
R^2	0.998		
省份个数	29	29	29
AR(1)		− 2.625 ** [0.009]	− 2.607 ** [0.009]
AR(2)		0.886 [0.376]	0.687 [0.492]
Sargan 检验		26.996 [0.211]	28.123 [0.997]

　　*** 、** 分别表示在 1%、5% 的显著性水平下显著。

　　注：AR（1）、AR（2）检验用来检验动态面板数据随机误差项是否存在自相关性；Sargan 检验用于检测动态面板数据工具变量是否存在过度识别的问题；小括号中的值为标准差，中括号中的值为p 值；L. 表示滞后一期。

　　表5-7 报告了考虑控制变量的改进模型稳健性检验，结果显示，老年抚养比与劳动生产率之间的关系也呈现显著的倒"U"形。固定效应回

归结果显示，老年抚养比的最大劳动生产率拐点为 16.06，当老年抚养比超过 16.06，老年抚养比对劳动生产率的影响由正转负。差分 GMM 回归结果中，老年抚养比的一次项系数不显著，所以不予考虑。系统 GMM 回归结果显示，老年抚养比对劳动生产率影响的峰值位于 11.17。回归结果与表 5-5 的报告结果基本保持一致，证实了改进模型研究结果的稳健性。与此同时，老年抚养比对劳动生产率影响的峰值同样表明，考虑经济因素的老年抚养比峰值大于不考虑经济因素的情况。

表 5-7　考虑控制变量的改进模型稳健性检验

变量	固定效应模型	差分 GMM 模型	系统 GMM 模型
L. 劳动生产率	0.94000 *** (0.00949)	0.90000 *** (0.00952)	0.90400 *** (0.01550)
老年抚养比的平方	−0.00055 *** (0.00016)	−0.00011 * (6.67e−05)	−0.00041 *** (6.88e−05)
老年抚养比	0.01750 *** (0.00421)	0.00188 (0.00200)	0.00907 *** (0.00193)
第二产业占比	0.00251 *** (0.00057)	0.00157 ** (0.00061)	0.00359 *** (0.00078)
第三产业占比	0.00152 ** (0.00065)	−0.00170 ** (0.00078)	−8.59e−05 (0.00089)
城镇化水平	−0.00040 *** (0.00015)	0.00027 *** (9.72e−05)	2.39e−05 (8.41e−05)
人力资本水平	0.01850 *** (0.00508)	0.03080 *** (0.00337)	0.01990 *** (0.00263)
资本深化	−0.00848 (0.00652)	0.02320 *** (0.00798)	0.01650 * (0.00958)
技术创新	0.00708 * (0.00361)	0.02230 *** (0.00366)	0.02530 *** (0.00732)
常数项	0.31200 *** (0.05910)	0.46200 *** (0.03360)	0.31900 *** (0.03860)
观察值	696	667	696
R²	0.998		
省份个数	29	29	29
AR(1)		−2.613 ** [0.010]	−2.579 ** [0.010]

续表

变量	固定效应模型	差分 GMM 模型	系统 GMM 模型
AR（2）		1. 123 ［0. 262］	1. 175 ［0. 240］
Sargan 检验		20. 358 ［0. 561］	20. 066 ［0. 999］

*** 、** 、* 分别表示在 1% 、5% 、10% 的显著性水平下显著。

注：AR（1）、AR（2）检验用来检验动态面板数据随机误差项是否存在自相关性；Sargan 检验用于检测动态面板数据工具变量是否存在过度识别的问题；小括号中的值为标准差，中括号中的值为 p 值；L 表示滞后一期。

表 5 - 5、表 5 - 6 报告了基础模型和改进模型稳健性检验结果，可以看到，并不是所有的计量方法都呈现显著的回归结果，这主要归因于人口老龄化与老年抚养比并不是完全相同的指标，底部老龄化（少儿人口比例）与顶部老龄化（老年人口比例）的不同变化速度导致人口老龄化与老年抚养比的变化趋势不一。[①] 因此，在同一时期内，老年抚养比和人口老龄化对劳动生产率影响的显著性并不完全一致，但整体支持人口年龄结构老化与劳动生产率之间的倒 "U" 形关系、当期人口年龄结构老化对劳动生产率的影响为负、滞后一期的人口年龄结构老化对劳动生产率影响为正的实证结果。

第四节　主要结论和政策启示

一　主要结论

本章应用省际动态面板模型，考察了"八五"计划初期到"十二五"规划末期我国 29 个省（区、市）范围内人口老龄化与劳动生产率之间的关系。通过构建 ADL（1，1）基础模型，根据固定效应、差分 GMM 和系

---

① 涂平：《中国人口老龄化与人口控制》，《中国社会科学》1995 年第 6 期。

统 GMM 回归的相关检验的实证结果，得出我国人口老龄化在短期和长期内对劳动生产率影响的显著程度不同。在考察期内，短期范围内，当期的人口老龄化对劳动生产率的影响为负，滞后一期的人口老龄化对劳动生产率的影响为正；长期范围内，人口老龄化对劳动生产率的影响并不显著，也就是说，人口老龄化对劳动生产率影响的长期效应并未凸显。

在改进模型中，通过加入人口老龄化的平方项，证实了人口老龄化与劳动生产率之间的关系呈倒"U"形。人口老龄化对劳动生产率是先促进后抑制的关系。在达到拐点值之前，人口老龄化所带来的人口年龄结构转型具有正向的劳动生产效应；达到峰值后，人口老龄化开始抑制劳动生产率的提高。由于固定效应模型无法克服可能存在的内生性及多重共线性问题，根据差分 GMM 和系统 GMM 回归结果得出，在不考虑控制变量影响的情况下，人口老龄化最大劳动生产效应的拐点位于 10.61%—10.94%；在考虑控制变量影响的情况下，人口老龄化对劳动生产率影响的拐点前移至 8.65%—8.79%，也就是说，当人口老龄化超过临界值后，劳动生产率将随着人口老龄化程度的深化而表现出负增长的趋势。

为了进一步验证结论的稳健性，采用老年抚养比作为人口老龄化的代理变量，使用相同的模型设定和计量方法。结果显示，当期老年抚养比对劳动生产率的影响为负、滞后一期的老年抚养比对劳动生产率的影响为正，并且加入老年抚养比平方项的回归结果显示，老年抚养比与劳动生产率之间的关系呈倒"U"形。人口老龄化和老年抚养比都是表征人口年龄结构老化程度的重要指标，但是在表达形式上存在差异，所以导致回归结果存在细微差距，但足以支撑基础模型和改进模型的实证结果，也就是说，人口年龄结构老化与劳动生产率之间的关系呈倒"U"形，存在人口老龄化对劳动生产率影响的拐点。

二　政策启示

在不考虑控制变量影响的情况下，以人口老龄化最大劳动生产效应的拐点下限 10.61% 为界，2015 年我国的人口老龄化水平为 10.47%，人口老龄化的负向影响尚未凸显。从省级区域来看，我国已有 15 个省份的人口老龄化水平超过了临界值，其中，重庆市的人口老龄化程度最深，达到 13.29%，劳动生产率受人口老龄化的影响最大。在加入控制变量的情况下，以人口老龄化的峰值下限 8.65% 为界，我国目前的人口老龄化水平已经开始显著地对劳动生产率产生负向的影响。在全国范围内，只有广东省、海南省、云南省、西藏自治区、青海省、宁夏回族自治区和新疆维吾尔自治区 7 个省（区）的人口老龄化处于峰值水平以下，人口老龄化对劳动生产率具有正向的促进作用。根据《世界人口展望 2017》预测，未来我国的人口老龄化程度仍会继续深化，既然人口老龄化已经成为不可逆转的必然趋势，并且从长期来讲，人口老龄化存在负生产效应，那么如何将人口老龄化对劳动生产率的影响降至最低是积极应对人口老龄化工作中应该予以关注的焦点问题。根据本章的实证结果，可以从以下几个方面来采取措施。

1. 加快产业结构优化升级

我国已进入经济新常态发展阶段，发展要求也从"量增"上升到"质变"。改革开放以来，我国的工业化进程逐步形成了劳动密集型产业的相对优势，也为我国经济增长奇迹奠定了重要的产业基石。但是，随着工业化转型和三次产业的演变发展，我国传统的生产成本比较优势在弱化，劳动密集型产业结构优势不断丧失，传统产业也存在过剩的现象。在这种情况下，要加快产业结构优化升级，充分利用工业的传统产业优势，通过集聚发展和规模发展大力推进工业园区和开发区建设，通过空间集聚降低过剩成本，保持工业发展的优势。另外，对于第三产业的发展，在服务型政府导向的前提下，加快对第三产业中高新技术产业和绿色产业的发展，提高第三产业吸纳劳动力的能力，提高劳动生产率。

2. 提高人力资本水平

人力资本水平对劳动生产率的影响存在严重的滞后性，为了消除这种滞后性，并使人力资本水平对劳动生产率的正向促进作用显现出来，就需要提高就业人员的素质以提高人力资本水平。企业针对动态的劳动力市场需求特征，定期举办就业人员职业技能培训，尤其是对流动人口的职业技能培训，充分考虑其基础教育水平低的情况，增加基础就业技能培训。政府对定期举办职业技能培训的企业给予财政优惠，建立信息共享平台，实时公布可举办职业技能培训的机构。另外，从提高就业人员初始人力资本水平的角度出发，一方面，加大高等教育体系中对技能型专业和学校的投资，注重产研学结合；另一方面，积极响应国家大力发展中等职业教育的号召，扭转中等职业教育招生规模逐年缩小的形势就要增加中等职业教育体系中与高技能职业相关的专业，为中等职业教育学校提供与劳动力市场接近的专业类型，从根本上提高就业人员的职业技能，为劳动生产率的提高储存人力资本。

3. 践行新型城镇化

城镇化并不是极大化地扩大城市土地面积，并不是以"画地、圈地"吸纳农村人口机械地变成城市人口。新型城镇化强调不以牺牲农业、生态和环境为代价，实现城乡基础设施一体化和公共服务均等化，提高城镇化质量，实现产业、人口、土地、社会和农村五位一体的城镇化。城镇化规划要建立在农村发展的基础之上，通过现代农业生产，提高农村单位土地面积的经济活跃度；通过户籍制度改革，加强中小城市的吸引力，使因土地扩张被迫成为城市人的农村人能够自主流向中小城市，这样既提高了超大城市、大城市单位土地面积的有效经济活跃度，又激发了中小城市的经济活力；通过平抑不均等的城镇化发展带来的效率损失来增加各个区域单位土地面积所承载的经济活动，进而提高劳动生产率。

4. 加大创新技术投资

近年来，在经济发展由投资驱动向创新驱动转型的过程中，我国的研发投资规模较大，2015 年全年研发经费支出为 15500 亿元，比上年增长了 9.4%，是国内生产总值的 2.08%。但是与发达经济体相比，我国的研发投资特别是基础研究投资仍有一定差距，因此，仍然需要进一步加大创新技术投资，特别是加大基础研究的投资力度，鼓励外资流入高新技术产业，使当地企业能直接接触发达国家的高新技术、受雇劳动力能接受高新技术的培训，扩大外资技术的溢出效应。

第六章　我国人口老龄化对劳动生产率的影响机制研究

　　第五章主要从省际范围的劳动生产率水平入手，探讨了人口老龄化对劳动生产率的影响。实证结果发现，人口老龄化与劳动生产率之间的关系呈倒"U"形，在达到拐点值之前，人口老龄化能够促进劳动生产率的提高，超过这一拐点值后，人口老龄化对劳动生产率的影响开始由正转负。在不考虑控制变量影响的情况下，人口老龄化对劳动生产率正向影响的拐点位于 10.61% —10.94%；在考虑控制变量影响的情况下，这一拐点前移至 8.65% —8.79%，也就是说，人口老龄化不仅直接影响劳动生产率的变动，同时可能通过其他变量间接影响劳动生产率的变动，并且中介变量的影响加剧了人口老龄化的负生产效应。鉴于此，本章主要通过数据包络分析（Data Envelopment Analysis, DEA）对劳动生产率的变动率进行测算，即对劳动生产率进行动态分解，探索影响劳动生产率变化的主要因素，进一步研究人口老龄化对劳动生产率的影响机制。

　　第五章的实证结果最终证实了人口老龄化与劳动生产率之间的倒"U"形关系，但是动态面板数据通过公因数转化模型并未得出人口老龄化对劳动生产率存在长期影响。长期范围内人口老龄化对劳动生产率的负向影响是否可以通过其他作用途径中和或是增强，本章将进行进一步的探讨和解释。从国际来看，丹麦、德国等欧元区国家的人口老龄化程度都较高，但是劳动生产率水平却较高，这也就佐证了人口老龄化可以通过其他中介变量的作用减弱对劳动生产率的负向影响。本章将就我国的实际情况进行具体的分析，从生产环节入手，剖析人口老龄化在生产环节对劳动生产率的影响机制。

第一节　国内外人口老龄化对劳动生产率 影响机制的相关研究

本节集中梳理了基于生产函数和非参数分析方法的劳动生产率研究。从目前对劳动生产率的研究来看，学者们主要从生产函数和非参数分析方法两个角度展开研究，由于假设前提、研究方法和研究目的的不同，得出的实证结果存在一定差距，且两种分析方法的劳动生产率研究结论存在一定的差异。

一　基于生产函数分析方法的劳动生产率研究

众多基于生产函数的研究以柯布－道格拉斯生产函数（Cobb－Douglas Production Function，CD 生产函数）为基础，通过基础 CD 生产函数或演变的 CD 生产函数模型寻求每单位生产要素的产出效率，以此来度量劳动生产率，并研究影响其变动的因素。

一种研究角度是完全基于 CD 生产函数的劳动生产率研究。陈良文等以北京市的街道为一个经济单位，在考虑劳动力、人力资本和资本存量的基础上，将要素产出水平加入生产函数中，利用扩展的 CD 生产函数计算得出各街道的劳动生产率。[①] 结果显示，北京市各区的劳动生产率存在差异，核心城区的劳动生产率水平明显高于外围地区，这种区域之间的差异与经济密度呈正向关系，具有典型的集聚经济效应。范剑勇在印证产业集聚对劳动生产率的影响时假定样本区域内的非农产业分布均匀，构建了区域生产函数，通过演变的生产函数，用每单位就业人员的产出衡量劳动生产率，实证发现，劳动生产率对就业密度的弹性系数在 8.8% 左右，就业密度和人力资本两个变量合计对劳动生产率差异的解释力达到 62.0%。[②] 冒

---

① 陈良文、杨开忠、沈体雁等：《经济集聚密度与劳动生产率差异——基于北京市微观数据的实证研究》，《经济学》（季刊）2008 年第 10 期。

② 范剑勇：《产业集聚与地区间劳动生产率差异》，《中国经济学前沿》2007 年第 3 期。

佩华等构建了包含家庭农业生产效率、家庭耕种土地面积和家庭在土地上的劳动力投入的农业生产函数，假设生产要素满足一阶导数大于零、二阶导数小于零，即满足"稻田条件"，并结合家庭优化策略，得出农户家庭的总劳动生产率，理论模型推导和实证检验表明，土地流转显著提高了农户总劳动生产率。[①] 唐东波除了考虑生产要素的直接投入之外，还将复合中间品投入纳入生产函数中，继而分析了垂直专业分工与劳动生产率之间的关系。[②] 一般而言，基于生产函数的劳动生产率研究，以 CD 生产函数为基础：

$$F(X_1, X_2, X_3, L) = X_1^\alpha X_2^\beta X_3^\gamma L^{1-\alpha-\beta-\gamma}$$

$$\Rightarrow \frac{F(X_1, X_2, X_3, L)}{L} = \frac{X_1^\alpha X_2^\beta X_3^\gamma L^{1-\alpha-\beta-\gamma}}{L}$$

$$= \frac{X_1^\alpha X_2^\beta X_3^\gamma}{L^\alpha L^\beta L^\gamma} = x_1^\alpha x_2^\beta x_3^\gamma$$

$$f(x_1, x_2, x_3) = x_1^\alpha x_2^\beta x_3^\gamma$$

其中，F 表示生产总值，X_1、X_2、X_3 分别表示生产要素 1、2、3，L 表示劳动力，α、β、γ 分别表示生产要素的弹性，x_1、x_2、x_3 分别表示人均生产要素。

根据研究需要，学者们将不同的生产要素或中间品投入纳入生产函数中，通过生产函数的变形得到劳动生产率与不同生产要素之间的关系，建立理论基础，以实证研究佐证理论结果。出于研究需要，建立理论模型的同时要设置诸多假设条件，也正因如此，研究结论略有不同。

另外一种研究角度是建立在生产函数基础上，更加束紧研究假设。假定市场是一个封闭经济，具有标准的两部门经济或三部门经济，并且对多部门经济设置了多重约束，利用多部门一般均衡模型实证研究劳动生产率与劳动力转移、产业结构变迁、劳动力市场扭曲程度等因素之间的关系。[③]

---

① 冒佩华、徐骥、贺小丹等：《农地经营权流转与农民劳动生产率提高：理论与实证》，《经济研究》2015 年第 11 期。

② 唐东波：《垂直专业分工与劳动生产率：一个全球化视角的研究》，《世界经济》2014 年第 11 期。

③ D. Restuccia, D. T. Yang, "Agriculture and Aggregate Productivity: A Quantitative Cross - Country Analysis," *Journal of Monetary Economics* 55 (2008): 234 - 250; M. Duarte, D. Restuccia, "The Role of the Structural Transformation in Aggregate Productivity," *The Quarterly Journal of Economics* 125 (2010): 129 - 173; 盖庆恩、朱喜、史清华：《劳动力市场扭曲、结构转变和中国劳动生产率》，《经济研究》2013 年第 5 期。

周申和杨红彦利用变形的基础 CD 生产函数中单位劳动力的产出来衡量劳动生产率，构建了局部均衡增长理论框架以研究外商直接投资、劳动力市场开放度和灵活性对工业企业劳动生产率的影响，通过工业部门的面板数据估计得出，工业部门的劳动生产率与资本深化、外商直接投资、劳动力市场和开放度灵活性直接相关。[①]

二 基于非参数分析方法的劳动生产率研究

非参数分析方法不受生产函数的假设条件限制，可以避免指标量纲和假设条件设置不当所造成的测量误差。目前，针对劳动生产率的非参数分析方法主要有数据包络分析（DEA）、曼斯奎特生产率指数（Malmquist Index）和指数分解法。

Malmquist 生产率指数和数据包络分析都基于 Shephard 距离函数进行定义，根据距离函数决定生产前沿面，某一时点上实际生产配置和生产前沿面总是存在差距的，也就是说，生产配置存在效率损失。该方法通过构建指数，并进行分解，构建劳动生产率指数和相应的影响因子。基于生产前沿面的劳动生产率测算重点在于对产出指标和投入指标的选取，学者们为了避免中间投入品遗漏和核算方法不同导致的结果误差，普遍采用生产增加值作为产出指标，将固定资本存量和就业人员作为生产投入指标。一般而言，学者们根据技术前沿结构和技术效率的动态变化，将劳动生产率分解为资本深化、技术进步和技术效率改善三个部分[②]，实证结果都支持技术进步是促进劳动生产率提高的主要力量。陶洪和戴昌钧在原有研究的基础上，将劳动生产率分解为技术效率、人均资本规模报酬、纯技术进步和资本强度，结果显示，纯技术进步对劳动生产率的增长影响最显著，技术效率对劳动生产率的增长影响最消极。[③] Henderson 和 Russell 认为，人

① 周申、杨红彦：《经济开放条件下劳动力市场灵活性与内资企业劳动生产率——基于中国省市和行业数据的经验研究》，《国际贸易问题》2012 年第 3 期。

② S. Kumar, R. R. Russell, "Technological Change, Technological Catch-up, and Capital Deepening: Relative Contributions to Growth and Convergence," *American Economic Review* 92 (2002): 527–548; 涂正革、肖耿：《中国工业增长模式的转变——大中型企业劳动生产率的非参数生产前沿动态分析》，《管理世界》2006 年第 10 期。

③ 陶洪、戴昌钧：《中国工业劳动生产率增长率的省域比较——基于 DEA 的经验分析》，《数量经济技术经济研究》2007 年第 10 期。

力资本是经济增长研究中重要的生产要素，他们将人力资本指标同时作为投入指标纳入劳动生产率指数中，结果显示，人力资本对劳动生产率的贡献最大。[1] 孙巍在规模收益恒定和要素自由配置的生产前沿面条件下，将Malmquist 生产率指数分解为资源配置效率变化率和技术水平变化率，分析劳动生产率的变动趋势。[2]

指数分解法是另外一种较常用的非参数分析方法，其明确指出准确的劳动生产率增长率的测量应基于生产部门或是行业考虑，该领域的研究将劳动生产率分解为纯生产率效应（Pure Productivity Effect）、鲍默效应（Baumol Effect）和丹尼森效应（Denison Effect）。[3] 从二元经济结构的角度出发，张应禄和陈志钢认为，我国经济是乡村和城镇两部门的二元经济，测定了 1978—2008 年我国劳动生产率持续增长，纯生产率效应对劳动生产率的贡献在 90% 以上，鲍默效应和丹尼森效应的作用甚小。[4] 从产业发展的角度出发，我国产业划分为第一产业、第二产业和第三产业，基于产业部门的指数分解法，学者们仍然认为在驱动劳动生产率增长的动因中纯生产率效应的贡献最大[5]，研究时间段和区域不同导致指数分解结果存在差异。朱益超在前人研究的基础上，基于产业部门分解的基础，将产业劳动生产率贡献和劳动力配置结构贡献考虑在内，结果表明，第三产业对劳动生产率年均增长的贡献最大，劳均设备资本始终是劳动生产率增长的最大动因。[6]

三　人口年龄结构与劳动生产率关系研究

人口年龄结构是衡量人口转变的动态指标，用以判定人口再生产类

[1] D. J. Henderson，R. R. Russell，"Human Capital and Convergence：A Production – Frontier Approach," *International Economic Review* 46 （2005）：1167 – 1205.

[2] 孙巍：《基于非参数投入前沿面的 Malmquist 生产率指数研究》，《中国管理科学》2000 年第 1 期。

[3] W. D. Nordhaus，"Alternative Methods for Measuring Productivity Growth," *Cowles Foundation Discussion Papers* 5 （2000）：181 – 202.

[4] 张应禄、陈志钢：《中国劳动生产率的增长——基于乡村与城镇两部门的指数方法实证分析》，《农业技术经济》2010 年第 10 期。

[5] 王玲：《基于指数方法的中国劳动生产率增长实证分析》，《统计研究》2003 年第 1 期；高帆：《中国劳动生产率的增长及其因素分解》，《经济理论与经济管理》2007 年第 4 期。

[6] 朱益超：《中国劳动生产率增长动能转换与机制创新研究》，《数量经济技术经济研究》2016 年第 9 期。

型，是决定社会再生产程度和规模的主要生产要素。人口年龄结构转变导致的最直接结果是人口老龄化和劳动年龄人口规模的相对缩小，劳动力供给的规模和结构发生相应变化。在社会经济形态变迁中，劳动力作为主要的生产要素，人口年龄结构的内部转化必将影响经济行为，而劳动生产率作为经济增长的源泉，人口年龄结构变迁必将影响劳动生产率。一种观点认为，人口年龄结构与劳动生产率之间并非简单的线性关系，在某一年龄或某一年龄段劳动生产率最大。针对不同的研究方法、研究对象和研究时限，劳动生产率的年龄峰值不一[1]，但年龄峰值普遍位于中青年阶段，老年人口的劳动生产率较低。技能贬值是现代生产的特征[2]，技术型技能贬值和经济型技能贬值使得老年人口职业技能与劳动力市场需求错配，导致生产率下降。另外一种观点从企业视角出发，支持更高比例的老年员工可能更益于提高劳动生产率。[3] 年龄越大的老年雇员拥有越多的经验且越忠诚、越有自信心和工作士气，对企业生产环境、生产方式越了解，人力资本积累的生产效率越高。

　　无论何种观点都剖析了技术创新在现代生产过程中的作用，即使在没有任何技术转让障碍的情况下，技术技能错配也可以解释劳动生产率差异的很大一部分。[4] 其中，最有价值的新技术将通过延长工作寿命和提高特定年龄人口的身体素质和认知能力来提高老年人的生活水平和人均劳动生产率。[5]

①　徐升艳、周密：《东中西地区城市不同年龄组劳动生产率的比较研究》，《上海经济研究》2013 年第 3 期；V. Vandenberghe，F. Waltenberg，"Ageing Workforce，Productivity and Labour Costs of Belgian Firms，" Discussion Papers，2010；J. C. Ours，L. Stoeldraijer，"Age，Wage and Productivity in Dutch Manufacturing，" *De Economist* 159（2011）：113 – 137。

②　P. A. David，D. Foray，"Economic Fundamentals of the Knowledge Society，" *Policy Futures in Education* 1（2003）：20 – 49.

③　B. Mahlberg et al.，"Ageing，Productivity and Wages in Austria，" *Labour Economics* 22（2013）：5 – 15；S. Naoki，"Quality of Labor，Capital，and Productivity Growth in Japan：Effects of Employee Age，Seniority，and Capital Vintage，" RIETI Discussion Series，2011.

④　S. Elstner，S. Rujin，"The Consequences of U. S. Technology Changes for Productivity in Advanced Economies，" *RUHR Economic Papers* 796（2019）：2 – 32.

⑤　K. G. Manton et al.，"Labor Force Participation and Human Capital Increases in an Aging Population and Implications for U. S. Research Investment，" *Proceedings of the National Academy of Sciences* 104（2007）：10802 – 10807.

四 文献简要评述

生产函数反映了特定时间点或时间段内，在一定技术条件下，要素组合投入与最大化生产量之间的数量关系。基于生产函数分析方法的劳动生产率需要满足生产函数严格的前提条件，不同类型的生产函数对于规模收益、技术条件、市场环境、投入或产出的限制条件不同，因此，生产函数的类型不同导致劳动生产率水平和影响劳动生产率因素的结论截然不同。劳动生产率是衡量一定生产要素投入的产出效率。基于生产函数的研究优点在于有完善的经典经济增长理论支撑，具有理论基础，但是严苛复杂的外生经济环境假设在实际经济行为中难以实现，因此它在一定程度上可能会成为降低劳动生产率的工具因素。非参数分析方法不局限于严格的生产函数假设条件，产出和投入要素选取具有灵活性和全面性，弥补了生产函数分析方法的不足，但是缺少相应经济理论的支撑。非参数分析方法不必在研究设置中考虑生产者最优行为、消费者最大效用等假定条件，同时可以避免因生产函数选择而导致的误差。非参数分析方法中的指数分解法虽然没有生产函数分析方法中诸多假设条件的限制，但是由于我国各地区经济按照生产部门或是行业划分的标准有所不同，如果研究区域选取为各省份，则不同区域之间产业发展的差距可能会带来误差。

综合考虑，本章将选择非参数分析方法中的数据包络分析（DEA）来构建劳动生产率指数，并考虑影响其变化的因素以及人口老龄化对劳动生产率的影响机制。本章的主要贡献在于以下两点。一是补充了基于非参数分析方法的劳动生产率指数与人口老龄化之间关系的研究。众多基于非参数分析方法的劳动生产率研究旨在解释影响其变动的内在动因，很少有进一步分析其他因素对劳动生产率动态指数的影响。二是为研究人口老龄化对劳动生产率的影响机制提供了一定的理论依据。已有研究针对人口老龄化对劳动生产率的影响仅限于单一层面，对其中的影响机制和路径仅仅是探讨性研究，结论众说纷纭，缺乏理论依据。数据包络分析提供的测算动态劳动生产率的方法可以通过指数分解将劳动生产率变化的内在动因反映出来，以此为依据，清楚地将人口老龄化对劳动生产率的影响机制展现出来。

本章探讨了人口老龄化对劳动生产率的影响机制，采用数据包络分析对劳动生产率进行测算，并将劳动生产率进行分解，为其影响机制研究奠定了基础。本章的结构安排为：第一节为文献综述，介绍国内外人口老龄化对劳动生产率影响机制的相关研究；第二节为基于 DEA 模型和 Malmquist 指数的劳动生产率测算；第三节为模型设定、变量选择和数据说明；第四节为人口老龄化影响劳动生产率的机制探讨，实证检验人口老龄化对基于 DEA 方法分解的劳动生产率各因子的影响，从而探究人口老龄化对劳动生产率的影响机制；第五节为主要结论和政策启示。

第二节　基于 DEA 模型和 Malmquist 指数的劳动生产率测算

　　DEA 方法是指使用运筹学中的数据规划方法比较具有多个输入和输出单位的决策单元之间的相对效率，根据决策单元（DMU）位于生产前沿面的位置来判断相对有效性、评价生产效率，DMU 间的相对有效性称为 DEA 有效。从某一角度来讲，每一个 DMU 被视为具有相同输入和输出的经济体。通过 DMU 多种输入和输出的综合分析，DEA 分析方法可以得出每个 DMU 的综合效率，综合所有 DMU 的效率进行有序排列，确定生产前沿面，落在生产前沿面上的生产点 DMU 相对效率最高。以此为依据，判断其他 DMU 的相对效率和非有效的原因，生产点位于生产前沿面边界的 DMU 存在效率损失。采用 DEA 模型只能静态测度生产效率，而结合 Malmquist 指数可以动态衡量一定时期内的劳动生产率的变化速度，以及以此为基础分解的纯技术效率、技术进步和规模效率。

一　研究设计

1. 数据包络分析

　　本章旨在研究我国各省份的动态劳动生产率，由于本书后续要考虑人口老龄化对劳动生产率的影响机制，考虑到西藏自治区和重庆市个别数据的缺失，这里将这两个地区剔除，研究了将其他 29 个内陆经济体作为决策单元的劳动生产率。因此，DEA 模型的技术前沿假定有 $j = 1$，2，3，$\cdots$，J（$J = 29$）个决策单元，在每一个时期 $t = 1$，2，3，$\cdots$，T（$T =$

25）内将 N 种生产要素 $x_n^{j,t}$ 投入生产中，相对应产生 M 种生产输出 $y_m^{j,t}$。那么，第 j 个决策单元的投入和产出向量为：

投入向量：$X_j = (x_{1,j}, x_{2,j}, x_{3,j}, \cdots, x_{N,j})^{\mathrm{T}} > 0(j = 1, 2, 3, \cdots, J)$

产出向量：$Y_j = (y_{1,j}, y_{2,j}, y_{3,j}, \cdots, y_{M,j})^{\mathrm{T}} > 0(j = 1, 2, 3, \cdots, J)$

在不完全竞争市场中，决策单元受资金、固定资产等要素规模收益的限制，不可能处于规模报酬不变状态，因此，我们采用规模报酬可变模型（VRS 模型），VRS 线性规划模型可表示为：

$$\min[\theta - \varepsilon(\dot{e}^{\mathrm{T}}S^- + e^{\mathrm{T}}S^+)]$$

$$\mathrm{s.t.}\begin{cases} \sum_{j=1}^{J}\lambda_{j,n}x_j + S^- = \theta x_n^j \\ \sum_{j=1}^{J}\lambda_{j,m}x_j - S^+ = y_m^j \\ \sum_{j=1}^{J}\lambda_j = 1 \\ \lambda_j \geqslant 0(j = 1, 2, 3, \cdots, J) \\ S^- \geqslant 0 \\ S^+ \geqslant 0 \end{cases} \qquad (6-1)$$

式（6-1）中，$\theta(0 < \theta \leqslant 1)$ 为决策单元的综合生产效率指数，θ 越大，说明决策单元的综合效率越高，$\theta = 1$ 表明决策单元的生产集恰好落在技术前沿面边界上，此时的决策单元是最优实践者，即 DMU 的产出相对于投入来说达到了效率最优。λ_j 是权重变量，S^- 是决策单元 DMU 的投入松弛量，S^+ 是决策单元 DMU 的产出松弛量，ε 是非阿基米德无穷小量。

2. 技术前沿面构建和距离函数确定

鉴于我们要考察生产过程中的规模效应，因此利用决策单元的数据集构建第 t 期规模报酬可变的技术前沿面 S^t：

$$S^t = \{(X^t, Y^t) \in R_+^2 | y^{j,t} \leqslant \sum_{j=1}^{J}z^{j,t}y^{j,t}, x^{j,t} \geqslant \sum_{j=1}^{J}z^{j,t}x^{j,t}, z^{j,t} \geqslant 0, \sum_{j=1}^{J}z^{j,t} = 1, \forall j\}$$

$$(6-2)$$

其中，$z^{j,t}$ 是强度变量，满足非负性，是决策单元评价生产效率的权重变量，能够调整产出和投入变量。技术前沿面 S^t 由第 t 期决策单元所有投入、产出 (X^t, Y^t) 构成生产可能集。

生产效率是在技术结构特征和要素投入一定的情况下，实际产出与最大产出的比例。位于生产前沿面边界上的生产集，生产效率最高，不存在效率损失；不在生产前沿面边界上的生产集，存在效率损失。相对于技术前沿面 S^t，决策单元第 t 期的产出距离函数为：

$$D_o^t(x^t, y^t) = \min_{\kappa}\{\kappa : (x^t, y^t/\kappa) \in S^t\} = \{\max_{\theta}[\theta : (x^t, y^t\theta) \in S^t]\}^{-1} \quad (6-3)$$

式（6-3）是决策单元的产出距离函数，表示在给定生产投入 x^t 的时候，产出 y^t 在技术前沿面 S^t 的约束下能够扩张的最大比例的倒数，是 t 期技术前沿面的距离函数。求解距离函数最小化所得出的 κ 表示的是在技术前沿面上，给定生产投入前提下实际产出与最大产出之比，也就是生产效率，反映在技术前沿面上是指实际生产集与落在生产前沿面边界的生产集之比。通过求解距离函数最大化所得出的 θ 是决策单元在 t 期的实际产出相对于技术前沿面所能扩张的最大比例，其倒数是生产效率值。当 $(x^t, y^t) \in S^t$ 时，也就是说，t 期决策单元位于技术前沿面边界上，距离函数值等于 1，该决策单元为最优实践者。对距离函数求解最小化或最大化都是以技术前沿面提供的最优实践者为基础，判断实际生产集（x^t, y^t）与最优实践者之间的差距，利用二者之间的比值来表示技术效率损失。

在规模报酬可变的技术前沿面上，应用运筹学中的数据规划方法求解 $D_o^t(x^t, y^t)$、$D_o^t(x^{t+1}, y^{t+1})$、$D_o^{t+1}(x^t, y^t)$、$D_o^{t+1}(x^{t+1}, y^{t+1})$。在规模报酬可变的技术前沿面 S^t 上，决策单元 $(x^{j,t}, y^{j,t})$ 在 t 期的产出型距离函数为：

$$[D_o^t(x^{j,t}, y^{j,t})]^{-1} = \max_{\theta^j, z^{j,t}} \theta^j$$

$$\text{s. t.} \begin{cases} \theta^j y^{j,t} - \sum_{j=1}^{J} z^{j,t} y^{j,t} \leq 0 \\ x^{j,t} - \sum_{j=1}^{J} z^{j,t} x^{j,t} \geq 0 \\ z^{j,t} \geq 0 \\ \sum_{j=1}^{J} z^{j,t} = 1 \\ \forall j \end{cases} \quad (6-4)$$

$t+1$ 期决策单元的距离函数 $D_o^{t+1}(x^{t+1}, y^{t+1})$ 的求解方法与式（6-4）一致，跨期距离函数的技术前沿面与生产活动的不同期求解方法与同期距离函数有差别。$D_o^t(x^{t+1}, y^{t+1})$ 是用 t 期的技术前沿面 S^t 来评价 $t+1$ 期的技术效率，计算如下：

$$\left[D_o^t(x^{j,t+1}, y^{j,t+1})\right]^{-1} = \max_{\theta^j, z^{j,t}} \theta^j$$

$$\text{s. t.} \begin{cases} \theta^j y^{j,t+1} - \sum_{j=1}^{J} z^{j,t} y^{j,t} \leqslant 0 \\ x^{j,t+1} - \sum_{j=1}^{J} z^{j,t} x^{j,t} \geqslant 0 \\ z^{j,t} \geqslant 0 \\ \sum_{j=1}^{J} z^{j,t} = 1 \\ \forall j \end{cases} \qquad (6-5)$$

$D_o^{t+1}(x^t, y^t)$ 是用 $t+1$ 期的技术前沿面 S^{t+1} 来评价 t 期的技术效率，计算如下：

$$\left[D_o^{t+1}(x^{j,t}, y^{j,t})\right]^{-1} = \max_{\theta^j, z^{j,t}} \theta^j$$

$$\text{s. t.} \begin{cases} \theta^j y^{j,t} - \sum_{j=1}^{J} z^{j,t+1} y^{j,t+1} \leqslant 0 \\ x^{j,t} - \sum_{j=1}^{J} z^{j,t+1} x^{j,t+1} \geqslant 0 \\ z^{j,t+1} \geqslant 0 \\ \sum_{j=1}^{J} z^{j,t+1} = 1 \\ \forall j \end{cases} \qquad (6-6)$$

3. 劳动生产率指数分解

本章重点关注动态劳动生产率指数的变动情况，单纯采用 DEA 模型仅能衡量截面劳动生产率水平，利用 DEA - Malmquist 生产率指数法可以测算动态的劳动生产率变动趋势。根据 Fare 等首次提出的用非参数线性规划方法构建测算全要素生产率增长的 Malmquist 指数，并结合距离函数对全要素生产率增长进行分解。[①] 采用对全要素生产率增长指数的构建和

[①] R. Fare, S. Grosskopf, M. Norris, "Productivity Growth, Technical Progress, and Efficiency Change in Industrialized Countries: Reply," *The American Economic Review* 87 (1997): 1040 – 1044.

分解方法,本章构建了动态的劳动生产率增长指数。劳动生产率指数是决策单元两个时期的单位劳动力产出和投入之比,即:

$$P = \frac{\dfrac{Y^{t+1}(X^{t+1})}{L^{t+1}}}{\dfrac{Y^t(X^t)}{L^t}} = \frac{y^{t+1}(x^{t+1})}{y^t(x^t)} \tag{6-7}$$

在给定生产投入和技术前沿面的条件下,t 时期和 $t+1$ 时期决策单元潜在产出、实际产出和距离函数之间的关系分别是:

$$y^t(x^t) = \bar{y}^t(x^t) \times D_o^t(x^t, y^t)$$
$$y^{t+1}(x^{t+1}) = \bar{y}^{t+1}(x^{t+1}) \times D_o^{t+1}(x^{t+1}, y^{t+1}) \tag{6-8}$$

将式 (6-8) 代入式 (6-7) 中,得到:

$$P = \frac{\bar{y}^{t+1}(x^{t+1})}{\bar{y}^t(x^t)} \times \frac{D_o^{t+1}(x^{t+1}, y^{t+1})}{D_o^t(x^t, y^t)} \tag{6-9}$$

根据 Fare 等对指数分解的做法[1],我们分别以 t 时期的投入 x^t 作为基准、以 $t+1$ 时期的技术前沿面 S^{t+1} 以及 $t+1$ 时期的投入 x^{t+1} 为基准,以 t 时期的技术前沿面 S^t 作为权重变量,取两种技术前沿面衡量的指数的几何平均数来测度生产要素投入对劳动生产率增长的作用,对式 (6-9) 做相应的处理,可以将劳动生产率进一步分解,得到:

$$P = \frac{D_o^{t+1}(x^{t+1}, y^{t+1})}{D_o^t(x^t, y^t)} \times \left[\frac{\bar{y}^{t+1}(x^t)}{\bar{y}^t(x^t)} \times \frac{\bar{y}^{t+1}(x^{t+1})}{\bar{y}^t(x^{t+1})} \right]^{\frac{1}{2}} \times$$
$$\left[\frac{\bar{y}^{t+1}(x^{t+1})}{\bar{y}^{t+1}(x^t)} \times \frac{\bar{y}^t(x^{t+1})}{\bar{y}^t(x^t)} \right]^{\frac{1}{2}} \tag{6-10}$$

按照式 (6-5)、式 (6-6) 跨期距离函数的算法,则:

$$y^{t+1} = \bar{y}^t(x^{t+1}) \times D_o^t(x^{t+1}, y^{t+1})$$
$$y^t = \bar{y}^{t+1}(x^t) \times D_o^{t+1}(x^t, y^t) \tag{6-11}$$

将式 (6-8) 和式 (6-11) 分别代入式 (6-10),则:

---

[1] R. Fare, S. Grosskopf, M. Norris, "Productivity Growth, Technical Progress, and Efficiency Change in Industrialized Countries: Reply," *The American Economic Review* 87 (1997): 1040 - 1044.

$$P = \frac{D_o^{t+1}(x^{t+1}, y^{t+1})}{D_o^t(x^t, y^t)} \times \left[\frac{D_o^t(x^t, y^t)}{D_o^{t+1}(x^t, y^t)} \times \frac{D_o^t(x^{t+1}, y^{t+1})}{D_o^{t+1}(x^{t+1}, y^{t+1})} \right]^{\frac{1}{2}} \times$$

$$\left\{ \frac{y^{t+1}}{y^t} \times \left[\frac{D_o^{t+1}(x^t, y^t)}{D_o^{t+1}(x^{t+1}, y^{t+1})} \times \frac{D_o^t(x^t, y^t)}{D_o^t(x^{t+1}, y^{t+1})} \right]^{\frac{1}{2}} \right\}$$

(6-12)

式（6-12）是劳动生产率 P 的进一步分解，如果 $P > 1$，则在研究期内劳动生产率提高，$P = 1$ 表示劳动生产率没有变化，$P < 1$ 表示劳动生产率降低。指数分解的第一部分表示纯技术效率变化的劳动生产率效应，如果该值大于1，说明随着时间的推移，决策单元逐渐靠近技术前沿面，技术更新速度快，技术推广程度高，导致效率提高；第二部分是技术进步，如果该值大于1，则表示生产技术改进；第三部分是规模效率变化，如果该值大于1，表示决策单元生产要素投入规模的扩大使得效率提高。其中，纯技术效率与规模效率的乘积表示技术效率变化。

4. 指标选择和数据来源

本章采用基于 DEA 模型的 Malmquist 指数分解法来对各省份的动态劳动生产率进行衡量，劳动生产率指数分解涉及生产投入要素和生产产出指标的确定。生产产出指标采用区域实际生产总值，生产投入要素采用全部就业人员、资本存量和人力资本水平。考虑到不同区域经济发展水平差异可能带来的测量偏差，此处采用1991年价格指数对各年的生产总值和资本存量进行平减。全部就业人员采用国家统计局公布的就业人员标准数来衡量；资本存量借鉴单豪杰的估算方法[1]，采用永续盘存法 $K_t = (1-\delta)K_{t-1} + I_t$，基期资本存量 K_{t-1} 为单豪杰测度的 1991 年实际资本存量，投资额 I_t 采用以 1991 年价格平减指数得出的固定资产价格作为当年投资额，折旧率 δ 统一为 10.96%；人力资本水平此处采用每 10 万人中大学生数作为代理变量。

相关数据来源于《新中国六十年统计资料汇编》、1991—2016 年《中国统计年鉴》、1991—2016 年各省份统计年鉴以及《中国人口和就业统计年鉴》。

二　我国劳动生产率的动态演变

根据上述对劳动生产率的动态分解，劳动生产率变动可以分解成技术

---

[1]　单豪杰：《中国资本存量 K 的再估算：1952—2006 年》，《数量经济技术经济研究》2008 年第 10 期。

进步变动和技术效率变动。另外，根据跨期距离函数和指数分解的方法，可以进一步将技术效率变动分解成纯技术效率变动和规模效率变动（投入要素的规模变动）。根据劳动生产率指数分解结果，技术进步对劳动生产率的动态变化贡献最大。1992—2015 年，我国的劳动生产率以年均4.3% 的速度提高，技术进步同样以年均 4.3% 的速度改进，技术进步能够中和纯技术效率的部分负生产率效应，最终导致劳动生产率持续提高。

1. 我国劳动生产率的空间差异

表 6-1 报告了 1992—2015 年以我国 29 个省（区、市）为决策单元的劳动生产率变动情况以及其分解因素的变动趋势，可以看到，1992—2015 年，除云南省的劳动生产率以每年 4.2% 的速度降低之外，其他省份的平均劳动生产率指数都大于 1，也就是说，这些省份的劳动生产率都得到了不同程度的提高。其中，发展最快的 5 个省（区、市）分别为内蒙古自治区、北京市、上海市、天津市和陕西省，发展最慢的 5 个省份分别是云南省、安徽省、河北省、湖南省和四川省。其中，发展最快的内蒙古自治区的年均增长速度为 8.4%，1991 年内蒙古自治区的实际劳动生产率为3735.18 元/人，2015 年这一数值上升至 50082.58 元/人，增加了 12.4 倍。云南省劳动生产率的绝对水平和变化速度都处于我国最低水平行列，2015年，云南省的实际劳动生产率水平仅高于贵州省，但是 1992—2015 年贵州省的劳动生产率的变化速度并未像云南省那样表现出负增长，说明近25 年，云南省的劳动生产率水平始终处于"质低速减"的阶段。

表 6-1 1992—2015 年我国劳动生产率的变动趋势

省（区、市）	排序	劳动生产率指数	技术进步指数	技术效率指数	纯技术效率指数	规模效率指数	经济区
北 京	2	1.078	1.085	0.993	0.994	1.000	北部沿海经济区
天 津	3	1.074	1.071	1.003	1.000	1.003	北部沿海经济区
山 东	23	1.027	1.027	1.000	1.000	1.000	北部沿海经济区
河 北	27	1.019	1.021	0.998	1.002	0.996	北部沿海经济区
上 海	4	1.074	1.074	1.000	1.000	1.000	东部沿海经济区
江 苏	6	1.061	1.045	1.016	1.007	1.008	东部沿海经济区
浙 江	15	1.045	1.039	1.006	1.006	1.000	东部沿海经济区
福 建	14	1.048	1.038	1.010	1.005	1.005	南部沿海经济区
海 南	16	1.043	1.055	0.989	0.976	1.014	南部沿海经济区

续表

省（区、市）	排序	劳动生产率指数	技术进步指数	技术效率指数	纯技术效率指数	规模效率指数	经济区
广　东	21	1.033	1.033	1.000	1.000	1.000	南部沿海经济区
江　西	7	1.061	1.039	1.021	1.020	1.001	长江中游经济区
湖　北	20	1.037	1.030	1.007	1.005	1.002	长江中游经济区
湖　南	26	1.021	1.025	0.997	0.997	0.999	长江中游经济区
安　徽	28	1.019	1.024	0.996	0.998	0.998	长江中游经济区
内蒙古	1	1.084	1.061	1.022	1.016	1.006	黄河中游经济区
陕　西	5	1.067	1.055	1.011	1.010	1.001	黄河中游经济区
山　西	9	1.057	1.062	0.995	0.992	1.003	黄河中游经济区
河　南	24	1.026	1.029	0.997	0.989	1.008	黄河中游经济区
吉　林	8	1.059	1.052	1.006	1.005	1.002	东北综合经济区
黑龙江	12	1.050	1.067	0.984	0.983	1.001	东北综合经济区
辽　宁	17	1.042	1.051	0.991	0.993	0.998	东北综合经济区
贵　州	19	1.038	1.031	1.007	0.984	1.023	西南经济区
广　西	22	1.033	1.029	1.004	1.000	1.004	西南经济区
四　川	25	1.023	1.020	1.002	1.004	0.998	西南经济区
云　南	29	0.958	0.978	0.979	1.000	0.979	西南经济区
宁　夏	10	1.052	1.066	0.987	0.979	1.008	大西北经济区
甘　肃	11	1.051	1.038	1.012	1.012	1.000	大西北经济区
青　海	13	1.050	1.048	1.002	1.000	1.002	大西北经济区
新　疆	18	1.039	1.066	0.975	0.979	0.996	大西北经济区
平均值		1.043	1.043	1.000	0.998	1.002	

资料来源：根据国家统计局《中国统计年鉴2016》（中国统计出版社，2016）中的GDP数据按照价格指数平减后，计算其与就业人员规模之比，得到实际劳动生产率，随后由基于DEA模型的Malmquist指数分解计算所得。

从各省份的劳动生产率分解结果可以看到，除云南省之外，其他省份的技术进步增长速度都快于纯技术效率和规模效率，并且都存在不同程度的技术进步，说明技术进步是促进劳动生产率增长最重要的因素。云南省的劳动生产率之所以会以每年4.2%的速度降低，与年均2.2%的技术进步变化不无关系。北京市、海南省、湖南省、安徽省、山西省、河南省、辽宁省、贵州省、黑龙江省、宁夏回族自治区和新疆维吾尔自治区的纯技术效率指数小于1，也就是说，以上省（区、市）的技术推广程度较低，资源配置结构不能有效促进劳动生产率的提高，存在资源优化的空间；河北省、湖南省、安徽省、辽宁省、四川省、云南省和新疆维吾尔自治区的规模效率指数小于1，说明生产要素投入不具有正向的劳动生产效应；湖南省、安徽省、辽宁省和新疆维吾尔自治区的纯技术效率指数和规模效率指数都小于1，但是劳动生产率指数均大于1，说明是技术进步扭转了资源配置结构不合理和生产投入不足所带来的负向劳动生产效应，导致劳动生产率提高。

按照"十一五"规划时期我国八大综合经济区的划分标准，东部沿海经济区、东北综合经济区和大西北经济区内各省份之间的劳动生产率发展水平相近，均处于我国中上水平发展行列，平均增长速度接近甚至高于我国25年以来的平均增长速度4.3%；西南经济区的劳动生产率增长速度整体低于其他地区，这可能与在考察过程中将重庆市从样本框中去除有关，贵州省、广西壮族自治区、四川省和云南省的劳动生产率分别排在第19、22、25、29位，平均增速不足2.0%；北部沿海经济区、长江中游经济区和黄河中游经济区内各省份之间的劳动生产率水平差距明显，区域内发展极不平衡。

1992—2015年，除云南省之外，其他省份的劳动生产率指数都大于1，均呈现劳动生产率提高的趋势，并且技术进步是劳动生产率提高的最重要因素。在已知技术进步是推动劳动生产率增长最重要因素的前提下，如果纯技术效率指数和规模效率指数均小于1、劳动生产率指数大于1，那么认为该区域劳动生产率增长唯一的源泉为技术进步，认定该区域为高度技术拉动型增长，代表地区有湖南省、安徽省等；如果纯技术效率指数小于1、规模效率指数大于1、劳动生产率指数大于1，那么认为该区域在技术进步的同时，规模生产有效提高了劳动生产率，认定该区域为规模生产型技术拉动型增长，代表地区有北京市、海南省等；如果纯技术效率指数大于1、规模效率指数小于1、劳动生产率指数大于1，那么该区域在技术进步的同时，技术推广使得资源结构优化，有效提高了劳动生产率水平，认定该区域为结构优化型技术拉动型增长，代表地区有河北省和四川省；如果纯技术效率指数和规模效率指数都大于1、劳动生产率指数大于1，那么技术进步、资源消耗和结构优化都能有效提高劳动生产率，认定该区域为综合型技术拉动型增长，代表地区有天津市、山东省、上海市、江苏省、浙江省等。劳动生产率不同增长类型的分布具体如表6-2所示。

表6-2 劳动生产率不同增长类型的判断标准及地区分布

劳动生产率增长类型	判断标准	代表地区
高度技术拉动型增长	纯技术效率指数和规模效率指数均小于1,劳动生产率指数大于1	湖南省、安徽省、辽宁省、新疆维吾尔自治区
规模生产型技术拉动型增长	纯技术效率指数小于1,规模效率指数大于1,劳动生产率指数大于1	北京市、海南省、山西省、河南省、黑龙江省、贵州省、宁夏回族自治区
结构优化型技术拉动型增长	纯技术效率指数大于1,规模效率指数小于1,劳动生产率指数大于1	河北省、四川省
综合型技术拉动型增长	纯技术效率指数和规模效率指数都大于1,劳动生产率指数大于1	天津市、山东省、上海市、江苏省、浙江省、福建省、广东省、江西省、湖北省、内蒙古自治区、陕西省、吉林省、广西壮族自治区、甘肃省、青海省

　　利用基于 DEA 模型的 Malmquist 指数分解法对动态劳动生产率进行测量会根据决策单元的投入和产出集来确定不同的技术前沿面,由此推导出的劳动生产率水平会表现出不同的特征。表6-3报告了1992—2015年分别以我国东部、中部、西部地区各省份为决策单元所构成的技术前沿面而测算的劳动生产率指数。相较于表6-1,表6-3的报告结果更有助于认识东部、中部、西部地区内部的劳动生产率差异。整体来看,西部地区的劳动生产率增速为年均5.0%,位列第一;中部地区的劳动生产率增速最慢,为年均4.6%。分区域来看,东部地区中的北京市、天津市和上海市的劳动生产率增长势头最旺,劳动生产率增长明显,河北省、辽宁省、浙江省、福建省、山东省、广东省和海南省的劳动生产率增速小于东部地区平均水平;中部地区的劳动生产率增速为年均2.1%—6.5%,黑龙江省和河南省的劳动生产率增速最低,均低于中部地区的平均增速。

表6-3 1992—2015年我国东部、中部、西部地区劳动生产率指数

东部地区	劳动生产率指数	中部地区	劳动生产率指数	西部地区	劳动生产率指数
北　京	1.078	山　西	1.047	内蒙古	1.081
天　津	1.074	安　徽	1.059	广　西	1.041
河　北	1.018	吉　林	1.050	四　川	1.030
辽　宁	1.036	黑龙江	1.022	贵　州	1.049
上　海	1.074	江　西	1.065	云　南	0.991
江　苏	1.058	河　南	1.021	陕　西	1.075

东部地区	劳动生产率指数	中部地区	劳动生产率指数	西部地区	劳动生产率指数
浙　江	1.040	湖　北	1.046	甘　肃	1.069
福　建	1.039	湖　南	1.056	青　海	1.056
山　东	1.027			宁　夏	1.055
广　东	1.032			新　疆	1.050
海　南	1.040				
平均值	1.047	平均值	1.046	平均值	1.050

资料来源：根据国家统计局《中国统计年鉴 2016》（中国统计出版社，2016）中的 GDP 数据按照价格指数平减后，计算其与就业人员规模之比，得到实际劳动生产率，随后由基于 DEA 模型的 Malmquist 指数分解计算所得。

2. 我国劳动生产率的时间变动特征

图 6-1 报告了 1992—2015 年我国劳动生产率指数及其分解指数的变动趋势，可以看到，1992—2015 年，我国的劳动生产率指数在波动中持续增加，也就是说，我国的劳动生产率整体上呈现提高的趋势。具体来看，1992—1995 年，我国的劳动生产率增速为负，但是增速自 1993 年以来不断提高；1996—2007 年，我国的劳动生产率增速不断提高，从年均1.4% 增至年均 9.7%，增幅达到 5.9 倍，其中，1998—2001 年劳动生产率增速有所放缓；2008—2010 年，我国的劳动生产率增速先降后升，2010 年年均增速反弹至 9.9%，达到 20 世纪 90 年代以来的峰值；2011—2015 年，我国的劳动生产率增速呈现持续放缓的趋势，年均增速从 8.5%降至 5.9%，虽然在"十二五"规划末期，我国的劳动生产率增速有所回升，但依然难掩增速减缓的趋势。这一趋势判断与国际劳工组织采用2005 年不变价对我国劳动生产率增长率的判断结果一致[①]，即我国的劳动生产率始终保持高速的增长趋势，但是在 2007 年以后，我国劳动生产率的增长速度开始放缓，并且有继续放缓的趋势。

根据图 6-1 中劳动生产率分解指数的变动趋势可以看到，技术进步是促进劳动生产率提高的最重要因素，并且技术进步的变动趋势与劳动生产率变动趋势基本一致。1992—1994 年，我国的技术进步指数小于 1，技术进步对劳动生产率不存在正向的推动作用；1995 年开始，我国的技术

[①] 《国际比较表明我国劳动生产率增长较快》，国家统计局网站，2016 年 9 月 1 日，http://www.stats.gov.cn/tjsj/sjjd/201609/t20160901_ 1395572.html。

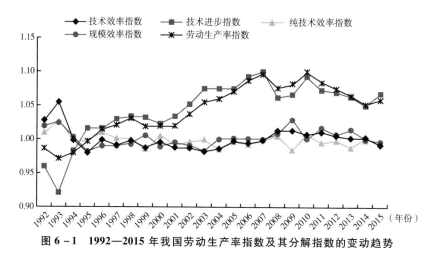

图 6 - 1　1992—2015 年我国劳动生产率指数及其分解指数的变动趋势

资料来源：根据国家统计局《中国统计年鉴 2016》（中国统计出版社，2016）中的 GDP 数据按照价格指数平减后，计算其与就业人员规模之比，得到实际劳动生产率，随后由基于 DEA 模型的 Malmquist 指数分解计算所得。

进步开始呈正向的改进趋势，并且在 1998—2007 年，技术进步的改进速度快于劳动生产率的提高速度，在 2007 年达到峰值后，技术进步的改进速度减缓，并开始低于劳动生产率的增速。"十二五"规划末期，我国的技术进步增速开始回升，且大于劳动生产率增速。根据技术进步和劳动生产率的变动趋势可以推断，技术进步对劳动生产率的促进作用具有滞后效应，当期的技术进步并不能及时提高劳动生产率水平。

相对于技术进步始终正向拉动我国劳动生产率的事实，我国的纯技术效率和规模效率变动呈现"高开低走"的趋势。1992—1993 年，我国的纯技术效率和规模效率均保持着对劳动生产率正向的推动作用，从 1994 年开始，纯技术效率和规模效率指数在 1 附近波动，二者的变动相对平稳。规模效率增速略大于纯技术效率增速，并且基本保持正向的增速，也就是说，资源消耗对劳动生产率的提高有稳定的贡献，粗放型增长方式能够在一定程度上促进劳动生产率的提高，但是作用力在逐渐削弱。

我国东部和西部地区的劳动生产率变动趋势与全国范围内的劳动生产率变动趋势基本保持一致。东部和西部地区的劳动生产率早于我国平均水平进入正向的增长阶段，2007 年东部和西部地区的劳动生产率增速达到峰值，在经历了 2008—2010 年短暂的"先下降后上升"阶段后，直至"十二五"规划末期，劳动生产率始终保持增速不断放缓的增长阶段。1997 年以前，中部地区的劳动生产率增长率始终高于东部和西部地区；1998—2006 年，中部地区的劳动生产率增长率开始低于东部和西部地区，并且在 2000 年和 2001 年出现了负增长率的趋势；2007 年开始，中部地区的劳动生产率水平开始接近全国劳动生产率的平均水平，与东部和西部地区基本保持一致的增长趋势。

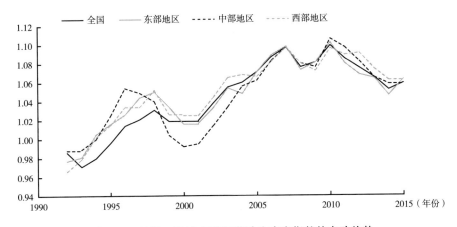

图 6 - 2　1992—2015 年我国劳动生产率指数的变动趋势

资料来源：根据国家统计局《中国统计年鉴 2016》（中国统计出版社，2016）中的 GDP 数据按照价格指数平减后，计算其与就业人员规模之比，得到实际劳动生产率，随后由基于 DEA 模型的 Malmquist 指数分解计算所得。

初始劳动生产率水平越高的省份，其劳动生产率的平均增速越快。表 6 - 4 展示了 1992—2015 年我国 29 个省（区、市）中劳动生产率增速排名前五和后五的 10 个省（区、市）在个别年份的劳动生产率变动趋势。排名前五的 5 个省（区、市）的初始劳动生产率增速均为正，且除北京市于 2004 年出现劳动生产率以年均 2.4% 的速度降低的情况之外，其他年份的 5 个省（区、市）的劳动生产率均保持稳定的正向增长；排名后五的 5 个省份的初始劳动生产率均呈现负向增长，河北省、安徽省、湖南省、四川省和云南省分别于 2003 年、2002 年、2002 年、2003 年和 2002 年劳动生产率增长率开始由负转正。值得注意的是，虽然云南省在 2002 年劳动生产率增长率为年均 0.7%，并且在 2003—2015 年劳动生产率始终保持正向的增长，但是由于初始劳动生产率较低，并且增速慢于其他省份，其在 1992—2015 年的 23 年间，劳动生产率以年均 4.2% 的速度降低。

表6-4　个别省（区、市）的劳动生产率变动趋势

省（区、市）	1992年	1995年	2000年	2005年	2010年	2015年
内蒙古	1.060	1.026	1.050	1.203	1.107	1.071
北　京	1.082	1.054	1.117	1.088	1.107	1.053
天　津	1.015	1.035	1.075	1.106	1.122	1.072
上　海	1.118	1.101	1.044	1.100	1.083	1.068
陕　西	1.051	1.014	1.035	1.102	1.114	1.063
四　川	0.965	1.008	0.975	1.006	1.096	1.051
湖　南	0.946	0.959	0.998	1.049	1.096	1.052
河　北	0.913	0.999	0.973	1.085	1.081	1.052
安　徽	0.922	0.978	0.969	1.054	1.103	1.060
云　南	0.499	0.885	0.981	0.999	1.080	1.054

资料来源：根据国家统计局《中国统计年鉴2016》（中国统计出版社，2016）中的GDP数据按照价格指数平减后，计算其与就业人员规模之比，得到实际劳动生产率，随后由基于DEA模型的Malmquist指数分解计算所得。

综合来看，近25年，我国的劳动生产率水平以较高的增长率不断提高，从2007年开始，劳动生产率增速放缓，但并不改变劳动生产率提高的趋势，各省份的劳动生产率变动趋势与全国劳动生产率平均水平的变动趋势基本保持一致。技术进步是促进劳动生产率提高的最主要因素，纯技术效率和规模效率在技术进步促进劳动生产率提高的同时发挥着不同的促进作用。

第三节　模型设定、变量选择和数据说明

一　模型设定

第五章的实证结果证实，人口老龄化对劳动生产率的变动存在影响，结合本章第二节对劳动生产率的动态分解结果可知，劳动生产率可以分解为技术进步、纯技术效率和规模效率三部分，即技术进步、纯技术效率和规模效率与劳动生产率之间存在相关关系，那么人口老龄化是否会通过技术进步、纯技术效率和规模效率的途径来影响劳动生产率？基于此，本书

建立了中介效应模型来检验人口老龄化通过何种途径影响劳动生产率的变动。人口老龄化对劳动生产率影响的分析框架如图 6-3 所示。

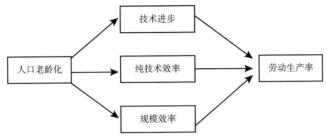

图 6-3 人口老龄化对劳动生产率影响的分析框架

在研究解释变量 X 对被解释变量 Y 的影响时，X 除了可以直接对 Y 产生影响，还能通过另外的变量 M 对 Y 产生间接的影响，反映三个变量之间因果关系的模型为中介效应模型，其中，变量 M 称为中介变量。为了分析人口老龄化对劳动生产率的影响机制，根据劳动生产率的动态分解结果，劳动生产率增长率是被解释变量，人口老龄化是解释变量，技术进步、纯技术效率和规模效率为中介变量，从这三个途径来分析人口老龄化对劳动生产率的影响。

本章第二节利用基于 DEA 模型的 Malmquist 指数对劳动生产率进行了如下分解：

$$P = \frac{D_o^{t+1}(x^{t+1}, y^{t+1})}{D_o^t(x^t, y^t)} \times \left[\frac{D_o^t(x^t, y^t)}{D_o^{t+1}(x^t, y^t)} \times \frac{D_o^t(x^{t+1}, y^{t+1})}{D_o^{t+1}(x^{t+1}, y^{t+1})} \right]^{\frac{1}{2}} \times$$
$$\left\{ \frac{y^{t+1}}{y^t} \times \left[\frac{D_o^{t+1}(x^t, y^t)}{D_o^{t+1}(x^{t+1}, y^{t+1})} \times \frac{D_o^t(x^t, y^t)}{D_o^t(x^{t+1}, y^{t+1})} \right]^{\frac{1}{2}} \right\} \tag{6-13}$$

对式（6-13）的方程左右两边取自然对数：

$$\ln P = \ln \frac{y^{t+1}(x^{t+1})}{y^t(x^t)} = \ln \frac{D_o^{t+1}(x^{t+1}, y^{t+1})}{D_o^t(x^t, y^t)} + \frac{1}{2}\ln \left[\frac{D_o^t(x^t, y^t)}{D_o^{t+1}(x^t, y^t)} \times \frac{D_o^t(x^{t+1}, y^{t+1})}{D_o^{t+1}(x^{t+1}, y^{t+1})} \right] +$$
$$\frac{1}{2}\ln \left\{ \frac{y^{t+1}}{y^t} \times \left[\frac{D_o^{t+1}(x^t, y^t)}{D_o^{t+1}(x^{t+1}, y^{t+1})} \times \frac{D_o^t(x^t, y^t)}{D_o^t(x^{t+1}, y^{t+1})} \right] \right\}$$

对其进行进一步变形，得出：

$$LP = \ln y^{t+1}(x^{t+1}) - \ln y^t(x^t) = TE + PE + SE \tag{6-14}$$

式（6-14）中，LP 为劳动生产率增长率，动态劳动生产率指技术进步（TE）、纯技术效率（PE）和规模效率（SE）三部分之和。

按照 Baron 和 Kenny 引入中介变量检验多变量之间影响程度的方法[1]，基于劳动生产率增长率的分解，建立式（6-15）、式（6-16）、式（6-17）来判断人口老龄化对劳动生产率是否存在中介作用。第五章实证结果表明，人口老龄化与劳动生产率之间的关系呈倒"U"形，因此将人口老龄化以及人口老龄化的平方项同时纳入中介效应模型，具体路径如图6-4所示。

$$LP_t^i = \alpha_1 + \beta_1 aging_t^i + \gamma_1 X_t^i + u_1 \tag{6-15}$$

$$M_t^i = \alpha_2 + \beta_2 aging_t^i + \gamma_2 X_t^i + u_2 \tag{6-16}$$

$$LP_t^i = \alpha_3 + \beta_3 aging_t^i + \beta_4 M_t^i + \gamma_3 X_t^i + u_3 \tag{6-17}$$

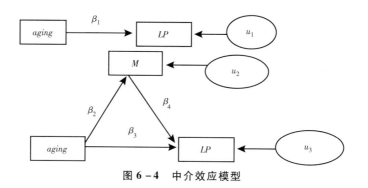

图 6-4　中介效应模型

其中，i 代表 29 个省（区、市）；t 代表年份（1992—2015 年）；LP_t^i 表示劳动生产率增长率，是被解释变量；$aging_t^i$ 表示人口老龄化，是解释变量；M_t^i 是中介变量，分别表示技术进步（TE）、纯技术效率（PE）和规模效率（SE）；X_t^i 是控制变量，为了保证第五章实证结果的完整性以及直接验证中介效应模型中各变量之间的对应关系，控制变量的选取与第五章保持一致；u_1、u_2、u_3 为随机扰动项。式（6-15）表示人口老龄化对劳动生产率影响的总效应，β_1 衡量了总效应的大小。式（6-16）表示人口老龄化对中介变

① R. M. Baron, D. A. Kenny, "The Moderator - Mediator Variable Distinction in Social Psychological Research: Conceptual, Strategic, and Statistical Considerations," *Journal of Personality and Social Psychology* 51 (1986): 1173 - 1182.

量的影响。式（6－17）表示人口老龄化对劳动生产率的直接效应，β_3 表示在控制中介变量 M 的影响后，人口老龄化对劳动生产率直接效应的大小；β_4 表示在控制人口老龄化的影响后，中介变量 M 对劳动生产率的效应。

将式（6－16）代入式（6－17）中，得出：

$$LP_t^i = (\alpha_3 + \beta_4\alpha_2) + (\beta_3 + \beta_4\beta_2)aging_t^i + \gamma_4 X_t^i + u_4 \qquad (6-18)$$

其中，$\beta_4\beta_2$ 衡量的是人口老龄化对劳动生产率的中介效应，即人口老龄化通过技术进步（纯技术效率或规模效率）影响劳动生产率的程度。

如果中介效应模型的回归系数满足以下条件，那么认为中介效应是存在的，我们采用温忠麟等提出的依次回归的检验程序[①]：①如果式（6－15）中的回归系数 β_1 显著，则说明人口老龄化与劳动生产率之间存在线性关系，总效应显著，继续下一步；②依次检验式（6－16）和式（6－17）中回归系数 β_2、β_4 的显著性，如果都显著，则说明人口老龄化对中介变量的中介效应显著，并且说明人口老龄化对劳动生产率的影响至少有一部分是通过中介变量实现的，如果 β_2 和 β_4 至少有一个不显著，则直接跳转到第四步；③检验式（6－17）中 β_3 的显著性；④进行 Sobel 检验，检验统计量：

$$z = \frac{\beta_2\beta_4}{\sqrt{\beta_2^2 S_{\beta_4}^2 + \beta_4^2 S_{\beta_2}^2}} \qquad (6-19)$$

$S_{\beta_4}^2$ 和 $S_{\beta_2}^2$ 分别为 β_2、β_4 的标准误，如果显著则中介变量的中介效应显著，否则中介效应不显著。

中介效应模型检验过程如图6－5所示。

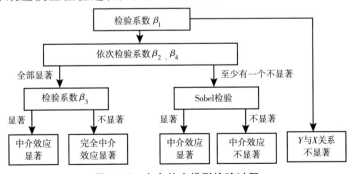

图 6－5　中介效应模型检验过程

---

① 温忠麟、张雷、侯杰泰等：《中介效应检验程序及其应用》，《心理学报》2004 年第 5 期。

如果满足上述条件，则可以说明人口老龄化对劳动生产率的影响或是直接或是间接通过中介变量 M 进行传导的，存在部分中介作用；如果 β_2 或者 β_4 不显著，并且 Sobel 检验不显著，则说明人口老龄化与劳动生产率之间影响并不是通过中介变量 M 来实现的；如果上述三个条件都完全满足，但是 β_3 不显著，则说明人口老龄化与劳动生产率之间的关系存在完全中介作用，人口老龄化对劳动生产率的影响全部是通过中介变量 M 进行间接传导的。

二 变量选择和数据说明

1. 变量选择

（1）被解释变量

本节的被解释变量为劳动生产率增长率。测算值来源于本章第二节由基于 DEA 模型的 Malmquist 指数测算得到的动态劳动生产率指数，表示劳动生产率的变化率。

（2）中介变量

中介变量是挖掘解释变量对被解释变量影响的关键因素，强调被解释变量内在因素的作用大小。根据本章第二节由基于 DEA 模型的 Malmquist 指数测算得到的动态劳动生产率的分解结果，此处的中介变量包括技术进步（TE）、纯技术效率（PE）和规模效率（SE），分别分析人口老龄化通过这三个途径对劳动生产率的影响程度。

（3）核心解释变量

本章旨在研究人口老龄化对劳动生产率的影响机制，因此核心解释变量采用人口老龄化（$aging$）指标，即 65 岁及以上老年人口占总人口的比重，稳健性检验依然采用与第五章第二节同样的处理方法，即将老年抚养比（odr）指标作为替代变量。

（4）控制变量

本节的控制变量包括人力资本水平（ed）、产业结构变迁（sec、thi）、资本深化（lc）、城镇化水平（u）。为了保证第五章实证结果的完整性以及直接验证中介效应模型中各变量之间的对应关系，控制变量的选取与第五章保持一致，并且式（6-15）、式（6-16）、式（6-17）中的变量均采用同一组控制变量。人口老龄化通过技术进步途径影响劳动生产率变动是我们需要探讨的重要内容，因此，在控制变量中将衡量技术进步的代表变量去除。

2. 数据来源与数据说明

本书的研究期限选定为 1991—2015 年，即从"八五"计划初期至"十二五"规划末期。由于我国 1997 年才开始撤销原重庆市、设立重庆直辖市，新旧重庆市部分指标统计口径不一，且存在与四川省混淆统计的情况；此外，在可用数据源基础上，西藏自治区查无专利申请统计量指标。综合考虑，研究框去掉重庆直辖市和西藏自治区两个地区，最终样本框为 29 个省（区、市）。相关数据来源于 1992—2016 年《中国统计年鉴》、1992—2016 年 29 个省（区、市）的统计年鉴、《中国人口和就业统计年鉴》、《新中国六十年统计资料汇编》。主要变量的描述性统计结果如表 6 - 5 所示。

表 6 - 5　主要变量的描述性统计结果

变量	标志	平均值	标准差	最小值	最大值
劳动生产率	LP	1.045	0.0548	0.499	1.203
技术进步	TE	1.045	0.0586	0.499	1.155
纯技术效率	PE	0.999	0.0356	0.643	1.175
规模效率	SE	1.002	0.0363	0.882	1.527
人口老龄化	aging	8.008	2.101	3.366	16.38
老年抚养比	odr	11.27	2.652	4.970	21.90
人力资本水平	ed	108.3	86.88	7.940	398.8
第二产业占比	sec	44.83	7.900	19.74	60.79
第三产业占比	thi	39.61	7.717	27.57	79.65
资本深化	lc	12710	9562	735.8	44136
城镇化水平	u	44.42	17.25	13.65	94.18

资料来源：①国家统计局：《中国统计年鉴 2016》，中国统计出版社，2016；②国家统计局国民经济综合统计司：《新中国六十年统计资料汇编》，中国统计出版社，2010。

第四节　人口老龄化影响劳动生产率的机制探讨

本章基于 1991—2015 年 29 个省（区、市）的面板数据，考虑到混合一般线性回归、固定效应回归、随机效应回归以及差分 GMM 估计中存在的无法处理的内生性和自相关性问题，下文我们将采用系统 GMM 估计方法对动态面板数据模型进行估计。

一 技术进步的中介效应途径

表 6-6 报告了不加入控制变量的技术进步中介效应的实证结果。计量模型采用系统 GMM 回归方法，AR（1）、AR（2）检验通过，则不存在序列自相关问题；Sargan 检验通过，认为工具变量选取适度。模型一中人口老龄化对劳动生产率的影响在 1% 的显著性水平下显著，总效应显著。模型三在加入技术进步中介变量后，人口老龄化对劳动生产率的影响仍然在 1% 的显著性水平下显著，并且模型二中人口老龄化对中介变量的影响同时显著。根据中介效应模型的检验程序可以推断，人口老龄化对劳动生产率的影响一部分是直接的，另一部分通过技术进步中介变量的途径间接传导。技术进步存在部分中介作用，中介效应为 0.0049，中介效应和总效应的比值为 0.4489，说明技术进步能够解释人口老龄化对劳动生产率影响的 44.89%，并且人口老龄化通过技术进步途径对劳动生产率的影响为正。

表 6-6　不加入控制变量的技术进步中介效应的实证结果

变量	模型一	模型二	模型三
	劳动生产率	技术进步	劳动生产率
L. 劳动生产率	0.41600 *** （0.00950）		0.18900 *** （0.01450）
L. 技术进步		0.44400 *** （0.00710）	
技术进步			0.54000 *** （0.01730）
人口老龄化	0.01102 *** （0.00035）	0.00916 ** （0.00022）	0.00525 *** （0.00031）
常数项	0.5240 *** （0.01230）	0.51100 *** （0.00720）	0.24100 *** （0.00620）
AR(1)	−3.1212 ** [0.0018]	−2.1577 * [0.0310]	−3.2624 ** [0.0011]
AR(2)	0.9373 [0.3486]	−1.3769 [0.1685]	0.9256 [0.3547]

续表

变量	模型一	模型二	模型三
	劳动生产率	技术进步	劳动生产率
Sargan 检验	28.7159 [1.0000]	28.9615 [1.0000]	28.5497 [1.0000]
观察值	667	667	667

*** 、 ** 、 * 分别表示在 1% 、5% 、10% 的显著性水平下显著。

注：AR（1）、AR（2）检验用来检验动态面板数据随机误差项是否存在自相关性；Sargan 检验用于检测动态面板数据工具变量是否存在过度识别的问题；小括号中的值为标准差，中括号中的值为 p 值。L. 表示滞后一期。

人口老龄化的不断加深导致人口年龄结构老化，劳动年龄人口比重下降，单位劳动年龄人口的社会抚养负担加重，人口红利优势不断弱化。但是，目前我国收获数量型人口红利的潜在机会依然存在，人口综合素质的大幅度提升使得质量型人口红利的基础正在逐步成熟。[①] 一方面，人口综合素质的整体提升使得劳动密集型产业逐步向技术密集型产业聚集，在生产资源一定的情况下，技术进步提高了单位生产输出效率，从而有助于劳动生产率提升。另一方面，人口预期寿命的延长和即将推行的延迟退休政策将部分老年劳动力再次推回劳动力市场，而技术革新不断改变劳动力市场需求，老年劳动力适应劳动力市场的首要障碍就是适应技术创新型生产方式。从微观角度来说，老年劳动力势必会通过增加人力资本投资来适应技术变革的新型生产方式，提升自身在劳动力市场中的生产竞争力。另外，生育率下降导致家庭对孩子质量的投资大于孩子数量，人力资本水平整体提升，适应技术进步型产业的能力增强，有效劳动产出提高。从中观角度来说，老年劳动力"返潮"将刺激企业增加创新生产能力培训以提升员工整体的生产力。从宏观角度来说，在人口老龄化成为必然趋势的同时，教育投入和产业结构转型提高了技术进步的生产促进效应。整体来说，技术进步在人口老龄化对劳动生产率的影响中的中介作用显著，并且人口老龄化通过技术进步途径对劳动生产率的影响为正。

表 6-7 报告了加入控制变量的技术进步中介效应的实证结果。模型一中人口老龄化对劳动生产率的影响在 1% 的显著性水平下显著，总效应

[①] 原新、高瑗、李竞博：《人口红利概念及对中国人口红利的再认识——聚焦于人口机会的分析》，《中国人口科学》2017 年第 6 期。

显著。在考虑控制变量的情况下，人口老龄化对劳动生产率的总效应变弱。模型三在加入技术进步中介变量后，人口老龄化对劳动生产率的影响依然在1%的显著性水平下显著，并且模型二中人口老龄化对中介变量的影响在5%的显著性水平下显著。根据温忠麟等提出的中介效应模型的检验程序可以推断，在考虑控制变量的情况下，人口老龄化除了直接影响劳动生产率之外，还会通过技术进步中介变量途径间接影响劳动生产率。技术进步存在部分中介作用，中介效应为0.0005，中介效应和总效应的比值为0.1620，说明加入控制变量后技术进步能够解释人口老龄化对劳动生产率影响的16.20%。相较于不考虑控制变量的情况，技术进步能够解释人口老龄化的部分影响被其他变量稀释。

表 6 - 7 加入控制变量的技术进步中介效应的实证结果

变量	模型一	模型二	模型三
	劳动生产率	技术进步	劳动生产率
L. 劳动生产率	0.25100 *** (0.01950)		0.15100 *** (0.03480)
L. 技术进步		0.24000 *** (0.01902)	
技术进步			0.56300 *** (0.02870)
人口老龄化	0.00336 *** (0.00063)	0.00097 ** (0.00049)	0.00211 *** (0.00078)
第二产业占比	- 0.00207 *** (0.00039)	- 0.00893 *** (0.00051)	0.00031 (0.00058)
第三产业占比	- 0.00358 *** (0.00036)	- 0.00836 *** (0.00064)	- 0.00111 * (0.00064)
城镇化水平	- 0.00053 *** (7.63e - 05)	- 0.00115 *** (0.00011)	0.00017 * (8.68e - 05)
人力资本水平	0.02710 *** (0.00175)	0.05790 *** (0.00235)	0.01140 *** (0.00255)
资本深化	0.04210 *** (0.00287)	0.06350 *** (0.00688)	- 0.00936 (0.00783)
常数项	0.51000 *** (0.02900)	0.73800 *** (0.04390)	0.34200 *** (0.05460)

续表

变量	模型一	模型二	模型三
	劳动生产率	技术进步	劳动生产率
AR(1)	- 3.0206 ** [0.0025]	- 1.924 * [0.0544]	- 3.3302 *** [0.0009]
AR(2)	0.4696 [0.6486]	- 1.5902 [0.1118]	0.8052 [0.4207]
Sargan 检验	28.1217 [1.0000]	28.7931 [1.0000]	25.8542 [1.0000]
观察值	667	667	667

*** 、** 、* 分别表示在 1%、5%、10% 的显著性水平下显著。

注：AR（1）、AR（2）检验用来检验动态面板数据随机误差项是否存在自相关性；Sargan 检验用于检测动态面板数据工具变量是否存在过度识别的问题；小括号中的值为标准差，中括号中的值为 p 值；L. 表示滞后一期。

　　虽然人口老龄化已成为不可逆转之势，但是国家层面已经开始积极应对人口老龄化，其中，创新策略上升到国家顶层设计。党的十九大报告明确提出，加快建设创新型国家，通过加强国家创新体系建设，强化战略科技力量，致力于培养战略科技人才、高水平创新团队等，以创新引领发展。2015 年，我国的研发经费支出已跃居世界第二位，占世界研发总量的 21%，仅次于美国。2000—2015 年，我国的研发经费支出速度是美国的 4 倍。国家指导性的目标导向和政策红利都将使创新技术成为主要的生产要素，未来人口老龄化逐渐加深必然会加速劳动年龄人口规模的缩小，创新技术替代部分劳动力成为生产要素能够有效填补劳动力空缺，提高单位劳动力的有效产出。

　　在控制变量对劳动生产率的影响中，人力资本水平和资本深化能够有效促进劳动生产率的提升。人口老龄化使得劳动力成为稀缺资源，人力资本水平和资本深化能够在一定程度上成为劳动力资源的替代要素，并从创新发展和劳动力质量改善方面有效提高劳动生产率的增长率。另外，在考虑技术进步影响的情况下，第二产业发展并不显著影响劳动生产率，而第三产业发展与劳动生产率之间呈负向相关关系。城镇化范围肆意扩大将会对劳动生产率产生负向的影响，而以技术创新为主导的城镇化对劳动生产率的影响由负转正，因此，单纯以人口扩张和土地扩张为基础的城镇化必然会成为阻碍劳动生产率提高的因素。

在人口老龄化对劳动生产率的总效应显著的情况下，人口老龄化通过技术进步途径对劳动生产率的影响为正。技术进步弥补了人口老龄化带来劳动力规模缩小的弊端，通过降低单位投入和生产成本，相对增加了单位劳动力产出。另外，人口老龄化程度的不断深化刺激了微观、中观和宏观视角的人力资本投入，从而提高了社会整体的人力资本水平，进一步提高了劳动生产率水平。

二 纯技术效率的中介效应途径

表6-8报告了不加入控制变量的纯技术效率中介效应的实证结果。模型一中人口老龄化对劳动生产率的影响在1%的显著性水平下显著，总效应显著。模型三在加入纯技术效率中介变量后，人口老龄化对劳动生产率的影响依然在1%的显著性水平下显著，并且模型二中人口老龄化对中介变量的影响在1%的显著性水平下显著。根据中介效应模型的检验程序可以推断，人口老龄化除了直接影响劳动生产率之外，还会通过纯技术效率中介变量途径间接影响劳动生产率。纯技术效率存在部分中介作用，中介效应为-0.00045，中介效应和总效应的比值为0.0414，说明纯技术效率能够解释人口老龄化对劳动生产率影响的4.14%，并且可以看到，人口老龄化通过纯技术效率途径对劳动生产率的影响为负。

表6-8 不加入控制变量的纯技术效率中介效应的实证结果

因变量	模型一	模型二	模型三
	劳动生产率	纯技术效率	劳动生产率
L. 劳动生产率	0.41600 *** （0.00947）		0.43600 *** （0.01290）
L. 纯技术效率		-0.22000 *** （0.00481）	
纯技术效率			0.16500 *** （0.00814）
人口老龄化	0.01100 *** （0.00035）	-0.00276 *** （0.00018）	0.01110 *** （0.00042）
常数项	0.52400 *** （0.01230）	1.24100 *** （0.00498）	0.33700 *** （0.00822）
AR（1）	-3.1212 ** ［0.0018］	-1.7304 * ［0.0836］	-3.0652 ** ［0.0022］

续表

因变量	模型一	模型二	模型三
	劳动生产率	纯技术效率	劳动生产率
AR（2）	0.9373	−1.3838	0.9037
	［0.3486］	［0.1664］	［0.3662］
Sargan 检验	28.7159	25.4507	28.4738
	［1.0000］	［1.0000］	［1.0000］
观察值	667	667	667

***、**、* 分别表示在 1%、5%、10% 的显著性水平下显著。

注：AR（1）、AR（2）检验用来检验动态面板数据随机误差项是否存在自相关性；Sargan 检验用于检测动态面板数据工具变量是否存在过度识别的问题；小括号中的值为标准差，中括号中的值为 p 值；L. 表示滞后一期。

纯技术效率衡量的是在生产过程中技术更新速度的快慢和技术推广的有效程度，即在特定资源投入的情况下，技术推广带来的结构优化所导致的生产效率的增加量。2018 年，我国的发明专利申请量为 154.20 万件，同比增加了 11.61%；实用新型发明专利申请量为 207.23 万件，同比增加了 22.80%；外观设计发明专利申请量为 70.88 万件，同比增加了 12.75%。我国的专利申请量处于世界前列，但是只有将专利投入生产过程中才能转化为生产力，有效提高生产效率。2018 年，我国的技术合同成交额为 1.78 万亿元，科技进步贡献率超过 58.5%。首先，根据国家知识产权局发布的《2018 年中国专利调查报告》，我国的有效专利实施率达到 52.6%，有效实用新型专利实施率达到 54.9%，有效发明专利达到 48.6%，有效专利的产业化率为 36.3%。从专利权类型来看，企业的专利实施率、产业化率和技术吸纳规模均高于高校、科研单位，其中，高校的专利实施率和产业化率最低，总体专利运用水平较高。[①] 但是我国存在未实施专利比例高、高校专利运用水平低、小微企业创新成果转化困难等问题，技术转化率低。其次，国家知识产权局发布的《中国有效专利年度报告》显示，我国维持 10 年以上的有效发明专利仅有 5.5%，而国外的这一比例高达 26.1%，反映了我国创新技术水平总体较低，核心专利较少。我国有效发明专利的平均年限为 6.2 年，"短平快"的创新专利导致科技成果闲置率高，能够有

① 《2018 年中国专利调查报告》，国家知识产权局网站，https：//www.cnipa.gov.cn/module/download/down.jsp？i_ID = 40215&colID = 88，最后访问日期：2018 年 12 月 31 日。

效转化成产业的专利项目较少。专利只有推广到生产过程中，才能转化为有效的生产要素，发挥技术促进效应。但是就目前我国的实际情况而言，技术推广的有效程度较低，从而导致人口老龄化在纯技术效率途径的传导过程中对劳动生产率产生负向的影响。

表6-9报告了加入控制变量的纯技术效率中介效应的实证结果。模型一中人口老龄化对劳动生产率的影响在1%的显著性水平下显著，总效应显著。在考虑控制变量的情况下，人口老龄化对劳动生产率的总效应变弱。模型三在加入纯技术效率中介变量后，人口老龄化对劳动生产率的影响依然在1%的显著性水平下显著，但是模型二中人口老龄化对中介变量的影响在1%、5%、10%的显著性水平下均不显著。因此，根据中介效应模型的检验程序，需要进行Sobel检验来验证是否具有中介效应，Sobel检验统计量为-0.1310，中介效应不显著。这说明在加入控制变量的情况下，人口老龄化通过纯技术效率途径对劳动生产率的影响不显著。在加入控制变量的纯技术效率中介变量途径中，人力资本水平和资本深化对劳动生产率的正向促进作用最为显著，人力资本水平和资本深化可以中和纯技术效率的低效传导效应。

表6-9　加入控制变量的纯技术效率中介效应的实证结果

变量	模型一	模型二	模型三
	劳动生产率	纯技术效率	劳动生产率
L. 劳动生产率	0.25100 *** (0.01950)		0.25600 *** (0.03320)
L. 纯技术效率		-0.21300 *** (0.01550)	
纯技术效率			0.20600 *** (0.02440)
人口老龄化	0.00336 *** (0.00063)	-3.89e-05 (0.00030)	0.00319 *** (0.00085)
第二产业占比	-0.00207 *** (0.00039)	0.00132 *** (0.00049)	-0.00244 *** (0.00045)
第三产业占比	-0.00358 *** (0.00036)	0.00010 (0.00053)	-0.00386 *** (0.00036)
城镇化水平	-0.00053 *** (7.63e-05)	0.00058 *** (0.00017)	-0.00057 *** (6.79e-05)
人力资本水平	0.02710 *** (0.00175)	-0.01240 *** (0.00189)	0.02940 *** (0.00239)

续表

变量	模型一	模型二	模型三
	劳动生产率	纯技术效率	劳动生产率
资本深化	0.04210 ***	-0.00063	0.04560 ***
	(0.00287)	(0.00468)	(0.00330)
常数项	0.51000 ***	1.18100 ***	0.28800 ***
	(0.02900)	(0.01740)	(0.05400)
AR (1)	-3.0206 **	-1.759 *	-2.7748 **
	[0.0025]	[0.0786]	[0.0055]
AR (2)	0.4696	-1.3172	0.3988
	[0.6486]	[0.1878]	[0.6901]
Sargan 检验	28.1217	24.5027	28.4440
	[1.0000]	[1.0000]	[1.0000]
观察值	667	667	667

*** 、 ** 、 * 分别表示在 1%、5%、10% 的显著性水平下显著。

注：AR（1）、AR（2）检验用来检验动态面板数据随机误差项是否存在自相关性；Sargan 检验用于检测动态面板数据工具变量是否存在过度识别的问题；小括号中的值为标准差，中括号中的值为 p 值；L. 表示滞后一期。

在不考虑控制变量的情况下，人口老龄化对纯技术效率的影响为负，说明创新能力转化率低限制了纯技术效率。在加入控制变量的情况下，微弱的中介效应被人力资本水平和资本深化变量的影响中和，不存在显著的中介作用。

三　规模效率的中介效应途径

表 6-10 报告了不加入任何控制变量的规模效率中介效应的实证结果。模型一中人口老龄化对劳动生产率的影响在 1% 的显著性水平下显著，总效应显著。模型三在加入规模效率中介变量后，人口老龄化对劳动生产率的影响依然在 1% 的显著性水平下显著，并且模型二中人口老龄化对规模效率中介变量的影响在 1% 的显著性水平下显著。根据中介效应模型的检验程序可以推断，人口老龄化不仅可以直接影响劳动生产率，而且可以通过规模效率中介变量途径间接影响劳动生产率。规模效率存在部分中介作用，中介效应为 -0.0003，中介效应和总效应的比值为 0.0282，说明规模效率能够解释人口老龄化对劳动生产率影响的 2.82%，并且可以看到，人口老龄化通过规模效率途径对劳动生产率的影响为负。

表6-10 不加入控制变量的规模效率中介效应的实证结果

变量	模型一	模型二	模型三
	劳动生产率	规模效率	劳动生产率
L. 劳动生产率	0.41600 *** (0.00947)		0.43500 *** (0.01470)
L. 规模效率		-0.09610 *** (0.00702)	
规模效率			-0.09470 *** (0.01050)
人口老龄化	0.01100 *** (0.00035)	0.00327 *** (0.00020)	0.01090 *** (0.00046)
常数项	0.52400 *** (0.01230)	1.07200 *** (0.00590)	0.60000 *** (0.02360)
AR(1)	-3.1212 ** [0.0018]	-1.3942 [0.1633]	-3.202 ** [0.0014]
AR(2)	0.9373 [0.3486]	0.0740 [0.9410]	1.0283 [0.3038]
Sargan 检验	28.7159 [1.0000]	28.7656 [1.0000]	28.5446 [1.0000]
观察值	667	667	667

*** 、** 分别表示在1%、5%的显著性水平下显著。

注：AR（1）、AR（2）检验用来检验动态面板数据随机误差项是否存在自相关性；Sargan 检验用于检测动态面板数据工具变量是否存在过度识别的问题，小括号中的值为标准差，中括号中的值为 p 值；L. 表示滞后一期。

规模效率衡量的是要素投入对劳动生产率的影响程度。在生产技术特定的条件下，要素投入形成规模经济，可以有效降低平均总成本，从而增加总产出，提高规模效率。规模效率并不以粗放地扩大生产规模为目的，而是以追求最优经济效率为目标，实现帕累托最优。规模扩张的经济发展方式主要来源于古典经济学，亚当·斯密认为经济增长主要取决于原始资本积累所引起的劳动力数量的增加和劳动生产力的提高；大卫·李嘉图将研究的重点从生产领域转向分配领域；哈罗德和多马均提出了经济增长模型。他们都主张以规模扩张来推动经济发展，其结果是粗放的高要素投入造成高耗能及低质量输出。中国经济长期以来呈现粗放型增长，经济增长由资本、能源、原材料和劳动力投入推动转变为由技术进步推动。[①] 在人口老龄化不断深化的情况下，市场调控和政策导向都开始重视技术创新在生产过程中的作用，旨在扭转粗放型经济增长的不可持续性和低效性，我国经济逐渐向集约型、创新型增长转变，但是就目前来看，仍然无法摆脱粗放型要素投入的增长方式。1992—2015 年，河北省、黑龙江省等区域整体的经济增长都在一定程度上依赖粗放型要素投入。人口老龄化对生产过程最直接的影响就是劳动力生产要素规模的缩小，在不改变技术水平、资本和人力资本存量的条件下，规模经济可以平抑部分生产成本，从而提高单位劳动力的产出效应。但是，从实证结果可以看到，目前我国的规模经济并没有形成行之有效的规模效率来推动劳动生产率的提高。

表 6 - 11 报告了加入控制变量的规模效率中介效应的实证结果。模型一中人口老龄化对劳动生产率的影响在 1% 的显著性水平下显著，总效应显著。模型三在加入规模效率中介变量后，人口老龄化对劳动生产率的影响依然在 1% 的显著性水平下显著，并且模型二中人口老龄化对规模效率中介变量的影响在 1% 的显著性水平下显著。根据中介效应模型的检验程序可以推断，人口老龄化除了直接影响劳动生产率之外，还能通过规模效率中介变量途径间接影响劳动生产率。规模效率存在部分中介作用，中介效应为 0.00014，中介效应和总效应的比值为 0.0410，说明规模效率能够解释人口老龄化对劳动生产率影响的 4.10%，并且可以看到，在考虑控制变量的情况下，人口老龄化通过规模效率途径对劳动生产率的影响由负转正。

表 6 - 11　加入控制变量的规模效率中介效应的实证结果

变量	模型一	模型二	模型三
	劳动生产率	规模效率	劳动生产率
L. 劳动生产率	0.25100 *** (0.0195)		0.27600 *** (0.04810)
L. 规模效率		- 0.16200 *** (0.02050)	
规模效率			- 0.05640 *** (0.01950)

[①] 王小鲁、樊纲、刘鹏：《中国经济增长方式转换和增长可持续性》，《经济研究》2009 年第 1 期。

变量	模型一	模型二	模型三
	劳动生产率	规模效率	劳动生产率
人口老龄化	0.00336 ***	− 0.00244 ***	0.00333 ***
	（0.00063）	（0.00070）	（0.00079）
第二产业占比	− 0.00207 ***	0.00405 ***	− 0.00196 ***
	（0.00039）	（0.00036）	（0.00062）
第三产业占比	− 0.00358 ***	0.00421 ***	− 0.00341 ***
	（0.00036）	（0.00041）	（0.00052）
城镇化水平	− 0.00053 ***	− 0.00020 ***	− 0.00044 ***
	（7.63e − 05）	（6.92e − 05）	（0.00013）
人力资本水平	0.02710 ***	0.00729 ***	0.02620 ***
	（0.00175）	（0.00132）	（0.00272）
资本深化	0.04210 ***	− 0.05330 ***	0.03900 ***
	（0.00287）	（0.00512）	（0.00387）
常数项	0.51000 ***	1.30300 ***	0.55800 ***
	（0.02900）	（0.03260）	（0.05720）
AR（1）	− 3.0206 **	− 1.4091	− 2.9475 **
	［0.0025］	［0.1588］	［0.0032］
AR（2）	0.4696	− 0.8752	0.57945
	［0.6486］	［0.3815］	［0.5623］
Sargan 检验	28.1217	26.3581	28.1228
	［1.0000］	［1.0000］	［1.0000］
观察值	667	667	667

*** 、** 分别表示在 1%、5% 的显著性水平下显著。

注：AR（1）、AR（2）检验用来检验动态面板数据随机误差项是否存在自相关性；Sargan 检验用于检测动态面板数据工具变量是否存在过度识别的问题；小括号中的值为标准差，中括号中的值为 p 值；L. 表示滞后一期。

在不考虑控制变量的情况下，模型二中人口老龄化对规模效率的影响为正，模型三中规模效率对劳动生产率的影响为负，最终导致人口老龄化对劳动生产率的影响为负；在考虑控制变量的情况下，模型二中人口老龄化对规模效率的影响为负，模型三中规模效率对劳动生产率的影响为负，导致人口老龄化对劳动生产率的影响为正。因此，在加入控制变量影响后，人口老龄化对规模效率的影响由正转负，而人口老龄化通过规模效率途径对劳动生产率的影响由负转正。这说明目前人口老龄化带来的人口结构转型无法适应经济环境，导致要素投入无法取得有效的经济效应，人口老龄化程度越深，规模效率越低。因此，规模效率对劳动生产率的影响始终为负，规模效率越低，其对劳动生产率的影响越大。

在不考虑控制变量的情况下，人口老龄化通过规模效率途径对劳动生产率的影响为负；在加入控制变量的情况下，人口老龄化通过规模效率途径对劳动生产率的影响开始由负转正。其中，人口老龄化对规模效率的影响决定了人口老龄化对劳动生产率影响方向的变动。

综合来看，人口老龄化通过技术进步、纯技术效率和规模效率三个中介变量途径对劳动生产率的影响程度和方向略有不同，正因如此，人口老龄化与劳动生产率之间的关系并非简单的线性关系，存在某一节点的峰值效应。具体而言，在不考虑控制变量的情况下，人口老龄化通过技术进步途径对劳动生产率的影响为正，通过纯技术效率和规模效率途径对劳动生产率的影响为负；在考虑控制变量的情况下，人口老龄化通过技术进步途径对劳动生产率的影响依然为正，只是解释程度有所减弱，纯技术效率不存在中介效应，人口老龄化通过规模效率途径对劳动生产率的影响同样为正。由此可见，技术进步是促进劳动生产率提升的最重要因素。

四 人口老龄化与劳动生产率的非线性关系

在控制变量完全一致的情况下，人口老龄化通过不同中介变量途径对劳动生产率的影响程度和方向截然不同，因此，人口老龄化对劳动生产率的影响并非单一方向的线性关系，线性关系并不能完全准确地解释人口老龄化影响劳动生产率的实质。因此可以推断，人口老龄化与动态劳动生产率之间是非线性关系。这也完全验证了第五章的结论——人口老龄化与劳动生产率之间呈倒"U"形的关系。本章的劳动生产率是动态劳动生产率指数，为了更好地印证二者之间的倒"U"形关系，本节建立了计量模型：

$$LP_{i,t} = \alpha + \beta_1 D_{i,t}^2 + \beta_2 D_{i,t} + \beta_3 X_{i,t} + \varepsilon_i + u_t + v_{i,t}$$

其中，$LP_{i,t}$ 为省域 i 在 t 时期的动态劳动生产率指数；$D_{i,t}^2$、$D_{i,t}$ 分别表示省域 i 在 t 时期的人口老龄化的平方和人口老龄化，为了检验结论的稳健性，稳健性检验中 D 取老年抚养比指标；$X_{i,t}$ 分别为省域 i 在 t 时期的控制变量水平，控制变量选取与中介效应模型一致；ε_i 表示地区固定效应，u_t 为时间固定效应，$v_{i,t}$ 表示动态固定效应的误差项。

由表 6 - 12 可知，计量模型中 AR（1）、AR（2）检验通过，不存在序列自相关问题；Sargan 检验通过，工具变量选取适度。实证结果显示，人口老龄化与劳动生产率之间的关系呈倒"U"形，验证了人口老龄化与劳动生产率之间的非线性关系。人口老龄化的峰值位于 11.35%—12.43%，当人口老龄化位于峰值下限时，人口老龄化对劳动生产率的影响为正，通过技术改进、规模生产或有效的技术推广尚可抵冲人口老龄化带来的劳动生产规模缩小和生产效率低下的问题；当人口老龄化水平超过峰值时，人口老龄化开始对劳动生产率产生明显的负向影响，技术改进、规模生产和技术推广手段的有效性得到控制，必须同时考虑其他经济条件才有可能扭转人口老龄化对劳动生产率的负向影响。

表 6 - 12　人口老龄化与动态劳动生产率的非线性关系检验

变量	系统 GMM	差分 GMM	系统 GMM	差分 GMM
L. 劳动生产率	0.47600 *** (0.04370)	0.34100 *** (0.04850)	0.47400 *** (0.04470)	0.35300 *** (0.05040)
人口老龄化的平方	- 0.00072 *** (0.00014)	- 0.00071 *** (0.00014)		
人口老龄化	0.01740 *** (0.00269)	0.01590 *** (0.00266)		
第二产业占比	- 0.00153 *** (0.00053)	- 0.00093 (0.00058)	- 0.00149 *** (0.00054)	- 0.00101 * (0.00056)
第三产业占比	- 0.00263 *** (0.00032)	- 0.00470 *** (0.00039)	- 0.00267 *** (0.00041)	- 0.00477 *** (0.00040)
城镇化水平	- 0.00048 *** (6.17e - 05)	- 0.00059 *** (0.000111)	- 0.00041 *** (7.06e - 05)	- 0.00054 *** (0.00011)
人力资本水平	0.01250 *** (0.00163)	0.01270 *** (0.00165)	0.01530 *** (0.00149)	0.01520 *** (0.00157)
资本深化	0.03690 *** (0.00459)	0.07790 *** (0.00390)	0.03720 *** (0.00402)	0.08020 *** (0.00378)
老年抚养比的平方			- 0.00046 *** (8.57e - 05)	- 0.00027 *** (7.88e - 05)
老年抚养比			0.01370 *** (0.00190)	0.00787 *** (0.00176)
常数项	0.26000 *** (0.03120)	0.09320 *** (0.02550)	0.24100 *** (0.02950)	0.07840 *** (0.02490)

变量	系统 GMM	差分 GMM	系统 GMM	差分 GMM
AR(1)	− 3.1282 **	− 3.0252 **	− 3.1283 **	− 3.0471 **
	[0.0018]	[0.0025]	[0.0018]	[0.0023]
AR(2)	0.9053	0.5944	0.9700	0.6749
	[0.3653]	[0.5522]	[0.3320]	[0.4997]
Sargan 检验	27.7860	27.6417	27.7644	27.6115
	[1.0000]	[1.0000]	[1.0000]	[1.0000]
观察值	667	638	667	638

*** 、** 、* 分别表示在 1% 、5% 、10% 的显著性水平下显著。

注：AR（1）、AR（2）检验用来检验动态面板数据随机误差项是否存在自相关性；Sargan 检验用于检测动态面板数据工具变量是否存在过度识别的问题；小括号中的值为标准差，中括号中的值为 p 值；L. 表示滞后一期。

在进行稳健性检验时，采用老年抚养比替代人口老龄化作为衡量人口年龄结构老化程度的指标，采用同样的计量方法对老年抚养比的劳动生产效应进行实证检验。结果显示，老年抚养比与劳动生产率之间同样呈现显著的倒"U"形关系，老年抚养比的峰值位于 15.13—15.22，再次验证了人口年龄结构老化与劳动生产率之间显著的非线性关系。

第五节 主要结论和政策启示

一 主要结论

本章主要研究了人口老龄化对劳动生产率的影响机制，主要结合 DEA 模型和 Malmquist 指数动态衡量了从 1991 年到 2015 年我国 29 个省（区、市）的动态劳动生产率指数和由此分解的技术进步指数、纯技术效率指数和规模效率指数，并以此为基础探讨了人口老龄化通过三种途径影响劳动生产率的机制。具体的结论如下。

第一，1992—2015 年，除云南省的劳动生产率以每年 4.2% 的速度降低之外，全国范围内其他省份的劳动生产率都以不同的速度提高。发展最快的 5 个省（区、市）分别为内蒙古自治区、北京市、上海市、天津市和陕西省，发展最慢的 5 个省份分别是云南省、安徽省、河北省、湖南省和四川省。按照我国八大综合经济区的划分标准，东部沿海经济区、东北综合经济区和大西北经济区各省份之间的劳动生产率发展水平相近，均处于我国中上水平发展行列；西南经济区的劳动生产率增长速度整体低于其他地区；北部沿海经济区、长江中游经济区和黄河中游经济区内各省份之间的劳动生产率水平差距明显，区域内发展极不平衡。以东、中、西部地区各省份为决策单元构建技术前沿面有助于认识区域内部的劳动生产率差异。整体来看，西部地区的劳动生产率增速为年均 5.0%，位列第一，中部地区的劳动生产率增速最慢，为年均 4.6%。

第二，近 25 年，我国的劳动生产率以较高的增长率不断提高，从 2007 年开始，劳动生产率增速放缓，但并不改变劳动生产率提高的趋势，各省份的劳动生产率变动趋势与全国劳动生产率平均水平的变动趋势基本保持一致。技术进步是促进劳动生产率提高的最重要因素，并且技术进步的变动趋势与劳动生产率变动趋势基本一致。根据技术进步指数和劳动生产率指数的变动趋势可以推断，技术进步对劳动生产率的促进作用具有滞后效应，当期的技术进步并不能及时提高劳动生产率水平。技术进步是促进劳动生产率提高的最主要因素，纯技术效率和规模效率在技术进步促进劳动生产率提高的同时发挥着不同的促进作用。

第三，在已知技术进步是推动劳动生产率提高最重要因素的前提下，如果纯技术效率指数和规模效率指数均小于 1、劳动生产率指数大于 1，那么认为该区域促进劳动生产率提高唯一的源泉为技术进步，认定该区域为高度技术拉动型增长；如果纯技术效率指数小于 1、规模效率指数大于 1、劳动生产率指数大于 1，那么认为该区域在技术进步的同时，规模生产有效提高了劳动生产率，认定该区域为规模生产型技术拉动型增长；如果纯技术效率指数大于 1、规模效率指数小于 1、劳动生产率指数大于 1，那么该区域在技术进步的同时，技术推广使得资源结构优化，有效提高了劳动生产率水平，认定该区域为结构优化型技术拉动型增长；如果纯技术效率指数和规模效率指数都大于 1、劳动生产率指数大于 1，那么技术进步、资源消耗和结构优化都能有效提高劳动生产率，认定该区域为综合型技术拉动型增长。

第四，本章基于动态劳动生产率指数分解结果，建立中介效应模型，研究了人口老龄化通过技术进步、纯技术效率和规模效率三个中介变量途径对劳动生产率的影响，分析了人口老龄化对劳动生产率的影响机制。人口老龄化通过三个中介变量途径对劳动生产率的影响程度和方向略有不同，因此，人口老龄化与劳动生产率之间的关系并非简单的线性关系。具体而言，在不考虑控制变量的情况下，人口老龄化通过技术进步途径对劳动生产率的影响为正，技术进步效应显著推动了劳动生产率，人口老龄化通过纯技术效率和规模效率两种途径对劳动生产率的影响为负；在考虑控制变量的情况下，人口老龄化通过技术进步途径对劳动生产率的正向影响程度有所减弱，纯技术效率的中介效应开始不显著，在规模效率途径中人口老龄化对劳动生产率的影响为正。

第五，第五章中人口老龄化与劳动生产率之间呈倒"U"形关系已经印证了二者之间的非线性关系，本章采用动态劳动生产率指数再次验证了二者之间的非线性关系。实证结果得出，人口老龄化与动态劳动生产率指数之间呈倒"U"形关系，人口老龄化的峰值位于 11.35%—12.43%，当人口老龄化位于峰值下限时，人口老龄化对劳动生产率的影响为正；当人口老龄化水平超过峰值时，人口老龄化开始对劳动生产率产生明显的负向影响。稳健性检验结果表明，老年抚养比与劳动生产率之间同样呈现显著的倒"U"形关系，老年抚养比的峰值位于 15.13—15.22。

二 政策启示

基于本章的研究，在人口老龄化成为事实，并将不断深化的情况下，要想提高劳动生产率、促进经济的可持续发展，就需要做到以下几点。

一是提高技术进步水平。在开放经济中，提高技术进步水平的途径主要有三个方面，即技术创新、技术扩散和技术转移。党的十八大报告提出重点实施创新驱动发展，党的十九大报告明确建设创新型国家，可见，创新是发展的第一原动力。创新不只强调科技创新，还要兼顾体制机制创新，通过双轮驱动为建设国家创新体系释放创新活力。由于按照不同区位特征划分的区域内部具有同质性，未来应发展区域创新增长极，根据各区域的相对优势建立区域创新极，以优势区域创新极带动其他区域发展，并以创新增长引领区域协调发展。完善创新人才条件，从国家、省（区、市）、企业各个层面建立吸引创新人才的机制，加强基础创新能力培育，为造就创新型人才队伍提供条件。

二是加速技术创新成果转化。充分发挥市场在技术创新成果转化过程中的能动作用，充分利用互联网、新型社交媒体传播和媒介的功能，将技术创新成果推向市场化运作。充分发挥国家和政府在技术创新成果转化过程中监管、引导和服务的职能，转变政府职能，激发企业利用创新成果，促进市场技术创新成果转化。拓展创新成果转化的资金投入渠道，充分利用技术创新与金融资本的结合，推动社会资本投入成果转化，尤其是鼓励民营企业参与创新成果转化以培育新产业，完成传统产业转型升级。根据国家知识产权局公布的信息，高校的专利转化率和实施率低于国有企业、股份制企业等，为了提高创新成果转化率，要强化高校、科研单位面向市场的科技研发，加强产学研合作，实现创新成果的高效转化。

三是发展规模经济，提高规模效率。过去我国以大规模资源投入、低效产出的粗放型增长方式拉动经济增长，在换来经济高速增长的同时，伴随环境污染、资源损耗、建设规模过大、经济结构失衡等问题的出现，为了提高经济发展的可持续性，我国经济已逐渐由粗放型规模增长向集约型增长转变。规模经济能够有效降低平均成本，提高单位投入的产出效率，能够通过资源结构优化提高效率。一方面，采用先进的创新工业、专业的生产设备，降低单位产品成本，集中、批量生产，降低设备折旧率，减少原材料消耗；另一方面，建立生产园区，集中生产，通过垂直和水平生产联合组成园区经济，促进企业的纵向一体化合作。

人口老龄化通过技术进步、纯技术效率和规模效率途径对劳动生产率的不同影响，导致人口老龄化与劳动生产率之间的关系呈明显的倒"U"形。随着生育率的下降、死亡率的下降和平均预期寿命的提高，人口老龄化有深化之势，虽然这种趋势不可逆转，但是在其他经济因素不变的条件下，通过技术改进、规模生产、技术推广可以推后人口老龄化最大劳动生产效应的拐点。人口老龄化的出现促使国家、企业、家庭和个人加大人力资本投资，增加资本存量，以此加快产业结构升级，促进经济发展方式转型，激活技术创新引领发展的活力，从而提高劳动生产率。

第七章　我国人口老龄化
对创新的影响

通过第六章研究人口老龄化对劳动生产率的影响机制发现，在人口年龄结构转型的背景下，技术进步是影响劳动生产率变化的重要途径。既然技术进步是人口老龄化影响劳动生产率重要的中介途径，那么人口老龄化对技术进步的影响与应对策略应是决断下一阶段创新型经济发展方式的重要依据。

"两步走"战略明确指出，中国将完成从 2020 年到 2035 年，在基本实现社会主义现代化的基础上，跻身创新型国家行列的目标。然而，在经济增长取得巨大成就的同时，人口的快速转变也导致我国人口的快速老龄化，人口老龄化形势日益严峻，未来老龄化将会呈现加速推进并保持高位稳态运行的趋势，这意味着未来我国创新发展将长期面临高度人口老龄化问题。经济增长理论、生命周期理论、人力资本理论和实证经验表明，由于不同年龄段人口的能力、经验和行为等存在一定异质性，所以人口年龄结构是影响创新的重要因素。那么我国人口年龄结构转变和快速老龄化是否会对创新产生显著的影响？影响程度如何？人口老龄化影响创新的机制是什么？未来人口老龄化趋势对创新的影响如何？人口老龄化是否会影响我国进入创新型国家目标的实现以及实现程度？

因此，研究人口老龄化对我国创新行为的影响已经成为亟待解决的问题，这不仅是一个涉及我国宏观经济和企业持续发展的现实问题，也是一个重要的理论命题，因而具有重要的现实意义和理论意义。

第一节　我国人口老龄化对创新影响的研究设计

一　人口老龄化与创新关系的理论检验

为了分析人口老龄化与创新之间的关系，本节利用非参数估计方法中的局部 p 阶多项式估计方法（Local Polynomial Estimator of Degree p）来对我国的人口老龄化与创新之间的关系进行非线性拟合。局部 p 阶多项式估计方法的思路是对以下模型进行参数估计：

$$y_i = m(x_i) + \varepsilon_i$$

$$\varepsilon_i \sim iid(0, \sigma_\varepsilon^2)$$

其中，$m(x_i)$ 为连续可微的未知函数，假定其在 x_0 附近的某个领域内具有 p 阶线性多项式的函数形式，则可以把 $m(x_i)$ 写成以下形式：

$$m(x_i) = a_0 + a_1(\Delta x) + a_2(\Delta x)^2 + a_3(\Delta x)^3 + \cdots + a_p(\Delta x)^p$$

然后使用加权最小二乘法（WLS）对此进行估计，即：

$$\min \sum_{i=1}^{p} K(\frac{\Delta x}{h})[y_i - a_0 - a_1(\Delta x) - \frac{a_2}{2!}(\Delta x)^2 - \cdots - \frac{a_p}{p!}(\Delta x)^p]^2$$

其中，$\Delta x = x_i - x_0$，$K(\cdot)$ 为核密度函数，h 为带宽。在进行局部 p 阶多项式估计之前，先对人口老龄化水平进行核密度估计（Kernel Density Estimation），得到最优的带宽。然后，我们采用专利申请量来衡量区域创新能力，通过上述公式进行估计，得到我国人口老龄化与创新的拟合趋势图（见图 7-1）。

从图 7-1 中的拟合曲线可以看出，我国人口老龄化水平与创新之间呈现二次函数的关系形态。从二者关系的拟合曲线趋势来看，在人口老龄化前期，创新的增长速度处于较慢阶段，但是随着人口老龄化程度的加深，创新的增长速度逐渐加快；而且从拟合曲线的尾部可以看出存在拐点，在人口老龄化程度达到这一拐点后，创新的增长速度出现下降的趋势。

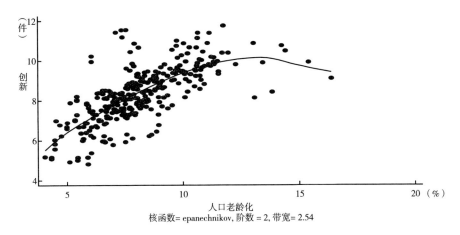

核函数= epanechnikov, 阶数 = 2, 带宽 = 2.54

图 7−1 创新与人口老龄化的局部 p 阶多项式回归

二 模型设定

基于上文对人口老龄化与创新之间关系的理论检验，基本可以认定二者之间并非线性关系，而是呈非线性关系，因此，构建如下的基本计量分析模型：

$$\ln patent_{i,t} = \alpha_0 + \alpha_1 ageing_{i,t-1} + \alpha_2 (ageing_{i,t-1})^2 + \gamma X_{i,t-1} + \theta_t + \delta_i + \varepsilon_{i,t}$$

其中，$patent$ 为创新水平，$ageing$ 是人口老龄化水平，$ageing^2$ 为人口老龄化水平的平方项，$X_{i,t-1}$ 为控制变量。θ_t 代表年份效应，用以控制各省份经济形势等随时间的变化；δ_i 代表省份的固定效应，用以控制各省份不被观察到的、不随时间变化的差异性；$\varepsilon_{i,t}$ 是随机误差项；α_0 为常数项，α_1、α_2 分别为人口老龄化、人口老龄化平方项对创新的影响；γ 为控制变量创新水平的影响系数。为了解决内生性问题，所有解释变量都为滞后一期的。

上述模型可能由内生性问题而导致回归结果的有效性降低：一是实证模型受很多不可观测因素的影响；二是人口老龄化和创新之间存在相互影响的因果关系，即人口老龄化会通过其他作用途径影响创新行为，同时创新本身可能对人口老龄化水平产生一定影响；三是由于经济行为存在"棘轮效应"，上一期的创新水平、研发投入、产业结构、经济发展水平等对下一期的创新可能会产生影响，这种动态的创新特征在混合 OLS 模型和固定效应模型中并没有考虑进来。因此，接下来考虑建立动态面板模型，模型的具体形式为：

$$\ln patent_{i,t} = \beta_0 + \rho \ln patent_{i,t-1} + \beta_1 \, ageing_{i,t-1} + \beta_2 \, (ageing_{i,t-1})^2 + \gamma X_{i,t-1} + \delta_i + \varepsilon_{i,t}$$

其中，$patent$ 为创新水平，$ageing$ 是人口老龄化水平，$ageing^2$ 为人口老龄化水平的平方项，$X_{i,t-1}$ 为控制变量，β_0 为常数项，ρ 为滞后一期的创新水平对创新水平的影响系数，β_1、β_2 分别为人口老龄化、人口老龄化平方项对创新水平的影响系数，γ 为控制变量对创新水平的影响系数。δ 代表省份的固定效应，用以控制各省份不被观察到的、不随时间变化的差异性；$\varepsilon_{i,t}$ 是随机误差项。

对于上述动态面板模型，组内估计量也是不一致的[①]，解决方法之一就是对模型变量取一阶差分来消除个体效应，得到模型：

$$\Delta \ln patent_{i,t} = \rho \Delta \ln patent_{i,t-1} + \beta_1 \Delta \, ageing_{i,t-1} + \beta_2 \Delta \, (ageing_{i,t-1})^2 + \gamma \Delta X_{i,t-1} + \Delta \varepsilon_{i,t}$$

对于上述模型，Arellano 和 Bond 使用所有可能的滞后变量作为工具变量，进行 GMM 估计，这就是 Arellano – Bond 估计量，也被称为差分 GMM。[②] 另外，Blundell 和 Bond 改进了差分 GMM，将其与水平 GMM 结合在一起，称之为系统 GMM。[③] 以下分别使用差分 GMM 和系统 GMM 进行模型参数估计，在不引入外部工具变量的基础上，消除实证模型可能存在的内生性和共线性问题。为了得到一致性、无偏、有效估计，差分 GMM 能够成立的前提是随机误差项 $\varepsilon_{i,t}$ 不存在自相关性。为此，可以通过检验随机误差项的差分是否存在一阶与二阶自相关性来检验原假设（H_0：随机误差项 $\varepsilon_{i,t}$ 无自相关性）是否成立。

三　指标选择

本章旨在研究人口老龄化对创新的影响，现有文献一般采用专利申请

① S. Nickell, "Biases in Dynamic Models with Fixed Effects," *Econometrica* 49 (1981): 1417 – 1426.

② M. Arellano, S. Bond, "Some Tests of Specification for Panel Data: Monte Carlo Evidence and an Application to Employment Equations," *Review of Economic Studies* 58 (1991): 277 – 297.

③ R. Blundell, S. Bond, "Initial Conditions and Moment Restrictions in Dynamic Panel Data Models," *Journal of Econometrics* 87 (1998): 115 – 143.

量和专利授予量两个指标来衡量创新活动强度，考虑到发明专利授予受限于严格烦琐的审批环节及地域差异，部分创新活动可能会被掩盖，最终采用专利申请量指标来表征区域创新行为。

核心解释变量为人口老龄化水平，利用65岁及以上老年人口占总人口的比重来衡量人口老龄化程度，采用老年抚养比指标作为稳健性检验中人口老龄化的代理变量。

在影响创新行为的控制因素中，本章选择以下控制变量：研发人员规模（researcher），用研发人员总数来表示；研发投入（fund），用研发投入经费来表示；人力资本（h），用6岁及以上人口平均受教育年限来反映；经济发展水平（GDP），用经济增长率加以反映；产业结构，用第二产业生产总值占比（sec）和第三产业生产总值占比（thi）来反映；开放度（open），用对外直接投资占GDP比重来表示。

本章所用的数据来源于1997—2008年我国省际面板数据和工业企业数据，创新、研发人员和研发投入数据来源于《中国科技统计年鉴》，其他变量数据来源于《中国统计年鉴》和各省份统计年鉴。表7－1是主要变量的描述性统计。

表7－1 主要变量的描述性统计

变量	平均值	标准差	最小值	最大值
专利申请量	8.300	1.380	4.820	11.76
人口老龄化	8.120	1.980	4.050	16.38
老年抚养比	11.48	2.500	6.100	21.90
开放度	0.300	0.390	0.0100	1.820
人力资本	7.910	0.980	4.910	11.09
第二产业占比	0.460	0.0700	0.200	0.620
第三产业占比	0.380	0.0600	0.290	0.730
研发人员规模	11.30	1.030	8.190	13.18
研发投入	15.62	1.370	12.08	18.54
经济发展水平	8.110	0.740	6.600	10.39

资料来源：①国家统计局：《中国统计年鉴2009》，中国统计出版社，2009；②国家统计局国民经济综合统计司：《新中国六十年统计资料汇编》，中国统计出版社，2010；③国家统计局、科学技术部：《中国科技统计年鉴2009》，中国统计出版社，2009。

第二节　人口老龄化对创新影响的实证检验

一　人口老龄化对创新影响的基础检验

首先，利用省际面板数据从宏观视角研究人口老龄化和创新之间的关系。表7-2报告了人口老龄化影响创新的回归结果，第（1）列和第（2）列给出了基本的回归结果，第（1）列是混合OLS的回归结果，人口老龄化的系数显著为正，人口老龄化的平方项的系数显著为负。混合OLS回归由于没有控制省份固定效应，可能产生由内生性问题所引致的估计有偏，所以采用面板数据的随机效应模型和固定效应模型进行回归。Hausman检验表明固定效应模型明显优于随机效应模型，限于篇幅，本章没有给出随机效应回归结果和Hausman检验结果。第（2）列的固定效应回归结果显示，在控制了区域固定效应之后，人口老龄化一次项的系数仍为正，并且其平方项系数仍为负，两者均呈现较强的显著性。

表7-2　人口老龄化影响创新的回归结果

变量	混合OLS(1)	固定效应(2)	差分GMM(3)	系统GMM(4)
人口老龄化	0.3230 *** (4.3900)	0.2220 *** (3.3800)	0.1920 *** (7.4600)	0.1520 *** (6.9100)
人口老龄化的平方	-0.0151 *** (-4.2800)	-0.0091 ** (-2.6100)	-0.0117 *** (-10.4600)	-0.0084 *** (-6.4400)
开放度	0.9550 *** (13.9900)	0.7690 *** (7.6600)	0.0420 ** (0.8500)	0.1430 *** (4.6200)
人力资本	0.0604 (1.8700)	0.0154 (0.2900)	0.0010 (0.3500)	0.0262 (1.2000)
第二产业占比	2.0690 *** (0.9600)	2.4220 ** (1.9200)	1.9750 ** (1.4200)	1.187 *** (1.4400)
第三产业占比	3.9150 *** (7.0600)	2.1620 * (2.4700)	4.3580 *** (3.6300)	2.7790 *** (3.9200)

续表

变量	混合 OLS（1）	固定效应（2）	差分 GMM（3）	系统 GMM（4）
研发人员规模	0.4050 *** （6.6800）	0.2130 ** （2.6400）	0.1720 * （2.5700）	0.1010 * （2.1400）
研发投入	0.5500 *** （8.4400）	0.5750 *** （8.3900）	0.2930 *** （6.6100）	0.1760 *** （3.0500）
经济发展水平	0.1040 （0.9600）	0.8780 *** （5.4100）	1.1080 *** （3.8400）	0.8800 *** （3.5900）
L. 创新			0.3360 *** （9.7100）	0.4730 *** （7.9400）
常数项	− 4.5710 *** （− 13.4200）	− 2.6700 *** （− 4.1800）	− 3.4170 *** （− 7.7300）	− 4.1550 *** （− 11.1500）
统计量	290	290	290	290
R^2	0.9286	0.8325	—	—
AR（1）			− 1.8446 * ［0.0651］	− 1.9207 * ［0.0548］
AR（2）			0.32718 ［0.7435］	0.39489 ［0.6929］
Sargan 检验			21.6804 ［0.8654］	23.49674 ［0.9984］

　　*、**、***分别代表在10%、5%和1%的显著性水平下显著。

　　注：AR（1）、AR（2）检验用来检验动态面板数据随机误差项是否存在自相关性；Sargan 检验用于检测动态面板数据工具变量是否存在过度识别的问题；小括号中的数值为 t 值；方括号中的数值为 p 值；L. 表示滞后一期。

　　通过表7－2第（3）列的 AR（1）统计量和 p 值可以看出，随机误差项的差分存在一阶自相关性，随机误差项的差分不存在二阶自相关性，故接受原假设。同时，由于 GMM 使用工具变量的数量较多，故需要进行过度识别检验，而 Sargan 检验无法拒绝"所有工具变量均有效"的原假设，所以工具变量选取有效。差分 GMM 和系统 GMM 实证结果再次验证了人口老龄化与创新之间存在显著的倒"U"形关系。这表明人口老龄化对创新的影响并不是线性关系，而是呈现显著的倒"U"形的非线性特征。这说明随着人口老龄化水平的提高，在达到峰值之前，人口老龄化对创新有正向的促进作用，但当人口老龄化达到一定水平后，人口老龄化程度的进一步加深将对创新产生负面影响。根据面板数据模型的回归结果，人口老龄化程度的拐点位于 8.2%—12.2%，即当人口老龄化超过峰值后，人口老龄化将对创新产生不利影响。

考虑到人口老龄化与创新之间的计量模型控制了实际经济发展环境、其他人口状况及产业结构，控制变量的选取涵盖了可能影响核心变量创新效应的因素。各控制变量的影响如下。一是区域经济发展状况。在实际经济发展环境中我们考虑了开放度指标，开放度与创新之间呈正向关系。开放度可衡量一国或地区经济对外开放规模和水平的程度，具体表现为市场的开放程度，通常对外开放首先开始于商品市场。从某种程度上讲，市场开放程度是经济结构的体现，开放度越高，经济结构越合理，创新动机越强，越有助于创新。二是人力资本水平。本章引入了人力资本指标，人力资本与创新之间存在正相关关系。一般认为人力资本具有正外部效应，人力资本水平越高或者配置能力越强的地区，创新能力越强。三是科技行业发展。研发人员规模与研发投入均能正向推动区域创新行为，科技产业投资及人员投入是创新行为的基础，二者之间存在显著的正向拉动关系。四是产业结构。第二产业及第三产业发展具有正创新效应。第三产业的创新推动作用强于第二产业，产业结构转型和升级有助于激发创新活力。反言之，创新是对产业结构内部演变的推动机制，它能够促使产业结构高级化的进程达到帕累托最优状态。①

二　稳健性检验

为了考察基础回归和工具变量回归结果的稳健性，本章用老年抚养比代替老年人口比重来反映人口老龄化水平，考察老年抚养比变化对创新行为的影响。表 7-3 报告了人口老龄化影响创新的稳健性检验，混合 OLS、差分 GMM 和系统 GMM 的回归结果表明，老年抚养比的一次项回归系数都显著为正，其平方项回归系数都显著为负，揭示了老年抚养比与创新之间存在显著的倒 "U" 形关系。老年抚养比对创新影响的拐点为 12.50—15.24，当超过这一拐点时，老年抚养比越高，劳动力抚养负担越重，越

---

① 付宏、毛蕴诗、宋来胜：《创新对产业结构高级化影响的实证研究——基于 2000—2011 年的省际面板数据》，《中国工业经济》2013 年第 9 期。

不易于创新。控制变量的回归结果与基础回归模型的实证结果相近。人口老龄化对创新影响的实证结果表明，人口老龄化与创新之间呈倒"U"形的非线性关系的结论稳健。

表 7-3 人口老龄化影响创新的稳健性检验

变量	混合 OLS	固定效应	差分 GMM	系统 GMM
老年抚养比	0.2250 ***	0.0995 *	0.2410 ***	0.2090 ***
	(3.4100)	(1.7800)	(7.5600)	(4.9100)
老年抚养比的平方	-0.0074 ***	-0.0029	-0.0100 ***	-0.0084 ***
	(-2.9700)	(-1.3600)	(-10.2200)	(-5.8800)
开放度	0.8950 ***	0.7400 ***	0.1010 ***	0.0425 ***
	(13.0300)	(7.0400)	(2.9300)	(1.1700)
人力资本	0.0539 *	-0.0139	0.0112	0.0133
	(1.6800)	(-0.2300)	(0.4000)	(0.5200)
第二产业占比	1.6100 ***	3.1770 ***	2.2060 *	2.2010 **
	(2.8200)	(2.7900)	(1.7100)	(2.1400)
第三产业占比	3.6710 ***	2.1610 *	4.0780 ***	4.4370 ***
	(-6.5300)	(1.8700)	(3.4400)	(6.3400)
研发人员规模	0.3570 ***	0.1420 **	0.1510 **	0.0335 ***
	(5.9400)	(1.2800)	(2.4500)	(0.0500)
研发投入	0.5970 ***	0.7430 ***	0.2330 ***	0.1410 *
	(9.4900)	(8.8300)	(2.7600)	(1.8900)
经济发展水平	0.2180 *	1.4570 ***	0.8390 ***	0.3260 *
	(1.7400)	(8.6000)	(3.3900)	(1.8800)
L. 创新			0.3560 ***	0.4960 ***
			(9.9700)	(9.6700)
常数项	-4.9720 ***	-3.3140 ***	-3.7430 ***	-4.6250 ***
	(-12.7100)	(-3.4800)	(-9.6200)	(-8.0100)
统计量	290	290	290	290
R^2	0.922	0.806	—	—
AR(1)			-2.2097	-2.4144
			[0.0271]	[0.0158]

续表

变量	混合 OLS	固定效应	差分 GMM	系统 GMM
AR（2）			− 1. 1855	0. 46543
			［0. 2358］	［0. 6416］
Sargan 检验			24. 55051	22. 81322
			［0. 9656］	［0. 9675］

*、**、*** 分别代表在 10%、5% 和 1% 的显著性水平下显著。

注：AR（1）、AR（2）检验用来检验动态面板数据随机误差项是否存在自相关性；Sargan 检验用于检测动态面板数据工具变量是否存在过度识别的问题；小括号中的数值为 t 值；方括号中的数值为 p 值；L. 表示滞后一期。

从人口的生命周期理论出发，随着年龄的增长，劳动力的经验和技能会相应增加，知识、经验的不断积累会逐步提高创新能力。因此，老年人口比重增加提升了技能型劳动力的占比，有利于区域创新能力的提升。与此同时，人口老龄化的加深使得劳动力成为稀缺资源，在生产资料不变的情况，为达到生产能力和经济增长速度持续稳定甚至提高的目的，社会生产就必须提高人力资本水平，利用高技能劳动力替代低技能劳动力，从而提高创新能力。但是，当人口老龄化持续深化超过拐点后，创新行为对人口老龄化形成"倒逼"，老年劳动力"边干边学"积累的生产技能和经验与技术创新出现不匹配，再加之老年人口认知、学习和接受能力低于年轻劳动力，导致老年人口比重增加不利于创新。另外，人口老龄化加重了社会养老负担，在政府税率、支出和退休年龄调整缓慢的情形下，社会抚养压力增加了社会保障费用，继而相对挤压政府科研支出[①]，影响技术创新行为与发展。

三　东部、中部和西部地区人口老龄化与创新的关系

由于东部、中部、西部地区各自的区位特征差异以及地域资源禀赋差异，长期以来三个地区在社会、经济、人口等方面的发展都存在本质的区别。我国东部、中部和西部地区的人口老龄化程度存在一定差异，东部地

① M. Gonzalez – Eiras, D. Niepelt, "Ageing, Government Budgets, Retirement, and Growth," *European Economic Review* 56（2012）：97 – 115；田雪原、胡伟略、杨永超：《日本人口老龄化与经济技术进步——赴日考察及学术交流报告》，《中国人口科学》1990 年第 6 期。

区的人口老龄化程度高于中部地区，中部地区的人口老龄化程度高于西部地区，呈现"自西向东"逐渐深化的趋势，同时东部、中部和西部地区经济发展水平和产业结构也存在较大差异。因此，不同地区人口老龄化对创新的影响可能存在差异。

从全国及东部、中部、西部地区的人口老龄化与创新的散点图及拟合曲线来看，就全国整体和东部地区而言，拟合曲线出现了拐点，即人口老龄化与创新之间呈现倒"U"形的特征，而中部、西部地区的拟合曲线呈现单调上升的趋势（见图7－2）。

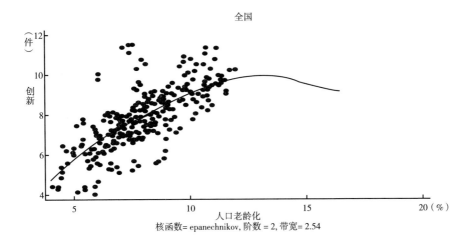

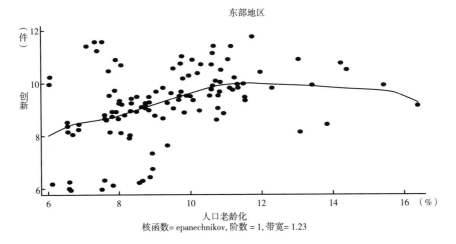

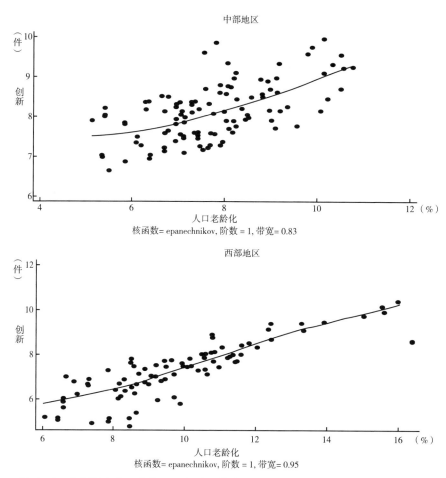

图 7 - 2　全国及东部、中部、西部地区的人口老龄化与创新的散点图及拟合曲线

第三节　发达国家的应对策略及对我国的启示

一　发达国家应对人口老龄化对创新负面影响的经验

人口老龄化是全世界共同面对的人口转变结果，也是目前和未来我国

社会经济发展的基本特征，为了积极应对人口老龄化对创新的挑战，发达国家积极采取措施缓解人口老龄化给创新带来的负面冲击。

1. 加大研发投入

创新需要大量研发投入，研发投入越多，创新成功的概率就会越高，创新成果就会越多。纵观发达国家研发投入的发展趋势，随着人口老龄化的加剧，发达国家研发投资规模不断扩大，研发投入强度（即研发投入占国内生产总值的比重）不断提高。以美国为例，从 R&D 经费投入规模来看，1981 年美国 R&D 经费支出为 1377.8 亿美元，2000 年为 3027.5 亿美元，2012 年达到 3973.4 亿美元；从 R&D 经费的增长速度来看，其增长速度长期高于经济的平均增长速度；从 R&D 经费投入强度来看，1981 年美国 R&D 经费投入强度为 2.3%，2000 年为 2.6%，2012 年达到 2.8%。在加大研发投入的同时，发达国家大多高度重视对基础研究的投入。

2. 加大人力资本投资，培养创新人才

为了解决经济发展过程中创新人才问题，发达国家普遍加大人力资本投资以培养创新人才。一是加大高等教育投资。日本增加理工大学数量，扩大高等教育招生规模，同时采取多种激励政策鼓励地方政府根据产业和创新需求设立工业大学。美国也高度重视高等教育及其研发的投入，通过政府投资、财政补贴、提高高校教师待遇等方式鼓励地方政府大力发展高等教育，形成了众多的世界一流大学，培养了大量创新人才。二是制定明确的人才目标，实施人才培养项目和人才奖励项目。日本 2001 年发布的《科学技术基本计划》和 2004 年出台的《关于科学技术相关人才培养与使用的意见》，制定了创新人才的目标，强调创新人才的培养。从 2002 年开始，日本实施了两个大型创新人才培养项目，一个是"240 万科技人才开发综合推进计划"，重点培养信息技术、环境、纳米材料等高科技领域的创新人才；另一个是"21 世纪卓越研究基地计划"，对日本 50 所大学的 100 多个重大研发项目给予为期 5 年、每年 1 亿—5 亿日元的资助。美国政府、企业和社会设立了多种创新及科技奖励项目，如国家设立的奖有美国国家科学奖、国家技术奖、费姆国家发明者大厅大奖、沃特曼奖、青年探索者奖等，企业和社会设立的奖有公司科技奖、西屋科学天才奖和民间学术团体科技奖等，这些奖励项目极大促进了创新人才的培养。三是普及职业教育，促进产学研合作。发达国家通过增加职业教育投资，建立产学研合作体制，鼓励企业、大学和研发机构之间开展高技能人才的培养和技术创新的交流与合作。

3. 加快创新资源集聚

高技术产业和创新活动表现出强集聚特征。一方面，全球主要创新活动集中在城市，特别是大城市。美国的创新活动主要集中在纽约、波士顿、芝加哥、华盛顿、西雅图、洛杉矶等城市，加拿大主要集中在温哥华和多伦多等城市，澳大利亚主要集中在悉尼和墨尔本等城市。另一方面，创新活动主要集中在城市群，如美国的旧金山—圣地亚哥城市群（包括硅谷），日本的以东京为中心的城市群，法国的以巴黎为中心的城市群等。发达国家通过多种方式加快创新要素集聚。英国伦敦 2010 年实施"迷你硅谷"的创新发展计划，通过建设东伦敦科技城使创新要素集聚，目的在于将伦敦及其城市群建设为世界一流的国际创新中心。

4. 通过多种措施吸引国际创新人才

移民是发达国家创新的重要力量。2015 年，美国针对创新者的一项调查报告显示，46% 的美国创新者是移民，移民的创新专利占美国专利总量的 1/3，创建高科技公司的移民占全美移民总量的 1/4。发达国家主要通过以下措施吸引国际创新人才。一是为创新人才提供充足的科研经费、良好的科研环境和较高的收入，美国高科技人才的年均收入远高于发展中国家，甚至高于欧洲国家平均水平，以此来吸引全球各个国家的科技人才。二是建立完善的高等教育、完整的移民制度和体系。发达国家经济体大力通过发展高等教育和制定移民政策，吸引高层次水平的国际留学生。三是通过国际资助和合作资助国外创新人才为本国进行研发活动。如美国与很多国家和地区签署科技合作协议，利用双方的资源优势合作创新；德国设立"国际研究基金奖"吸引国际高端科技人才；法国设立"国家级海外研究人员归国奖励基金"。

5. 积极开发和利用老年创新人力资源

发达国家采取多种措施发挥老年人力资源的作用。首先，通过立法和制度改革形成了一系列保障老年人就业的法律和制度体系。这些法律和制度主要包括：制定就业促进法律制度，通过制定《反就业歧视法》，明确禁止就业的年龄歧视行为；改革退休制度，延迟退休年龄，建立弹性退休制度和灵活劳动合同；改革养老金制度，发达国家普遍对养老金的缴费、提取等进行了大幅度改革，特别对领取养老金的年龄和条件进行了严格的限制。其次，发达国家普遍延迟退休年龄。美国、法国、德国、韩国等分别采取渐进式延迟退休年龄政策，充分开发低龄老年人口资源。最后，为老年人口提供职业培训。美国各州政府将职业培训、成人教育、雇佣服务等功能汇聚起来，建立了一站式服务中心，向老年人口提供职业培训项目。

6. 促进老年产业的创新

随着人口老龄化程度的加深，老年人口的消费需求日益增加，老年产业成为发达国家产业的重要组成部分。由于老年人口的消费产品具有特殊性，同时要结合和满足其他年龄消费者的需求，所以创新成为推动老年产业发展的重要动力。发达国家积极鼓励老年产业领域的创新，不仅大大缓解了人口老龄化带来的社会问题，也促进了国家的创新。德国、法国、瑞典和芬兰等欧盟国家通过财政补贴、税收、金融等政策鼓励企业参与老年产业。

二　我国应对人口老龄化影响的政策启示

1. 加大人力资本投资

目前，尽管我国的劳动力和科技人员规模庞大，但人力资本水平较低。第六次全国人口普查数据显示，我国就业劳动力受教育水平较低，平均受教育年限为 9.1 年，初中及以下文化程度的劳动力占总劳动力的比重高达 76.1%，本科及以上文化程度的劳动力比重仅为 4.1%。2010 年，中国社会科学院发布的《国家竞争力报告》显示，我国的人力资本构成指数连续 5 年排在第 18 位，仅为美国的 1/12、日本的 1/10；科学技术指数不及美国的 1/3；高等教育指数不到欧盟的 1/10，仅为美国的 1/3。为此，我国应该采取多种措施提高人力资本水平，培养创新人才。一是建立多元化教育和培训体系，进一步加大高等教育投资，注重把发展高等教育和建设世界一流高校作为提高人力资本水平和培养创新型人才的重要手段，同时，通过政策引导、经费补贴、税收减免等措施促进个人、企业和社会等进行多方面投资培训，提高在岗劳动力的技能水平和创新能力。二是积极推进产学研密切合作。将产业发展、科学研究、创新人才培养作为一个系统进行规划，通过实施重大科研计划、重点工程、重大项目以及设立研发中心等多种形式将企业和高校、科研机构紧密联系，为创新人才的培养和发展提供平台。三是强化终身教育，建立终身教育体系，推行终身职业技能培训机制。

2. 积极推进城镇化，大力发展大城市和城市群

发达国家创新活动的地域分布表明，大城市和城市群成为主要的创新集聚地。大城市和城市群要成为创新中心，就必定需要创新人才的集聚。一方面，加快户籍制度、教育制度、就业制度和社会保障制度的改革，保证劳动力在教育、就业和社会保障等方面的平等机会和平等权利，减少劳动力流动的阻碍因素，大力提高城镇化水平。另一方面，提高城市活力，有效提高创新人才在城市的集聚力，对创新人才形成长效吸纳机制。

3. 在实施延迟退休政策时，优先延长创新人才的退休年龄，充分利用老年创新人才

一是要提高老年人才的就业意愿。二是应该尽快研究和制定《老年人就业促进法》等相关法律法规，构建促进老年人就业的法律体系和制度框架。三是优先延长创新人才的退休年龄。我国法定的退休年龄上限为男性 60 岁、女性 55 岁。2010 年我国实际退休年龄仅为 53.2岁，与发达国家存在很大差距，如美国为 64.7 岁、德国为 62 岁、法国为 59.4 岁、英国为 62.6 岁、意大利为 60.4 岁、日本为 68.9 岁、韩国为 71.1 岁。在人口老龄化日趋严重的背景下，延长退休年龄成为我国应对人口老龄化的必然选择，应该尽快落实和实施渐进式延迟退休年龄政策。四是加大对老年创新人才的人力资本投资。一方面，进一步提高老年人才的健康水平。健康是老年人就业的基本条件，应建设和完善老年人健康支持体系与服务体系，加快发展老年健康产业。另一方面，进一步提高老年人的创新能力，为老年人提供知识和技能培训。总之，充分利用老年创新人才的关键是提高意愿、健全制度和提高健康水平。

4. 大力促进老年产业的创新

目前，我国老年产业处于起步时期，政府应该借鉴发达国家老年产业的发展经验，从宏观上制定老年产业发展规划，给予财政、税收、用地、融资等方面的优惠，鼓励个体、企业和社会积极参与老年产业，积极资助和扶持老年产品和服务的研发。

第四节　主要结论

技术进步是影响劳动生产率变化的重要途径。因此，明确人口老龄化与创新之间的关系对进一步认识人口老龄化对劳动生产率的影响具有重要的意义，并且在人口老龄化日渐严重的背景下，正确理解人口老龄化与创新之间的关系是实现建设创新型国家目标的关键。通过本章的实证研究和探讨，本章主要结论如下。

一是，根据人口老龄化与创新的拟合曲线做出初判，我国人口老龄化水平与创新行为之间呈现二次函数的关系形式，二者之间呈现显著的非线性关系。从拟合曲线的趋势判断，在人口老龄化初期，创新的增长速度处于较慢阶段，随着人口老龄化程度的加深，创新的增长速度逐渐加快。从拟合曲线的尾部可以看出二者之间存在拐点，在人口老龄化超过这一拐点后，创新的增长速度出现下降的趋势。

二是，根据理论推导和实证结果，人口老龄化与创新之间呈倒"U"形关系，表明人口老龄化对创新的影响并不是线性的，而是呈现稳定的倒"U"形的非线性特征。这说明随着人口老龄化水平的提高，人口老龄化最初对创新有积极的影响，但当人口老龄化达到一定水平后，人口老龄化程度的进一步加深将对创新产生负面影响。人口老龄化程度的拐点位于8.2%—12.2%，即当人口老龄化越过峰值后，人口老龄化将对创新产生负向影响。

三是，区域经济发展状况、人力资本水平、科技行业发展和产业结构是影响人口老龄化与创新之间关系最主要的控制因素。具体而言，市场对外开放度越高，经济结构越合理，创新动机越强，越有助于创新；人力资本具有正外部效应，人力资本水平越高或者配置能力越强的地区，创新能力越强；科技产业投资及人员投入是创新行为的基础，研发人员规模与研发投入均能正向推动区域创新行为，第二产业及第三产业发展具有正创新效应，第三产业的创新推动作用强于第二产业，按照配第—克拉克定理，产业结构向服务业的递次演进，即产业结构向第三产业的转型和升级有助于激发创新活力。反言之，创新是对产业结构内部演变的推动机制，它能够促使产业结构高级化的进程达到帕累托最优。

四是，人口老龄化是全世界共同面对的人口学特征，为了积极应对人口老龄化对创新的挑战，发达国家积极采取措施缓解人口老龄化给创新带来的负面冲击。诸如加大研发投入，加大人力资本投资，加快创新资源集聚，吸引国际创新人才，积极开发、利用老年创新人力资源和促进老年产业创新等措施，有效缓解了人口老龄化对创新的冲击。鉴于发达国家积极的应对措施，中国需要逐步加大人力资本投资；积极推进城镇化，大力发展大城市和城市群；在实施延迟退休政策时优先延长创新人才的退休年龄，充分利用老年创新人才；大力促进老年产业的创新。随着人口老龄化的不断深化，积极的应对策略能够缓解人口老龄化跨越峰值后的消极创新效应。技术创新是积极应对人口老龄化的第一动力和战略支撑，创新驱动是新发展理念下的发展动力，因此，在人口老龄化不可逆转的背景下，需要正视技术创新的动力作用，为积极应对人口老龄化提供支撑。

第八章 人口年龄结构对劳动生产率和工资的影响：微观视角的分析

本书第五章、第六章基于省际宏观数据的研究证实了人口年龄结构和劳动生产率之间存在相关关系，表征了人口年龄结构转变的人口老龄化水平通过不同途径的影响机制作用于劳动生产率，本章将从微观视角来窥探人口年龄结构对劳动生产率和工资的影响。

关注微观视角的人口年龄结构、工资和劳动生产率关系的研究，对认识人口老龄化背景下人口年龄结构变化对劳动生产率的影响具有重要的意义。以 Becker 为代表的学者认为，通常来说，老年劳动力经验更丰富，企业知识更全面，对企业的忠诚度和依赖度更高，因此，老年劳动力比重的增加可能会有益于劳动生产率的提高。[1] 但是，从认知能力[2]方面入手的学者认为，老年劳动力的认知能力低于年轻劳动力。随着年龄的增加，老年劳动力的认知能力会逐年减弱，这可能会减弱老年劳动力工作经验对劳动生产率和工资的正向促进作用。[3] 另外，老年劳动力的健康状况、创新能力、灵活性和能动性都可能成为限制劳动生产率提高的因素，从而导致为老年劳动力过度支付工资的问题。对老年劳动力的劳动生产率和工资的研究，前提认为年龄和工资、劳动生产率之间存在关系，并且随着年龄的变化，劳动力在劳动力市场的表现

---

[1] G. S. Becker, " Human Capital: A Theoretical and Empirical Analysis with Special Reference to Education, Third Edition," *NBER Books* 18 (1964): 556.

[2] 一般认为，认知能力是人脑加工、储存和提取信息的能力，人类对客观世界的认识主要依赖于认知能力。认知能力亦称认识能力，指学习、研究、理解、概括、分析的能力；从信息加工观点来看，即接受、加工、储存和应用信息的能力。加涅在其学习结果分类中提出五种认知能力：言语信息、智慧技能、认知策略、态度和动作技能。在劳动力市场中，认知能力可作为评测劳动力在应对工作环境、工作内容变化能力的指标。

[3] V. Skirbekk, " Age and Individual Productivity: A Literature Survey," *Vienna Yearbook of Population Research* 2 (2004): 133 – 153.

会出现差异。本章在认可人口年龄结构和工资、劳动生产率之间存在关系的前提下，将从微观角度对年龄与工资、劳动生产率的关系给出相应的解释。

Ours 和 Stoeldraijer 认为，很难确认年龄本身对劳动生产率的影响，不仅因为劳动生产率具有高度的个体性和部门性，而且因为年龄队列和选择效应的交互关系。[①] 个体劳动生产率是复杂和多维的，个体的不同特征与劳动生产率相关，比如交流能力、信息接收速度、健康状态、自我约束、灵活性、教育水平、能动性和工作经验等，这些个体的多维度特征可能会导致无法准确度量个体劳动生产率。他们认为劳动生产率是企业层面的指标，年龄和劳动生产率关系的研究需要企业层面的数据。然而，如果将个体特征聚焦于企业层面，那么年龄和劳动生产率之间的关系依然存在。因此，研究年龄和劳动生产率之间的关系应该选择雇主–雇员匹配数据。国外基于雇主–雇员匹配数据的年龄、工资和劳动生产率研究相对成熟，并且雇主–雇员匹配数据都是基线追踪调查数据，为年龄和劳动生产率的截面数据和面板数据研究奠定了坚实的数据基础。基于雇主–雇员匹配数据对企业运行和宏观经济运行进行研究，是近年来国际上经济领域研究的新方向和新趋势。但是，目前基于此类数据对我国的人口年龄结构和劳动生产率之间关系的实证研究少之又少，这主要归因于缺少基于中国劳动力市场调查的雇主–雇员匹配数据。本章以中国人民大学劳动人事学院主持设计和实施的"中国雇主–雇员匹配数据追踪调查"为基础来研究劳动力市场中年龄、工资和劳动生产率的关系。

第一节　研究设计

一　数据来源

本章采用的数据来源于中国人民大学劳动人事学院主持设计和实施的2013 年"中国雇主–雇员匹配数据追踪调查"，该调查是一项全国性的企

[①] J. C. Ours, L. Stoeldraijer, "Age, Wage and Productivity," IZA Discussion Paper, No. 4765, 2010, pp. 113 – 137.

业追踪调查。截至 2014 年，此类专项调查进行了 4 期，2011—2013 年的 3 期调查是对在职员工匹配数据的专项调查，2014 年的专项调查是针对 2012 年参与匹配数据的调查，是对已离职雇员的追踪调查。2011 年，雇主－雇员匹配数据调查了 50 个雇主样本、335 个雇员样本，考虑到基线追踪调查进入 2012 年、2013 年后调查样本量较少，不能为面板数据分析提供足够的样本量，另外 2014 年的调查是对离职雇员的追踪调查，不是本书的研究重点。综合考虑，本章采用 2013 年"中国雇主－雇员匹配数据追踪调查"进行截面数据研究。

　　2013 年"中国雇主－雇员匹配数据追踪调查"选取了我国 12 个大中城市，共调查了 444 家企业。样本企业的抽取按照分层抽样原则，首先按我国经济版图的东、中、西和东北四个地域的分布，每个区域各抽选一个省会城市和一个一般地级市，北京市作为直辖市代表，另外增加了 11 个城市。444 家企业在城市间的分布为：北京市和广州市各 50 家企业，福州市、济南市、成都市、长春市和郑州市 5 个省会城市各 40 家企业，太原市 44 家企业，齐齐哈尔市、咸阳市、苏州市和襄阳市 4 个地级市各 25 家企业。雇主样本中包括企业用工状况、企业管理、劳动关系、员工福利计划和企业背景情况五个板块的信息，详细囊括了企业运转和管理的相关内容。

　　2013 年"中国雇主－雇员匹配数据追踪调查"共调查了员工样本 4532 个。员工样本来自被调查企业样本，在控制一线员工、技术人员和管理人员（不包括高层管理人员）三类员工 6∶2∶2 的基本比例和老、中、青兼顾的前提下，平均每个企业访问 10 名员工，调查中根据企业人员规模进行适当地增减调整，最多 20 人、最少 5 人。雇员调查问卷中包括员工的个人信息、工作特征、员工与企业的关系和员工福利计划信息，为与雇员相关的研究奠定了坚实的数据基础。

二　变量选择

1. 被解释变量

　　广义的劳动生产率可以定义为衡量个体、企业、行业或经济体把生产投入转换成产品的能力[①]，本章将从微观个体层面来研究年龄、工资和劳

---

① Industry Commission（IC），"Assessing Australia's Productivity Performance，" Research Paper，1997.

动生产率的关系。个体劳动生产率最主要的指标就是每小时工资，用每小时工资来衡量个体劳动生产率比每周平均工资和每年平均工资指标更适合，因为工资本身就受工资率和工作时长的影响，工资率是个体劳动生产率的指标，而工作时间与个体参与的劳动力市场相关。[①] "中国雇主－雇员匹配数据追踪调查"中对个体工资、收入的调查分为两部分，一部分是对工作三个月及以上的员工调查过去一年每月的税后现金总收入，主要包括工资、津贴、补贴、奖金和加班费；另一部分是所有员工在过去一个月获得的税后现金总收入。其中，工资是雇主以货币形式对雇员的劳动所支付的报酬；津贴、补贴、奖金和加班费是雇主在特殊条件下对雇员劳动的补偿性报酬支付，是工资的补充形式。工资的本质是劳动力的价格或价值，津贴、补贴、奖金和加班费与劳动力的技术水平及劳动价值不直接相关，但在一定程度上反映了劳动环境和条件的优劣，由于雇员受雇企业的性质和企业效益的差异，劳动力津贴、补贴、奖金和加班费差异较大。综合考虑，本章采用每小时工资来衡量个体劳动生产率，由于调查问卷中针对工资的调查不包括工作不满三个月的员工，因此，本章的研究样本框将该部分员工去除，同时去除异常值和无效样本，最终有效样本为 3560 个。

每小时工资是工资的一种表现形式，除了能够反映劳动力价值之外，还是有效衡量劳动生产率的指标。一般来说，在工作时间相同的情况下，工资越高，劳动生产率越高；在工资相同的情况下，工作时间越短，劳动生产率越高。

2. 核心解释变量

本章的核心内容是关注微观个体的人口年龄结构与劳动生产率、工资之间的关系，因此本章将劳动力的年龄所在组别作为核心解释变量。

"中国雇主－雇员匹配数据追踪调查"调查了 14 岁及以上雇员的基本情况。《中华人民共和国劳动法》规定，禁止用人单位招用未满十六周岁的未成年人，未成年工（年龄已达十六周岁未满十八周岁的劳动者）不得从事矿山井下、有毒有害、国家规定的第四级体力劳动强度的

① M. Forbes, A. Barker, S. A. Turner, *The Effects of Education and Health on Wages and Productivity* (Social Science Electronic Publishing, 2010).

劳动和其他禁忌从事的劳动，并且企业应对未成年工进行定期的身体检查。[①] 基于《中华人民共和国劳动法》对未成年人和未成年工的法律保护，在本章的实证研究中，我们将 14—17 岁的劳动力样本去掉，仅包含18 岁及以上的就业人员。对于劳动力年龄组的划分，目前并没有明确的标准，为了避免人为划分所导致的结果偏差，本章采用两种划分标准，一种为 18—29 岁、30—39 岁、40—49 岁、50—59 岁、60 岁及以上 5 组，另一种采用 18—24 岁、25—29 岁、30—34 岁、35—39 岁、40—44 岁、45—49 岁、50—54 岁、55—59 岁、60 岁及以上 9 组。

3. 控制变量

（1）个体基本特征

本章所考虑的个体基本特征包括性别、户籍状态、人力资本水平。人力资本是决定个体劳动生产率最关键的因素。人力资本是个体拥有的可能为生产做出贡献的一系列属性，包括知识、技能、健康状况、工作经验和其他无形特征，例如职业道德和职业动机等。除了教育水平和健康状况之外，还存在其他人力资本特征能够决定劳动生产率。Mincer 认为工作经验是决定个体收入的重要因素。[②]

教育程度对工资和劳动生产率存在显著影响，普遍支持教育程度与高工资、高劳动生产率水平相关。[③] Pereira 和 Martins 采用多元分析估计了葡萄牙的教育回报率，结论支持教育年限每增加 1 年，工资将会增长9.7%[④]；Bonjour 等的实证研究估计了联合国女性的教育年限每增加 1 年，每小时工资将会增加 7.7%[⑤]。我们以雇员已获取的最高学历来衡量其受教育程度，同时考虑到每个阶段教育的完整性，最高学历必须获取毕业证书，否则按低一等级的教育水平来衡量。将受教育程度分为初中及以下（包括不

① 资料来源于 1994 年 7 月第八届全国人民代表大会常务委员会第八次会议通过的《中华人民共和国劳动法》（《中华人民共和国劳动法》，中华人民共和国中央人民政府网站，1994 年 7 月 5 日，http：//www. gov. cn/banshi/2005 – 05/25/content_ 905. htm）。

② J. Mincer, "Schooling, Experience, and Earnings / Jacob Mincer," *NBER Books* 29 (1974)：218 – 223.

③ A. M. Kedir, "Health and Wages：Panel Evidence on Men and Women Using IV Quantile Regression," Discussion Papers in Economics, 2008.

④ P. T. Pereira, P. S. Martins, "Returns to Education and Wage Equations," *Applied Economics* 36 (2004)：525 – 531.

⑤ D. Bonjour et al. , "Returns to Education：Evidence from U. K. Twins," *American Economic Review* 93 (2003)：1799 – 1812.

识字/初识字、小学、初中)、高中和中专(包括高中、中专/职高/技工学校)、大学专科(包括大专/高职/高级技工学校)、大学本科和研究生及以上。

就业人员就职于受雇企业,与企业相关的培训可以在一定程度上弥补教育水平的缺失,企业向雇员提供的一般培训显著地影响员工的工资水平[1],接受一般培训和专门培训对员工的工资影响略有不同[2]。在此,我们仅考虑雇员接受企业提供的与岗位相关培训的天数,分为一般培训和专门培训两种。一般培训包括团队精神、管理沟通技能培训,企业文化、战略制度培训,职业安全与卫生方面的培训和其他相关培训。专门培训指专项工作技能培训。

健康状况是衡量人力资本水平的另一个重要的指标,在实证研究过程中,个体健康状况一般采用健康状况自我评估、慢性病患病状况、心理感知、身体质量指数(Body Mass Index,BMI)等指标。良好的健康状况[3]和愉悦的心理状态[4]与工资水平正相关;相反,身体疾病[5]和心理疾病[6]显著降低了工资水平和劳动生产率水平。结合专项调查问卷中的问题设计,本章采用健康状况自我评估、BMI、心理感知来衡量雇员的健康状况。健康状况自我评估是雇员主观健康状况的体现。BMI是雇员客观健康状况的体现,是判断肥胖程度和健康状况的重要指标。按照中国肥胖问题工作组的报告,BMI越高,冠心病、脑卒中、高血压、糖尿病和血脂异常等越会严重危害个体健康状况,继而影响劳动生产率和工资收入。

(2)工作特征

与工作特征相关的控制变量包括工作年限、对工作的满意程度。Malmberg等利用时间序列研究了美国制造业部门中劳动生产率、工资与

---

① 姚先国、翁杰:《企业对员工的人力资本投资研究》,《中国工业经济》2005年第2期。

② 张世伟、武娜:《培训时间对农民工收入的影响》,《人口学刊》2015年第4期。

③ L. M. Gambin, "The Impact of Health on Wages in Europe—Does Gender Matter?," Health Econometrics & Data Group Working Papers, 2005; R. Jäckle, O. Himmler, "Health and Wages: Panel Data Estimates Considering Selection and Endogeneity," *Journal of Human Resources* 45 (2010): 364 – 406.

④ R. Brazenor, "Disabilities and Labour Market Earnings in Australia," *Australian Journal of Labour Economics* 5 (2009): 319 – 334.

⑤ D. Andrén, E. Palmer, "The Effect of Past Sickness on Current Earnings in Sweden," Working Papers in Economics, 2004.

⑥ D. E. Marcotte, V. Wilcox – Gök, "Estimating the Employment and Earnings Costs of Mental Illness: Recent Developments in the United States," *Social Science and Medicine* 53 (2001): 21 – 27.

工龄之间的关系，他们发现工作年限与劳动生产率之间呈显著的正向关系。[1] 工作年限越长，雇员对工作流程、企业环境的熟悉程度越高，职业积累能力越强，生产效率越高。一般而言，雇主认为劳动生产率具有滞后性，因此越年长的工人可能会有越高的工资，但是频繁更替工作的年长劳动力的工资可能会比相同年龄工龄较长的劳动力的工资要低。[2] 依据学者们对劳动生产率与工龄、工资的研究，考虑到企业异质性的存在，本章假设雇员更换工作前的生产能力与目前所从事的工作无关，仅考虑雇员在目前工作单位的就业时间，以雇员从事目前工作的时间来衡量工龄。

工作满意程度用对现在的收入和工作时间的满意度来衡量，工作满意程度与工作认同感直接相关，工作认同感越强，越容易融入生产劳动中，劳动生产率越高。

（3）社会特征

社会融入一向是学者们关注异地流动的重要研究问题，外来人口的社会融入形成了对自身社会身份的认同[3]，从而对社会行为产生影响。本章对社会融入感的衡量采用雇员对普通话和工作地区方言的掌握程度指标，认为掌握程度越高，社会融入越容易，社会身份认同感越强，越容易适应生产环境而产生较高的生产效率。

考虑另外一个重要的社会特征即雇员参加社会保障项目的情况，将雇主可能提供社会保障的最大极限"五险一金"涵盖在内，包括养老保险、医疗保险、失业保险、工伤保险、生育保险和住房公积金。

表8－1是对相关变量的说明。

表8－1　相关变量说明

变量	变量性质	变量说明
劳动生产率	连续变量	每小时工资
工资	连续变量	月平均工资
年龄	分组变量	年龄组，两种划分标准

[1]　B. Malmberg, T. Lindh, M. Halvarsson, "Productivity Consequences of Workforce Aging: Stagnation or Horndal Effect?," *Population & Development Review* 34（2008）: 238－256.

[2]　A. Tipper, "Labour Productivity, Real Wages, and Workforce Age Structure," Paper Delivered to the 53rd New Zealand Association of Economists Conference, 2012.

[3]　崔岩：《流动人口心理层面的社会融入和身份认同问题研究》，《社会学研究》2012年第5期。

续表

变量	变量性质	变量说明
		个体基本特征
性别	分组变量	1 表示男性,2 表示女性
户籍状态	连续变量	1 表示农业,2 表示非农业
		人力资本水平
受教育程度	分组变量	1 表示初中及以下,2 表示高中和中专,3 表示大学专科,4 表示大学本科,5 表示研究生及以上
培训	连续变量	分别接受一般培训和专门培训的天数
健康状态自我评估	分组变量	1 表示差,2 表示一般,3 表示好
BMI	连续变量	身体质量指数 $= \dfrac{体重(\mathrm{kg})}{身高^2(\mathrm{m}^2)}$
心理感知	分组变量	感到沮丧的频率,1 表示经常,2 表示有时,3 表示很少,4 表示从来不
		工作特征
工作年限	连续变量	在目前企业工作的年限
收入满意度	连续变量	1—5,满意度越高
工作时间满意度	连续变量	1—5,满意度越高
		社会特征
普通话水平	连续变量	1—5,熟练程度越高
方言水平	连续变量	1—5,熟练程度越高
社会保障情况	分组变量	1 表示参加,0 表示不参加
养老保险	分组变量	1 表示参加,0 表示不参加
医疗保险	分组变量	1 表示参加,0 表示不参加
失业保险	分组变量	1 表示参加,0 表示不参加
工伤保险	分组变量	1 表示参加,0 表示不参加
生育保险	分组变量	1 表示参加,0 表示不参加
住房公积金	分组变量	1 表示有,0 表示没有

三 模型设定

本章采用一般线性回归模型来估计微观个体视角的年龄与劳动生产率、工资之间的关系:

$$Y = \alpha + \beta age + \gamma X + u$$

其中,Y 分别表示个体劳动生产率、工资,α 是常数项,u 为误差项,

age 表示年龄分组。*X* 是控制变量，包括个体基本特征、工作特征和社会特征。相关变量的描述性结果如表 8 – 2 所示。

表 8 – 2　相关变量的描述性结果

变量	最小值	最大值	平均值	标准差
劳动生产率	– 1.2685	94.6937	2.4262	1.6335
年龄	14.95	71.90	33.77	9.85
工龄	0.01	51.02	5.63	6.45
性别	1	2	1.5413	0.4984
户籍状态	1	2	1.6307	0.4827
受教育程度	1	4	2.3644	1.0984
专门培训	0	90	0.2175	2.4525
一般培训	0	360	1.8798	8.4210
全部培训	0	360	2.0973	8.8737
健康状态自我评估	1	3	2.2109	0.4411
BMI	8.6505	44.7908	22.3193	3.1544
心理感知	1	4	2.8101	0.9947
普通话水平	1	5	4.5385	0.7759
方言水平	1	5	4.3687	1.0734
收入满意度	1	5	2.9035	0.8821
工作时间满意度	1	5	3.2033	0.8342
养老保险	0	1	0.7194	0.4493
医疗保险	0	1	0.7112	0.4533
失业保险	0	1	0.6390	0.4804
工伤保险	0	1	0.6378	0.4807
生育保险	0	1	0.5849	0.4928
住房公积金	0	1	0.4031	0.4906

资料来源：2013 年"中国雇主 – 雇员匹配数据追踪调查"。

古典线性回归模型假设存在球型扰动项。异方差是导致球型扰动项假设不成立的一种情形，线性回归模型存在异方差而导致 OLS 估计量依然是无偏、一致且渐进正态分布，但是通常的 t 检验和 F 检验失效，并且高斯—马尔科夫定理不成立。[1] 本章为了避免异方差的存在导致 OLS 估计效率降低，采用目前通用的一种更稳健的处理方法来应对异方差，即仍然进行 OLS 回归，但使用稳健标准差计算[2]，这样回归系数及标准差的估计是一致的，并且不需要统一条件方差函数的形式。

第二节　微观个体年龄结构与劳动生产率、工资的研究

一　人口年龄结构与劳动生产率关系的实证检验

1. 不考虑控制变量的实证检验

表 8 - 3 报告了不加入控制变量的人口年龄结构与劳动生产率关系的实证结果，可以看到，18—39 岁劳动力的劳动生产率系数为正。18—29 岁劳动力的劳动生产率在 10% 的显著性水平下显著，劳动生产率水平最高；30—39 岁劳动力的劳动生产率不显著，表明这一年龄段劳动力年龄与劳动生产率的线性关系不显著，但仍然呈现正相关关系。40 岁及以上劳动力的劳动生产率系数为负，并且随着年龄的增加，劳动生产率逐渐降低，其中，60 岁及以上劳动力的劳动生产率最低。整体而言，劳动生产率的年龄峰值位于 18—29 岁，超过峰值后，随着年龄的增加，劳动生产率降低。

表 8 - 3　不加入控制变量的人口年龄结构与劳动生产率关系的实证结果（一）

变量	模型一	模型二	模型三	模型四	模型五
18—29 岁	0.1130 * (0.0663)				

---

① 陈强：《高级计量经济学及 Stata 应用》，高等教育出版社，2010，第 77—80 页。

② J. H. Stock，M. W. Watson，*Introduction to Econometrics*，*Introduction to Econometrics*（Oxford：Oxford University Press，2002），pp. 223 – 226.

续表

变量	模型一	模型二	模型三	模型四	模型五
30—39 岁		0.0219 (0.0412)			
40—49 岁			−0.0936** (0.0390)		
50—59 岁				−0.1790*** (0.0419)	
60 岁及以上					−0.3460*** (0.0913)
常数项	2.3800*** (0.0117)	2.4200*** (0.0370)	2.4410*** (0.0325)	2.4360*** (0.0290)	2.4290*** (0.0276)
观察值	3559	3559	3559	3559	3559

***、**、*分别代表在 1%、5%、10% 的显著性水平下显著。

注：括号内表示的是标准差。

　　为了避免人为划分年龄组所导致的结果偏差，表 8 - 4 报告了不加入控制变量时更加细化的人口年龄结构与劳动生产率之间的关系。18—24 岁劳动力的劳动生产率系数为负，25—34 岁劳动力的劳动生产率系数为正，劳动生产率的年龄峰值位于 25—29 岁。劳动力从 35 岁开始表现出负向的劳动生产率，35—39 岁、45—49 岁劳动力的劳动生产率不显著，虽然 35 岁及以上劳动力表现出了负向的劳动生产率，但是 50—54 岁劳动力的劳动生产率出现了反弹。

　　按照我国人口接受教育的年限和进入劳动力市场的年龄，高中毕业进入劳动力市场的劳动力至少 19 岁，大学毕业进入劳动力市场的劳动力至少 23 岁。18—24 岁的劳动力迈入劳动力市场的年限较短，对生产环节的适应性较低，劳动生产率可能较低，18—24 岁劳动力的劳动生产率与年龄的关系需要进一步探讨。相较而言，第一种划分标准将 18—24 岁劳动力的负向劳动生产率事实掩盖，因此第二种划分标准更能准确地显示人口年龄结构与劳动生产率之间的关系。综合来看，在不考虑任何控制变量的情况下，劳动生产率的年龄峰值位于 25—29 岁。无论何种划分标准，劳动力处于 30—39 岁时，劳动生产率与年龄并无显著的关系。劳动力从 35 岁开始出现劳动生产率的负向变动，50—54 岁劳动力的劳动生产率出现反弹。

表 8-4 不加入控制变量的人口年龄结构与劳动生产率关系的实证结果（二）

变量	模型一	模型二	模型三	模型四	模型五	模型六	模型七	模型八	模型九
18—24 岁	-0.1280*** (0.0374)								
25—29 岁		0.2760** (0.139)							
30—34 岁			0.0557 (0.0402)						
35—39 岁				-0.0339 (0.0430)					
40—44 岁					-0.1220*** (0.0425)				
45—49 岁						-0.0457 (0.0460)			
50—54 岁							-0.1160** (0.0511)		
55—59 岁								-0.2370*** (0.0553)	
60 岁及以上									-0.3460*** (0.0910)
常数项	2.446*** (0.0322)	2.373*** (0.00964)	2.418*** (0.0315)	2.429*** (0.0303)	2.438*** (0.0301)	2.428*** (0.0288)	2.429*** (0.0281)	2.431*** (0.0280)	2.4290*** (0.028)
观察值	3559	3559	3559	3559	3559	3559	3559	3559	3559

注：***、**、* 分别表示在 1%、5% 的显著性水平下显著。

括号内表示的是标准差。

2. 考虑控制变量的实证检验

表 8-5 报告了加入控制变量的人口年龄结构与劳动生产率之间的关系。在考虑劳动力个体基本特征、工作特征和社会特征的情况下，除 30—39 岁劳动力之外，其他年龄段的劳动力年龄对劳动生产率的影响较弱，相对应的劳动生产率年龄峰值后移至 30—39 岁。18—29 岁和 40—49 岁劳动力的劳动生产率与年龄关系不再显著。同时，在考虑控制变量的情况下，50 岁及以上劳动力的年龄对劳动生产率的影响为负，并且，随着年龄的增加，劳动生产率降低。

表 8-5　加入控制变量的人口年龄结构与劳动生产率关系的实证结果（一）

变量	模型一	模型二	模型三	模型四	模型五
18—29 岁	0.0085 (0.0191)				
30—39 岁		0.0347 * (0.0190)			
40—49 岁			0.0014 (0.0230)		
50—59 岁				- 0.1120 *** (0.0296)	
60 岁及以上					- 0.1300 * (0.0878)
性别	- 0.1300 *** (0.0170)	- 0.1310 *** (0.0169)	- 0.1300 *** (0.0171)	- 0.1350 *** (0.0170)	- 0.1320 *** (0.0170)
户籍状态	0.0341 * (0.0179)	0.0299 * (0.0178)	0.0324 * (0.0178)	0.0374 ** (0.0178)	0.0328 * (0.0178)
受教育程度	0.0014 (0.0052)	0.0011 (0.0052)	0.0014 (0.0052)	0.00095 (0.0052)	0.0011 (0.0052)
健康状态自我评估	0.0014 (0.0180)	0.0003 (0.0180)	0.00084 (0.0181)	0.0016 (0.0180)	0.0009 (0.0180)
BMI	0.0007 (0.0029)	0.0001 (0.0028)	0.0004 (0.0028)	0.0009 (0.0028)	0.0004 (0.0028)
心理感知	0.0202 ** (0.0081)	0.0201 ** (0.0081)	0.0202 ** (0.0081)	0.0197 ** (0.0081)	0.0200 ** (0.0081)
工龄	- 0.0018 (0.0013)	- 0.0021 * (0.0012)	- 0.0020 (0.0013)	- 0.0013 (0.0013)	- 0.0020 (0.0012)

续表

变量	模型一	模型二	模型三	模型四	模型五
专门培训	0.0011	0.0011	0.0011	0.0011	0.0011
	(0.0032)	(0.0032)	(0.0032)	(0.0032)	(0.0032)
一般培训	-0.0004	-0.0005	-0.0004	-0.0005	-0.0004
	(0.0008)	(0.0008)	(0.0008)	(0.0008)	(0.0008)
收入满意度	0.0248 **	0.0240 **	0.0245 **	0.0242 **	0.0245 **
	(0.0115)	(0.0115)	(0.0115)	(0.0115)	(0.0115)
工作时间满意度	0.0735 ***	0.0743 ***	0.0735 ***	0.0740 ***	0.0738 ***
	(0.0122)	(0.0122)	(0.0122)	(0.0121)	(0.0122)
普通话水平	0.0808 ***	0.0815 ***	0.0818 ***	0.0796 ***	0.0795 ***
	(0.0110)	(0.0108)	(0.0110)	(0.0108)	(0.0110)
方言水平	-0.0226 ***	-0.0232 ***	-0.0228 ***	-0.0225 ***	-0.0227 ***
	(0.0080)	(0.0080)	(0.0080)	(0.0080)	(0.0080)
养老保险	-0.0820 *	-0.0846 *	-0.0824 *	-0.0901 *	-0.0818 *
	(0.0489)	(0.0490)	(0.0489)	(0.0491)	(0.0490)
医疗保险	0.0899 *	0.0893 *	0.0904 *	0.0901 *	0.0894 *
	(0.0467)	(0.0468)	(0.0467)	(0.0467)	(0.0468)
失业保险	0.0830 **	0.0825 **	0.0831 **	0.0875 **	0.0827 **
	(0.0375)	(0.0375)	(0.0376)	(0.0375)	(0.0375)
工伤保险	0.1640 ***	0.1640 ***	0.1640 ***	0.1630 ***	0.1630 ***
	(0.0345)	(0.0344)	(0.0345)	(0.0345)	(0.0345)
生育保险	0.0047	0.0072	0.0056	0.0048	0.0057
	(0.0350)	(0.0350)	(0.0349)	(0.0348)	(0.0349)
住房公积金	0.0834 ***	0.0852 ***	0.0840 ***	0.0816 ***	0.0837 ***
	(0.0201)	(0.0201)	(0.0201)	(0.0201)	(0.0201)
常数项	1.6930 ***	1.7120 ***	1.7040 ***	1.7090 ***	1.7170 ***
	(0.1110)	(0.1080)	(0.1080)	(0.1080)	(0.1090)
观察值	3491	3491	3491	3491	3491

*** 、** 、* 分别代表在1%、5%、10%的显著性水平下显著。

注：括号内表示的是标准差。

表8-6报告了加入控制变量的人口年龄结构与劳动生产率之间的关系，仍然支持不考虑任何控制变量情况下的实证检验结果，即年龄峰值仍然位于25—29岁，25—29岁劳动力的劳动生产率比其他组别的劳动力平均高5.73%；并且18—24岁劳动力的劳动生产率系数为负，30—39岁和

45—49 岁劳动力的劳动生产率与年龄的关系不显著，40 岁及以上劳动力的劳动生产率与年龄的关系为负。在考虑个体基本特征、工作特征和社会特征的情况下，不同年龄组劳动力的劳动生产率受年龄的影响变弱。

结合两种年龄划分标准的年龄结构与劳动生产率之间的关系，在一定程度上，控制变量能够影响劳动生产率。

（1）个体基本特征

个体基本特征对劳动生产率的影响显著的变量包括性别、户籍状态和心理感知，受教育程度、健康状态自我评估和 BMI 对劳动生产率的影响不显著。其一，性别所导致的经济行为差异体现在多个领域，这归因于男性和女性在身体状况、家庭角色、社会角色、职业特征等方面存在显著的差异。在劳动力市场中，男性的劳动生产率高于女性，女性在家庭角色中承担的责任大于社会角色。在职业相同的情况下，女性在家庭角色中耗费的精力可能会降低其在劳动力市场的生产效率。另外，男性的职业分布普遍优于女性，这种选择性偏差可能也是导致男性劳动生产率高于女性的原因。其二，城乡二元经济结构的出现导致农业户籍和非农业户籍人口在享受社会公共服务方面出现了明显的分化，由此衍生出经济权益和经济行为的差异。非农业户籍劳动力的劳动生产率大于农业户籍劳动力，这归因于劳动力在与户籍相关的教育、就业、培训等方面的享有权不均等。一般而言，非农业户籍人口在劳动力市场的起点高于农业户籍人口，表现出相对优势。其三，影响劳动生产率的人力资本因素主要是心理感知，受教育程度、健康状态自我评估和 BMI 的作用不显著。受教育程度一般作为进入劳动力市场的门槛指标。在同一企业中，受教育程度并不会影响工资水平和工作时间。由于我们考察的是已经进入劳动力市场的劳动力，所以受教育程度并不会影响劳动生产率水平。可以看到，在劳动力市场中，心理健康比身体健康更重要，心情经常抑郁或沮丧会显著地降低劳动生产率。不同年龄组劳动力的心理感知的影响均显著为正，并且影响力相差无几。

（2）工作特征

工作特征对劳动生产率的影响主要体现在工龄、劳动力对收入以及工作时间的满意度，与专门培训和一般培训无关。其一，在 18—24 岁、35—39 岁和 45—49 岁劳动力中工龄对劳动生产率的影响显著为负，在其他年龄组的影响不显著，但依然呈现负向的影响。工龄越长，工作积极性越低，

表 8 - 6 加入控制变量的人口年龄结构与劳动生产率关系的实证结果（二）

变量	模型一	模型二	模型三	模型四	模型五	模型六	模型七	模型八	模型九
18—24 岁	-0.0676 *** (0.0224)								
25—29 岁		0.0573 *** (0.0220)							
30—34 岁			0.0197 (0.0239)						
35—39 岁				0.0259 (0.0298)					
40—44 岁					-0.0368 (0.0288)				
45—49 岁						0.0428 (0.0340)			
50—54 岁							-0.0798 * (0.0414)		
55—59 岁								-0.1340 *** (0.0431)	
60 岁及以上									-0.1300 (0.0878)
性别	-0.1290 *** (0.0169)	-0.1270 *** (0.0170)	-0.1300 *** (0.0170)	-0.1300 *** (0.0170)	-0.1280 *** (0.0171)	-0.1310 *** (0.0170)	-0.1310 *** (0.0170)	-0.1320 *** (0.0170)	-0.1320 *** (0.0170)
户籍状态	0.0245 (0.0179)	0.0354 ** (0.0177)	0.0321 * (0.0178)	0.0317 * (0.0178)	0.0335 * (0.0178)	0.0314 * (0.0178)	0.0337 * (0.0178)	0.0356 ** (0.0178)	0.0328 * (0.0178)

续表

变量	模型一	模型二	模型三	模型四	模型五	模型六	模型七	模型八	模型九
受教育程度	0.0021 (0.0052)	0.0017 (0.0052)	0.0013 (0.0052)	0.0013 (0.0052)	0.0014 (0.0052)	0.0015 (0.0052)	0.0017 (0.0052)	0.0006 (0.0052)	0.0011 (0.0052)
健康状态自我评估	-0.0001 (0.0180)	0.0024 (0.0180)	0.0008 (0.0180)	0.0008 (0.0180)	0.0014 (0.0180)	0.0005 (0.0180)	0.0012 (0.0180)	0.00091 (0.0180)	0.0009 (0.0180)
BMI	-0.0007 (0.00283)	0.0007 (0.0028)	0.0003 (0.0028)	0.0003 (0.0028)	0.0007 (0.0028)	0.0002 (0.0028)	0.0006 (0.0028)	0.0006 (0.0028)	0.0004 (0.0028)
心理感知	0.0200** (0.00812)	0.0203** (0.0081)	0.0201** (0.00814)	0.0202** (0.0081)	0.0203** (0.0081)	0.0201** (0.0081)	0.0199** (0.0081)	0.0199** (0.0081)	0.0200** (0.0081)
工龄	-0.0027** (0.0013)	-0.0014 (0.0013)	-0.0020 (0.0012)	-0.0021* (0.0012)	-0.0017 (0.0013)	-0.0022* (0.0012)	-0.0017 (0.0013)	-0.0018 (0.0012)	-0.0020 (0.0012)
专业培训	0.0009 (0.0032)	0.0007 (0.0032)	0.0011 (0.0032)	0.0011 (0.0032)	0.0010 (0.0032)	0.0011 (0.0032)	0.0010 (0.0032)	0.0012 (0.0032)	0.0011 (0.0032)
一般培训	-0.0004 (0.0008)	-0.0004 (0.0008)	-0.0004 (0.0008)	-0.0004 (0.0008)	-0.0004 (0.0008)	-0.0004 (0.0008)	-0.0004 (0.0008)	-0.0004 (0.0008)	-0.0004 (0.0008)
收入满意度	0.0241** (0.0115)	0.0256** (0.0115)	0.0244** (0.0115)	0.0244** (0.0115)	0.0245** (0.0115)	0.0241** (0.0115)	0.0243** (0.0115)	0.0246** (0.0115)	0.0245** (0.0115)
工作时间满意度	0.0721*** (0.0122)	0.0726*** (0.0122)	0.0738*** (0.0122)	0.0740*** (0.0122)	0.0737*** (0.0122)	0.0735*** (0.0122)	0.0740*** (0.0121)	0.0733*** (0.0122)	0.0738*** (0.0122)
普通话水平	0.0848*** (0.0109)	0.0789*** (0.0108)	0.0813*** (0.0108)	0.0821*** (0.0108)	0.0807*** (0.0109)	0.0833*** (0.0109)	0.0813*** (0.0108)	0.0802*** (0.0108)	0.0795*** (0.0110)
方言水平	-0.0239*** (0.0080)	-0.0228*** (0.0080)	-0.0229*** (0.0080)	-0.0230*** (0.0080)	-0.0226*** (0.0080)	-0.0227*** (0.0080)	-0.0227*** (0.0080)	-0.0225*** (0.0080)	-0.0227*** (0.0080)

续表

变量	模型一	模型二	模型三	模型四	模型五	模型六	模型七	模型八	模型九
养老保险	-0.0911* (0.0492)	-0.0850* (0.0490)	-0.0833* (0.0490)	-0.0825* (0.0489)	-0.0800 (0.0488)	-0.0814* (0.0489)	-0.0844* (0.0491)	-0.0852* (0.0490)	-0.0818* (0.0490)
医疗保险	0.0964** (0.0469)	0.0903* (0.0467)	0.0910* (0.0468)	0.0890* (0.0467)	0.0880* (0.0466)	0.0900* (0.0467)	0.0890* (0.0468)	0.0903* (0.0467)	0.0894* (0.0468)
失业保险	0.0824** (0.0374)	0.0822** (0.0376)	0.0829** (0.0376)	0.0831** (0.0375)	0.0809** (0.0375)	0.0820** (0.0375)	0.0852** (0.0376)	0.0855** (0.0376)	0.0827** (0.0375)
工伤保险	0.1620*** (0.0344)	0.1620*** (0.0346)	0.1630*** (0.0345)	0.1640*** (0.0345)	0.1660*** (0.0345)	0.1650*** (0.0344)	0.1640*** (0.0345)	0.1620*** (0.0345)	0.1630*** (0.0345)
生育保险	0.0085 (0.0350)	0.0042 (0.0349)	0.0054 (0.0349)	0.0063 (0.0350)	0.0036 (0.0349)	0.0058 (0.0349)	0.0058 (0.0349)	0.0048 (0.0349)	0.0057 (0.0349)
住房公积金	0.0849*** (0.0201)	0.0817*** (0.0201)	0.0841*** (0.0201)	0.0849*** (0.0201)	0.0837*** (0.0201)	0.0844*** (0.0201)	0.0834*** (0.0201)	0.0822*** (0.0201)	0.0837*** (0.0201)
常数项	1.7540*** (0.1100)	1.6870*** (0.1080)	1.7080*** (0.1080)	1.7050*** (0.1080)	1.699*** (0.1080)	1.7040*** (0.1080)	1.7020*** (0.1080)	1.7110*** (0.1080)	1.7170*** (0.1090)
观察值	3491	3491	3491	3491	3491	3491	3491	3491	3491

注: 括号内表示的是标准差。

***、**、*分别表示在1%、5%、10%的显著性水平下显著。

在工作中所创造的生产价值越小，劳动生产率越低。我国企业将工龄折算成工龄工资并纳入工资体系中，工龄越长，工龄工资越高，劳动力可能会因这一保障性工资收入而降低生产积极性，从而导致生产效率降低。其二，劳动力对收入和工作时间的满意度越高，劳动生产率越高。在生产环境不变的情况下，劳动力对收入和工作时间的满意度代表了劳动力愿意投入的生产精力，满意度越高，生产投入越多，劳动生产率就越高。其三，与企业相关的专门培训和一般培训对劳动生产率的影响不显著，但是依然可以看到，专门培训能够提高劳动生产率，一般培训并不利于劳动生产率的提高。本章所讨论的专门培训指专项工作技能培训，一般培训指团队精神、沟通技能、企业文化、制度培训、职业安全与卫生等方面的培训，与生产环节直接相关的就是专项技能培训。加强专门培训能够提高单位劳动力的输出效率，但显然目前雇主提供的专门培训并不能显著地提高劳动生产率。

（3）社会特征

语言适应程度和社会保障项目显著影响劳动力的劳动生产率水平。其一，劳动力的普通话和方言水平对劳动生产率的影响方向相反，普通话水平越高，劳动生产率越高；然而工作地区方言水平越高，劳动生产率越低。也就是说，在劳动力市场中，普通话语境更有益于提升劳动生产率。其二，参加养老保险显著降低了劳动生产率，参加医疗保险、失业保险、工伤保险和有住房公积金能够提高劳动生产率，是否参加生育保险并不会显著影响劳动生产率的变动。养老保险是保障劳动力退出劳动力市场后基本生活需求的保险制度。养老保险通过再分配或储蓄的方式建立保险基金，对劳动力具有持久的保障作用，参加养老保险可能会通过降低雇员的生产惰性而影响劳动生产率。与之相对应的是，医疗保险、失业保险、工伤保险和住房公积金是"事件保障项目"，一旦发生相关事件，对应的保障项目会发挥补充作用，为劳动力提供应对风险的基本保障，参加"事件保障项目"有效提高了劳动生产率。是否参加生育保险并不会对劳动生产率产生显著的影响，因为生育保险为"一次性保险项目"，并不会对劳动生产率产生稳定的影响。

综合来看，根据人口年龄结构的第一种划分标准，在考虑和不考虑控制变量的情况下，在不同年龄组中，年龄对劳动生产率的影响结果并不完全稳定，并且基于劳动力完成教育的年限和可能进入劳动力市场的年龄的综合考虑，第一种划分年龄的方法掩盖了个别年龄组的生产特性。因此，我们认为第二种对人口年龄结构的划分更准确，实证检验结果更稳健。

根据人口年龄结构的第二种划分标准，在不考虑控制变量的情况下，劳动生产率的年龄峰值位于25—29岁，劳动力从35岁开始出现劳动生产率的负向变动趋势，但是在50—54岁组别中，劳动力的劳动生产率出现反弹；在考虑个体基本特征、工作特征和社会特征的情况下，年龄对劳动生产率的影响变弱，劳动生产率的年龄峰值位于25—29岁，劳动生产率的衰退期从40岁开始。Werding基于OECD国家的数据，从宏观视角证实了40—49岁劳动力对全要素生产率的贡献最大，其次是50—59岁劳动力。[1] 这与本书基于微观视角的研究结果相去甚远，可能是由于宏观研究视角的年龄划分是基于全部人口的，而本书基于微观视角的研究包括18—71岁劳动力，样本框不同导致结果的差异。研究结果显示，40—49岁劳动力的劳动生产率受年龄的影响不显著。另外，无论是否考虑控制变量的影响，30—39岁劳动力的年龄与劳动生产率之间的关系不显著。

二　人口年龄结构与工资关系的实证检验

根据人口年龄结构与劳动生产率的研究结果，我们认为第二种对人口年龄结构的划分标准更能准确地反映人口年龄结构与工资之间的关系，实证检验结果更稳健，本部分不再就第一种划分标准对人口年龄结构与工资的研究进行具体的阐述。

工资是雇员劳务报酬的主要形式。相较于劳动生产率，工资无法直接反映劳动力的生产输入，是以货币形式衡量的劳动力生产输出。表8－7报告了不加入控制变量的人口年龄结构与工资之间的关系，结果显示，年龄对工资影响的峰值位于25—29岁，从40岁以后，随着年龄的增加，工资逐渐降低。刚进入劳动力市场的18—24岁劳动力的工资与年龄呈高度

① M. Werding, "Aging and Productivity Growth: Are There Macro - Level Cohort Effects of Human Capital?," CESifo Working Paper, No. 2207, 2008.

的负向关系。35—39 岁、45—49 岁劳动力的工资与年龄无显著的关系，老年劳动力的工资随着年龄的增加而逐渐降低，并且 55 岁及以上中老年劳动力的工资受年龄的影响最大。

由表 8-8 可知，在考虑个体基本特征、工作特征和社会特征的情况下，年龄对工资影响的峰值位于 25—34 岁，年龄每增加 1 岁，工资变化 4.50%—4.78%，45 岁及以上劳动力的工资与年龄之间呈负向的关系。在加入控制变量的情况下，各年龄段劳动力的工资受年龄的影响都有所减弱，并且 40—44 岁劳动力的工资不再受年龄的影响。

综合考虑控制变量和不考虑控制变量两种情况的实证结果，18—24 岁和 50 岁及以上劳动力的工资与年龄之间都呈现显著的负向关系，可见，刚进入劳动力市场的年轻人和即将离开劳动力市场的中老年人的工资稳定地呈现负向的变动趋势。在此阶段，随着年龄的增加，企业为他们支付的劳动报酬逐渐减少。劳动力处于 25—34 岁时工资随年龄的增加而增加，并且处于峰值期。

控制变量的加入削弱了年龄对工资的影响，个体基本特征、工作特征和社会特征在不同程度上影响劳动力的工资，下面将从这几个方面分别进行说明。

（1）个体基本特征

性别和心理感知是影响劳动力工资主要的个体基本特征。无论劳动力处于哪个年龄段，男性的工资都高于女性，性别工资差距是存在于劳动力市场中普遍的现象。劳动力心情抑郁或烦躁都会显著降低其工资收入，除个别职业之外，劳动力工资与绩效能力直接相关，心情经常抑郁或烦躁显然会降低工作绩效，不益于工资收入。户籍状态、身体健康状况对劳动力工资没有显著的影响。

（2）工作特征

工龄越长，工资越低。企事业单位、公务员系统等都将工龄计入工资考核内，工龄越长，工龄工资越高，与相同工作环境的雇员相比，工资越高。本章的研究结果与之相反，这与调查样本有关，雇主-雇员调查数据中仅有 10.8% 是国有企业；私营企业、有限责任公司和股份制有限公司样本量最多，分别为 32.7%、32.0%、12.2%。劳动力对收入的满意度越高，工作效率越高，工作积极性越高，工资相应越高。

表 8 - 7 不加入控制变量的人口年龄结构与工资关系的实证结果

变量	模型一	模型二	模型三	模型四	模型五	模型六	模型七	模型八	模型九
18—24 岁	-0.0669*** (0.0192)								
25—29 岁		0.1130*** (0.0206)							
30—34 岁			0.0894*** (0.0235)						
35—39 岁				0.0077 (0.0282)					
40—44 岁					-0.0903*** (0.0271)				
45—49 岁						-0.0360 (0.0333)			
50—54 岁							-0.0920** (0.0414)		
55—59 岁								-0.2180*** (0.0403)	
60 岁及以上									-0.2990*** (0.0715)
常数项	7.6270*** (0.0087)	7.5950*** (0.0085)	7.6040*** (0.0083)	7.6160*** (0.0081)	7.6250*** (0.0082)	7.6180*** (0.0080)	7.6190*** (0.0080)	7.6210*** (0.0079)	7.6190*** (0.0078)
观察值	3559	3559	3559	3559	3559	3559	3559	3559	3559

***、** 分别表示在 1%、5% 的显著性水平下显著。

注：括号内表示的是标准差。

表 8－8　加入控制变量的人口年龄结构与工资关系的实证结果

变量	模型一	模型二	模型三	模型四	模型五	模型六	模型七	模型八	模型九
18—24岁	-0.0607*** (0.0207)								
25—29岁		0.0478** (0.0207)							
30—34岁			0.0450** (0.0220)						
35—39岁				0.0379 (0.0275)					
40—44岁					-0.0310 (0.0265)				
45—49岁						0.0266 (0.0315)			
50—54岁							-0.0832** (0.0404)		
55—59岁								-0.1700*** (0.0367)	
60岁及以上									-0.1730** (0.0715)
性别	-0.1506*** (0.0157)	-0.1540*** (0.0157)	-0.1570*** (0.0157)	-0.1570*** (0.0157)	-0.1550*** (0.0158)	-0.1570*** (0.0157)	-0.1580*** (0.0157)	-0.1590*** (0.0157)	-0.1590*** (0.0157)
户籍状态	-0.0013 (0.0164)	0.0083 (0.0162)	0.0049 (0.0163)	0.0047 (0.0163)	0.0068 (0.0162)	0.0053 (0.0162)	0.0072 (0.0163)	0.0098 (0.0163)	0.0063 (0.0162)

续表

变量	模型一	模型二	模型三	模型四	模型五	模型六	模型七	模型八	模型九
受教育程度	-0.0004 (0.0048)	-0.0008 (0.0048)	-0.0012 (0.0048)	-0.0011 (0.0048)	-0.0010 (0.0048)	-0.0009 (0.0048)	-0.0007 (0.0048)	-0.0020 (0.0048)	-0.0014 (0.0048)
健康状态自我评估	0.0032 (0.0166)	0.0054 (0.0166)	0.0040 (0.0166)	0.0040 (0.0167)	0.0045 (0.0167)	0.0039 (0.0166)	0.0044 (0.0166)	0.0042 (0.0166)	0.0042 (0.0166)
BMI	-0.0009 (0.0026)	0.0004 (0.0026)	-8.42e-05 (0.0026)	-2.79e-05 (0.0026)	0.0003 (0.00267)	3.04e-05 (0.0026)	0.0003 (0.0026)	0.0004 (0.0026)	0.0002 (0.0026)
心理感知	0.0166** (0.0076)	0.0168** (0.0076)	0.0165** (0.0076)	0.0168** (0.0076)	0.0168** (0.0075)	0.0167** (0.0076)	0.0165** (0.0076)	0.0164** (0.0075)	0.0166** (0.0076)
工龄	-0.0031*** (0.0012)	-0.0019* (0.0012)	-0.0024** (0.0011)	-0.0026** (0.0011)	-0.0022* (0.0012)	-0.0026** (0.0011)	-0.0021* (0.0012)	-0.0021* (0.0011)	-0.0024** (0.0011)
专门培训	0.0014 (0.0035)	0.0013 (0.0036)	0.0016 (0.0036)	0.0015 (0.0036)	0.0015 (0.0036)	0.0016 (0.0036)	0.0015 (0.0036)	0.0017 (0.0036)	0.0016 (0.0036)
一般培训	-0.0007 (0.0008)	-0.0007 (0.0008)	-0.0008 (0.0008)	-0.0007 (0.0008)	-0.0007 (0.0008)	-0.0007 (0.0008)	-0.0007 (0.0008)	-0.0007 (0.0008)	-0.0007 (0.0008)
收入满意度	0.0451*** (0.0109)	0.0464*** (0.0109)	0.0451*** (0.0109)	0.0453*** (0.0109)	0.0455*** (0.0109)	0.0453*** (0.0109)	0.0453*** (0.0109)	0.0456*** (0.0109)	0.0455*** (0.0109)
工作时间满意度	0.0171 (0.0115)	0.0176 (0.0115)	0.0189* (0.0115)	0.0190* (0.0115)	0.0185 (0.0115)	0.0184 (0.0115)	0.0189 (0.0115)	0.0181 (0.0115)	0.0187 (0.0115)
普通话水平	0.0847*** (0.0104)	0.0796*** (0.0104)	0.0809*** (0.0104)	0.0824*** (0.0103)	0.0811*** (0.0104)	0.0829*** (0.0105)	0.0814*** (0.0104)	0.0799*** (0.0104)	0.0790*** (0.0106)
方言水平	-0.0195** (0.0076)	-0.0185** (0.00761)	-0.0187** (0.0076)	-0.0188** (0.0076)	-0.0183** (0.0076)	-0.0184** (0.0076)	-0.0184** (0.0076)	-0.0180** (0.0076)	-0.0183** (0.0076)

续表

变量	模型一	模型二	模型三	模型四	模型五	模型六	模型七	模型八	模型九
养老保险	-0.1300***	-0.1240***	-0.1240***	-0.1220***	-0.1200***	-0.1220***	-0.1240***	-0.1260***	-0.1210***
	(0.0425)	(0.0423)	(0.0425)	(0.0422)	(0.0422)	(0.0423)	(0.0424)	(0.0423)	(0.0423)
医疗保险	0.0480	0.0425	0.0441	0.0406	0.0406	0.0424	0.0412	0.0425	0.0413
	(0.0413)	(0.0411)	(0.0412)	(0.0410)	(0.0410)	(0.0410)	(0.0412)	(0.0410)	(0.0411)
失业保险	0.0878**	0.0876**	0.0880**	0.0884**	0.0866**	0.0877**	0.0906***	0.0915***	0.0879**
	(0.0344)	(0.0345)	(0.0345)	(0.0344)	(0.0345)	(0.0345)	(0.0345)	(0.0345)	(0.0345)
工伤保险	0.1570***	0.1570***	0.1570***	0.1590***	0.1610***	0.1590***	0.1580***	0.1560***	0.1570***
	(0.0305)	(0.0306)	(0.0305)	(0.0306)	(0.0305)	(0.0305)	(0.0305)	(0.0305)	(0.0305)
生育保险	0.0061	0.0024	0.0032	0.0046	0.0019	0.0037	0.0038	0.0026	0.0038
	(0.0320)	(0.0319)	(0.0319)	(0.0320)	(0.0319)	(0.0319)	(0.0319)	(0.0319)	(0.0320)
住房公积金	0.0473**	0.0445**	0.0468**	0.0478**	0.0462**	0.0467**	0.0458**	0.0441**	0.0461**
	(0.0186)	(0.0186)	(0.0186)	(0.0185)	(0.0186)	(0.0185)	(0.0186)	(0.0186)	(0.0186)
常数项	7.2450***	7.1850***	7.2090***	7.2010***	7.1950***	7.2000***	7.1980***	7.2080***	7.2180***
	(0.1020)	(0.0999)	(0.1010)	(0.1000)	(0.1000)	(0.1000)	(0.1000)	(0.1000)	(0.1010)
观测值	3491	3491	3491	3491	3491	3491	3491	3491	3491

*** 、 ** 、 * 分别表示在 1% 、 5% 、 10% 的显著性水平下显著。

注：括号内表示的是标准差。

（3）社会特征

普通话掌握程度越高，劳动力工资越高；相反，对工作地区方言的掌握程度越高，劳动力工资越低。这从侧面反映了劳动力就业的语言环境基本以普通话为主，熟练运用普通话才能提高工作表现，提高劳动生产率，增加工资。"五险一金"是劳动力市场中对劳动力最重要的保障项目，参加失业保险、工伤保险和拥有住房公积金有助于提高劳动力工资水平，参加养老保险会降低劳动力的工资，医疗保险和生育保险对劳动力工资不存在显著的影响。养老保险将劳动力的部分工资以保险基金或储蓄的形式存储，"先收后付"的特征减少了劳动力的当期工资。住房公积金同样以职工当期部分工资进行存储，以后期给付的形式存在，但是表现出对工资正向的促进作用。

结合控制变量对劳动生产率的影响，能够得出以下结论。第一，在劳动力市场中，提高人力资本水平应集中于解决雇员的心理感知问题，相对而言，身体健康状况并不是我国劳动力市场中的重要因素。无论是主观的健康状态自我评估还是客观的 BMI，都表现出对劳动生产率和工资不显著的影响。第二，男性在劳动力市场中具有比较优势。由于男性、女性在家庭和社会的分工、职业特征等因素的存在，男性劳动生产率高于女性，这恰恰可能是男性工资高于女性的内在原因。第三，对于已经进入劳动力市场的劳动力而言，受教育程度不会显著地影响其劳动生产率和工资，反而是与企业相关的专门培训和一般培训会显著提高劳动生产率，但是不会显著提高其工资。因此，企业是否提供经常性的培训需要就生产效率和工资支付的重要性进行权衡。第四，雇员工龄对于企业是把"双刃剑"。工龄是衡量员工经验的重要指标，工龄越长，企业越能从员工经验中汲取较高的生产技能，提高企业生产效率。但是从雇员角度出发，工龄越长，工作积极性越低，劳动生产率和工资越低。因此，企业如何配置不同工龄的劳动力是影响企业生产效率和薪酬的主要因素。第五，雇员参加养老保险会显著降低其劳动生产率和工资水平，失业保险、工伤保险和住房公积金对劳动生产率和工资水平都呈现正向的影响，生育保险对劳动生产率和工资均无显著的影响，医疗保险能显著提高劳动生产率，但对工资水平没有显著的影响。这样看来，在不考虑法律的强制性规定的情况下，企业提供"五险一金"具有必要性，适度调整养老保险额度，提高劳动力的劳动生产率更易于企业生产。

三　年龄、工资和劳动生产率

　　劳动生产率是衡量劳动力生产效率的指标，能够衡量单位劳动力输入的生产输出能力。工资是以货币形式对劳动力劳动所支付的报酬，是生产输出的绝对量评价。图 8 - 1 显示了在不考虑控制变量的情况下，劳动力年龄结构与工资、劳动生产率之间的关系，工资和劳动生产率的年龄峰值都处于 25—29 岁，并且年龄对劳动生产率的影响大于对工资的影响。劳动力进入 40 岁以后，劳动生产率和工资开始受年龄负向的影响，45—49 岁劳动力的劳动生产率和工资的负向影响有所反弹，但依然呈现与年龄负向的关系，50 岁及以上劳动力的劳动生产率和工资随年龄的增加迅速降低。

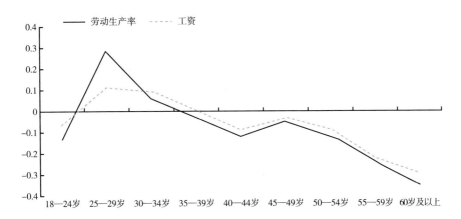

图 8 - 1　不考虑控制变量的年龄、工资和劳动生产率的关系

　　在将劳动力的个体基本特征、工作特征和社会特征考虑在内的情况下，控制变量的加入削弱了年龄对劳动生产率和工资的影响。相较于不考虑控制变量影响的情况，劳动生产率和工资的年龄峰值延长至 34 岁，基本维持在 25—34 岁，45—49 岁劳动力的劳动生产率和工资的负向影响同样出现了反弹，且变化幅度更大。其他年龄段劳动力的劳动生产率和工资受年龄的影响结果与图 8 - 1 基本保持一致，实证检验结果具有一定的稳定性。

　　在劳动力市场中，各个经济变量之间具有直接或间接的联系，考虑控制变量的存在更符合实际情况。从图 8 - 2 中可以看出，18—29 岁劳动力的工资与劳动生产率变化趋势基本一致；40—44 岁劳动力的年龄对工资的影响大于对劳动生产率的影响，高工资并不能有效提高劳动生产率；45岁及以上劳动力的年龄对劳动生产率的影响小于对工资的影响，单位劳动生产效率高于成本。从劳动力市场的实际情况来看，30—44 岁的劳动力是劳动力市场的主要群体，提高这部分群体的劳动生产率是提高企业生产效率的关键。

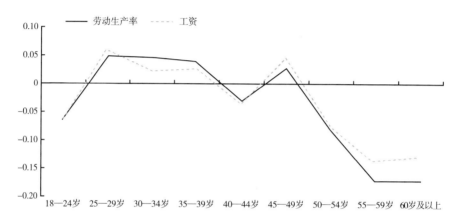

图 8 - 2　考虑控制变量的年龄、工资和劳动生产率的关系

基于截面数据的研究得出，劳动力年龄对劳动生产率和工资的影响基本保持一致，青壮年的劳动生产率和工资水平最高。平均来看，工资不偏离劳动生产率。实证结果显示，在劳动力市场中，劳动力老化对劳动生产率产生负向的影响，支持技能贬值理论，即与劳动力老化有关的技能贬值导致人力资本退化，外在生产环境的优化导致技能不匹配情况的出现，这些都是导致劳动力老化不利于劳动生产率提高的主要依据。

第三节　主要结论

本章的研究利用 2013 年"中国雇主－雇员匹配数据追踪调查"，从微观角度分析了劳动力年龄与工资、劳动生产率之间的关系。为了消除基于截面数据的古典线性回归模型存在异方差的问题，采用"线性回归 + 稳健标准差"的方法解决了异方差导致的 t 检验和 F 检验无效的问题，得到的实证结果无偏、一致且渐进正态分布。通过实证结果分析，得出以下结论。

首先，为了避免人为划分人口年龄组别所导致的结果偏差，本章采用了两种划分标准，一种是 18—29 岁、30—39 岁、40—49 岁、50—59 岁和 60 岁及以上 5 组，另一种为 18—24 岁、25—29 岁、30—34 岁、35—44 岁、45—49 岁、50—54 岁、55—59 岁和 60 岁及以上 9 组。按照第一种年龄划分标准，18—29 岁劳动力的劳动生产率水平最高，但是依据我国人口接受教育的年限和进入劳动力市场的年龄，高中毕业进入劳动力市场的劳动力至少 19 岁，大学毕业进入劳动力市场的劳动力至少 23 岁，18—24 岁劳动力迈入劳动力市场的年限较短，生产技能和生产经验相对较少，劳动生产率可能较低。因此，18—24 岁劳动力的劳动生产率与年龄的关系需要进一步探讨。第一种年龄划分标准掩盖了 18—24 岁劳动力真实的劳动生产率水平。第二种划分标准更能准确地显示人口年龄结构与劳动生产率之间的关系，并且通过实证检验结果证实了第二种年龄划分标准的实证结果更稳健，在劳动力市场相关的微观研究中可以予以推行。

其次，在不考虑个体基本特征、工作特征和社会特征的情况下，工资和劳动生产率的年龄峰值都位于 25—29 岁，并且年龄对劳动生产率的影响大于对工资的影响。劳动力进入 40 岁以后，劳动生产率和工资开始受年龄负向的影响，45—49 岁劳动力的劳动生产率和工资的负向影响有所反弹，但依然呈现与年龄负向的关系，50 岁及以上劳动力的劳动生产率和工资随年龄的增加迅速降低。

再次，在考虑控制变量影响的情况下，工资和劳动生产率的年龄峰值延长至 34 岁，年龄峰值基本位于 25—34 岁，其他年龄段劳动力的劳动生产率和工资受年龄影响的结果稳定，与不加入控制变量的实证结果一致。个体基本特征、工作特征和社会特征的加入削弱了年龄对劳动生产率的影响。

最后，社会保障项目是影响劳动生产率和工资的重要因素。"五险一金"是劳动力市场吸引劳动力进入的基本条件，它是对非正常事件和退出劳动力市场后的基本保障。但是从提高劳动生产率的角度出发，养老保险在一定程度上抑制了劳动生产率的提高，继而降低了劳动力的工资。因此，适当调整养老保险额度势在必行，除了发挥基本生活保障功能之外，应该最大限度地提高劳动力的就业效率和工作积极性。另外，劳动力市场中存在明显的性别差异，男性劳动生产率和工资水平都明显高于女性。

第九章 结 论

第一节 主要结论

我国经济发展已进入新常态，相较于中高速经济发展常态而言，人口年龄结构老化速度加快给经济增长带来了很大挑战。劳动生产率是经济增长的源泉，而且是保证经济高质量发展的本质，提高单位就业人员的生产效率是经济可持续发展的关键。本书旨在研究人口老龄化与劳动生产率之间的关系，检验结果为积极应对人口老龄化提供了实证依据，主要结论如下。

第一，我国的省际劳动生产率发展差异明显，并且地区间的劳动生产率差异具有明显的区域性和阶段性。1991—2015 年，我国的实际劳动生产率水平从 3627.39 元/人上升到 37162.77 元/人，增幅超过 9 倍，整体呈现大幅度增加。分区域来看，东部、中部、西部地区的劳动生产率与全国的劳动生产率演变趋势一致，其中，东部地区的劳动生产率水平高于中部、西部地区，甚至高于全国的平均水平，其初始劳动生产率和劳动生产率增幅均领先于其他地区，中部、西部地区的劳动生产率水平接近。我国实际劳动生产率的阶段性特征主要存在于全国范围内及东部、中部、西部地区的相对变化趋势中。我国的劳动生产率于 1992 年达到峰值 13.43%，1991—2015 年劳动生产率增长率呈现高水平持续稳定增长的态势，但在个别年份呈现波动性。1991—2000 年，东部地区的劳动生产率的平均增长率处于全国领先地位。从 2001 年开始，西部地区受益于区域发展优势，劳动生产率增长率有了最大幅度的提高；从 2003 年开始，西部地区劳动生产率的增长率超过中部地区；从 2006 年开始，西部地区劳动生产率增长率超过东部地区；直至"十二五"规划末期，西部地区的劳动生产率绝对量赶超中部地区的趋势凸显，并表现出超过东部地区和中部地区的阶段性区域崛起。

第二，缩小地区发展差距，实现区域均衡发展是"共富共享"的主要途径。目前，我国区域间和区域内的劳动生产率发展差距均呈现缩小的趋势，区域发展不平衡得到了很大程度的改善。我国总体和东部、中部、西部地区的劳动生产率最终呈现一定程度的 σ 收敛趋势。按照收敛程度判断，全国劳动生产率对数值的标准差随时间的变化呈倒"U"形，最终呈收敛趋势；东部地区劳动生产率的内部差距波动性较大，但最终呈缓慢收敛趋势；中部地区劳动生产率对数值的标准差变化最为平稳，并以平稳的速度最终收敛；西部地区劳动生产率的内部差距最不平稳、波动性较大。1991—2015 年，全国的劳动生产率以每年 0.83% 的速度显著收敛；东部和中部地区的劳动生产率收敛速度快于全国，分别为每年 2.06%、1.85%，即东部和中部地区的内部区域发展不平衡的改善程度快于全国，存在俱乐部收敛现象；西部地区劳动生产率的 β 收敛系数在各显著性水平下均不显著，不存在俱乐部收敛现象。

第三，投资率、社会就业人员增长率、技术进步率和折旧率对各地区内部的劳动生产率差距缩小具有一定的影响。投资率是助推劳动生产率收敛的重要因素，但是投资率的作用在经济发展模式逐渐从投资型向创新型转变的过程中逐渐被弱化。但从根本上说，从 1991 年开始，我国依然依靠投资驱动经济发展，各省份的资源禀赋差异、产业结构发展特点等决定了不同省份的投资规模差异明显，从而使得各地区劳动生产率的收敛程度和收敛速度完全不同。社会就业人员增长率越大，越不易于缩小地区间的劳动生产率差距，越远离平衡状态。因此，为了缩小地区间劳动生产率的差距，尽可能实现区域平衡发展，应该从提高投资率、降低社会就业人员增长率入手。但是从稳定社会就业人员增长率、技术进步率和折旧率的角度出发，缩小区域内部差距的同时，必定会减少区域劳动生产率存量，因此，在区域经济发展过程中，公平和效率的取舍决定了资源要素投入策略和政府决策的取向。

第四，经济发展形态转变是人口红利实现路径的必需条件，在新时代经济发展阶段，经济环境转变决定了收获人口红利的路径必将随之转变。从经济发展与人口转变两个视角出发，在人口机会窗口变化的同时，在外在经济形态、社会政策等的变迁中，人口红利的存续期、实现路径、类型等在不同发展阶段均有所不同，人口红利并非一蹴而就、一成不变。人口转变与经济发展是长周期的动态过程。无论是人口红利的实现途径还是所属类型，都不具有单一性。在人口转变过程中，人口机会窗口随之转变，人口优势与经济形态相结合导致收获人口红利的路径也相应转变。从我国的发展形态来看，第一次人口红利是数量型人口优势与劳动密集型产业结构及转型过程中生产要素需求的有机结合，在经济增长过程中人力资源发挥了主导优势，高劳动参与率是收获人口红利的主要路径。在后人口转变过程中，人口老龄化不断深化、劳动年龄人口减少和抚养比升高导致第一次人口红利的人口基础不复存在，劳动参与率的降低导致劳动力成为稀缺资源，其中，第一次人口红利收获期积累的人力资本逐渐成为促进经济增长的关键因素，可以通过提高单位劳动产出即劳动生产率水平来收获人口红利。因此，人口红利收获路径在人口转变所导致的人口机会窗口转型以及经济社会发展方式转变所导致的人口红利形态转型中，并非消失，而是从劳动参与率向劳动生产率转变。

第五，短期范围内，当期的人口老龄化对劳动生产率的影响为负，滞后一期的人口老龄化对劳动生产率的影响为正；长期范围内，人口老龄化对劳动生产率的长期效应并未凸显。在改进模型中，通过加入人口老龄化的平方项，进一步证实了人口老龄化与劳动生产率之间的关系呈显著的倒"U"形。在不考虑控制变量影响的情况下，人口老龄化的最大劳动生产效应拐点位于 10.61%—10.94%；在考虑控制变量影响的情况下，人口老龄化的劳动生产效应拐点前移至 8.65%—8.79%。采用老年抚养比作为人口老龄化指标的代理变量，采用相同的模型设定和计量方法，实证结果稳健，支持人口年龄结构与劳动生产率之间的非线性关系。

第六，通过建立中介效应模型检验了基于劳动生产率指数分解基础上的技术进步、纯技术效率和规模效率的途径，分别检验了人口老龄化通过三个途径对劳动生产率的影响程度，证实了人口老龄化直接或间接地影响劳动生产率的变动。

人口老龄化除了直接影响劳动生产率之外，从生产环节入手，技术进步是人口老龄化影响劳动生产率变动的重要间接因素。在不加入控制变量的情况下，技术进步能够解释人口老龄化对劳动生产率影响的44.89%。在加入控制变量后，技术进步解释人口老龄化的部分影响被其他变量稀释，技术进步能够解释人口老龄化对劳动生产率影响的16.20%。

一方面，人口综合素质的整体提升使得劳动密集型产业逐步向技术密集型产业聚集，产业结构转型及升级使得在生产资源一定的情况下，技术进步提高了单位生产输出效率，从而有助于劳动生产率提高。另一方面，人口预期寿命的延长和即将推行的延迟退休政策将部分老年劳动力再次推回劳动力市场，而技术革新不断改变劳动力市场需求，老年劳动力适应劳动力市场的首要障碍就是适应技术创新型生产方式；数字鸿沟即在信息和电子技术方面的鸿沟造成了老年群体与年轻劳动力、老年劳动力供给与市场需求之间的分化，产生供需矛盾。从微观角度来说，老年劳动力在劳动力市场需求转变的条件下，势必会增加个人人力资本投资来适应技术变革的新型生产方式，提升生产竞争力。另外，在持续低生育率背景下，家庭对孩子质量的投资大于孩子数量，存在替代效应，使得人力资本水平整体提升，适应技术进步型产业的能力增强，单位劳动力产出增加。从中观角度来说，老年劳动力"返潮"将倒逼企业增加对创新生产能力的培训以提升员工整体尤其是"返潮"老年劳动力的生产力。从宏观角度来说，在人口老龄化不断深化且不可逆转的背景下，教育投入、产业结构转型、创新型社会建立等都提高了技术进步的生产效应。因此，人口老龄化通过技术进步途径对劳动生产率的中介作用显著为正。

不考虑控制变量的人口老龄化对劳动生产率的影响通过纯技术效率中介变量途径传导时，纯技术效率能够解释人口老龄化对劳动生产率影响的4.14%，并且人口老龄化通过纯技术效率途径对劳动生产率的影响为负。在考虑控制变量影响的前提下，人口老龄化通过纯技术效率途径对劳动生产率的中介效应不显著，控制变量中人力资本水平和资本深化两个因素对劳动生产率的正向促进作用最为显著。

在特定资源投入情况下，纯技术效率提高带来的结构优化导致生产效率提高。我国的专利申请量处于世界前列，但是只有将专利投入生产过程中才能转化为生产力，有效提高生产效率。2018年，我国的专利实施率和专业产业化率相对较高，总体专利运用水平较高。但是我国存在未实施专利比例高、高校专利运用水平低、小微企业创新成果转化困难等问题，技术转化率低。另外，我国创新技术总体水平较低，核心专利较少。我国国内有效发明专利的平均年限为6.2年，"短平快"的创新专利导致科技成果闲置率高，有效转化成产业的专利利用率较低。就我国创新技术应用的实际情况而言，技术推广的有效程度较低，从而导致人口老龄化通过纯技术效率途径对劳动生产率产生负向的影响。

在不考虑控制变量影响的情况下，人口老龄化通过规模效率中介变量途径间接影响劳动生产率，存在部分中介作用，规模效率能够解释人口老龄化对劳动生产率影响的 2.82%。在考虑控制变量的情况下，规模效率的中介效应由负转正，且能够解释人口老龄化对劳动生产率影响的 4.10%。

在生产技术不变的条件下，生产要素投入形成规模经济，可以有效降低平均总成本，从而增加总产出，提高规模效率，尽可能靠近帕累托最优状态。在人口老龄化不断深化的情况下，国家顶层设计、市场调控和政策导向都开始重视技术创新，旨在扭转粗放型经济增长的不可持续性和低效性。在新时代创造现代化强国之际，我国经济逐渐向集约型、创新型增长方式转变以实现经济高质量发展的可持续性和高效能。但是就目前来看，我国部分地区仍然无法摆脱粗放型要素投入的增长方式。在人口老龄化不断深化的过程中，有效劳动力生产要素规模缩小，在不改变技术水平、资本和人力资本存量的条件下，规模经济可以平抑部分生产成本，从而提高单位劳动力的产出效应。但是，目前我国的规模经济生产并没有形成行之有效的规模效率来促进劳动生产率的提高。

第七，技术进步是影响劳动生产率变化的重要途径，我国人口老龄化水平与创新之间并非单一的线性关系，而是呈现二次函数的关系形式。在人口老龄化初期，创新的增长速度慢于经济增长速度，随着人口老龄化程度的加深，市场调控、政策导向、产业结构转型等导致创新的增长速度逐渐加快。结果显示，人口老龄化与创新之间呈倒 "U" 形关系。在人口老龄化达到峰值之前，随着人口老龄化水平的提高，人口老龄化对创新有积极的促进作用；但当人口老龄化达到拐点后，人口老龄化程度的进一步加深将对创新行为产生负面的影响，人口老龄化程度的拐点位于 8.2%—12.2%。人口老龄化对创新影响的峰值先于劳动生产率，也就是说，人口老龄化的深化先使得创新活力减弱，继而作用于劳动生产率，导致劳动生产率降低。

第八，从微观角度探讨人口年龄结构与劳动生产率和工资之间的关系，采用稳健标准差的一般线性回归方法，实证分析结果显示，劳动生产率的年龄峰值位于 25—29 岁，25—29 岁劳动力的劳动生产率比其他组别的劳动力平均高 5.73%；18—24 岁劳动力的劳动生产率系数为负，30—39 岁和 45—49 岁劳动力的劳动生产率与年龄之间的关系不显著，40 岁及以上劳动力的劳动生产率与年龄之间呈负相关关系。在考虑个体基本特征、工作特征和社会特征的情况下，不同年龄组劳动力的劳动生产率受年龄的影响变弱。

在不考虑控制变量的情况下，年龄对工资影响的峰值位于 25—29 岁。从 40 岁以后，随着年龄的增加，工资逐渐降低。刚进入劳动力市场的 18—24 岁劳动力的工资与年龄呈高度的负相关关系。35—39 岁、45—49 岁劳动力的工资与年龄无显著的关系，老年劳动力的工资随着年龄的增加而逐渐降低，并且 55 岁及以上中老年劳动力的工资受年龄的影响最大。控制变量的加入削弱了年龄对工资的影响，年龄对工资影响的峰值位于 25—34 岁，年龄每增加 1 岁，工资变化 4.50%—4.78%，40—44 岁劳动力的工资不再受年龄的影响，45 岁及以上劳动力的工资与年龄之间呈负相关关系。

第二节　研究不足和研究展望

一　研究不足

本书从宏观和微观视角研究了人口老龄化、人口年龄结构和劳动生产率之间的关系，得出了具有现实意义的结论，但依然存在可以改进的空间，主要集中于以下两点。

一是，劳动生产率是一个复杂、多部门联动的经济指标，本书基于动态劳动生产率指数分解的路径分析只提供了一个研究角度，并不能完全解释人口老龄化对劳动生产率的全部影响机制。人口老龄化可能通过消费、资本、投资等多个途径作用于劳动生产率，这需要日后从多个视角出发对影响机制进行进一步的研究。

二是，劳动生产率具有高度的个体性和部门性，而且因为年龄、人口队列和选择效应的交互关系，从企业层面来研究劳动生产率与人口年龄结构之间的关系更有意义。但是，由于雇主－雇员匹配数据缺少企业层面的人口年龄结构数据，所以无法提供企业微观层面的研究，只能从个体微观视角入手来研究劳动力市场中的劳动力年龄与劳动生产率之间的关系。另外，截面数据的选取无法提供动态依据，只能静态分析人口年龄结构、工资和劳动生产率之间的关系。

本书仅是基于企业视角研究人口年龄结构对我国劳动生产率的影响。劳动生产率是劳动力在一定时期内创造的生产输出与所投入的劳动消耗之比，是劳动力的有效相对输出，而工资可以作为劳动力的直接生产输出。人口老龄化在企业层面存在的工资与劳动生产率的差异化影响可以为企业是否需要为老年人口多付工资提供理论性的支持。但是由于缺少企业层面数据的支撑，未来的研究需要进一步挖掘数据库，重点研究人口年龄结构对工资及劳动生产率的影响差别。

二 研究展望

基于已有研究，对未来的研究展望主要从以下三个方面展开。

首先，人口老龄化通过技术进步、纯技术效率和规模效率途径影响劳动生产率，归根到底是人力资本对劳动生产率的影响，人力资本投资可以缓解人口老龄化的负向影响。尤其在不久的未来，延迟退休政策势在必行，届时低龄老年人口将是劳动力市场中的重要群体，如何挖掘这一群体的潜在劳动生产率、缓解人口老龄化带来的技能贬值，提高人力资本投资是重要的举措。

其次，挖掘企业微观视角下人口年龄结构、技能结构与劳动生产率之间的关系，为企业匹配最优人力资源结构提供实证依据。

最后，未来研究应集中于我国人口老龄化对劳动生产率影响的预测，以及人口转变背景下的劳动生产率发展。本书已有章节重点研究了目前我国人口老龄化背景下，人口老龄化对劳动生产率及技术创新的影响及其影响机制，但局限在于本书仅是对目前经济和人口发展的认识，未来人口政策及社会经济政策导向必定会试图减弱人口老龄化可能带来的负向影响。因此，出于这样的考虑，未来旨在模拟政策变化所带来的劳动生产率变动趋势，以此验证在未来人口老龄化继续深化的背景下，何种政策可以有效防止人口老龄化可能带来的劳动生产率降低，为相关政策的制定提供实证研究的基础。

参考文献

蔡昉、都阳：《中国地区经济增长的趋同与差异——对西部开发战略的启示》，《经济研究》2000 年第 10 期。

蔡昉：《未来的人口红利——中国经济增长源泉的开拓》，《中国人口科学》2009 年第 1 期。

蔡昉：《中国如何通过经济改革兑现人口红利》，《经济学动态》2018 年第 6 期。

陈娟：《全要素生产率对中国经济增长方式的实证研究》，《数理统计与管理》2009 年第 2 期。

陈良文、杨开忠、沈体雁等：《经济集聚密度与劳动生产率差异——基于北京市微观数据的实证研究》，《经济学》（季刊）2008 年第 10 期。

陈强：《高级计量经济学及 Stata 应用》，高等教育出版社，2010。

陈心颖：《人口集聚对区域劳动生产率的异质性影响》，《人口研究》2015 年第 1 期。

崔岩：《流动人口心理层面的社会融入和身份认同问题研究》，《社会学研究》2012 年第 5 期。

单豪杰：《中国资本存量 K 的再估算：1952—2006 年》，《数量经济技术经济研究》2008 年第 10 期。

丁元：《劳动生产率与工资关系的脉冲响应分析——以广东省为例》，《中国人口科学》2007 年第 3 期。

都阳、贾朋：《劳动供给与经济增长》，《劳动经济研究》2018 年第 3 期。

都阳、曲玥：《劳动报酬、劳动生产率与劳动力成本优势——对 2000—2007 年中国制造业企业的经验研究》，《中国工业经济》2009 年第 5 期。

都阳：《人口转变、劳动力市场转折与经济发展》，《国际经济评论》

2010 年第 6 期。

范剑勇：《产业集聚与地区间劳动生产率差异》，《中国经济学前沿》2007 年第 3 期。

付宏、毛蕴诗、宋来胜：《创新对产业结构高级化影响的实证研究——基于 2000—2011 年的省际面板数据》，《中国工业经济》2013 年第 9 期。

盖庆恩、朱喜、史清华：《劳动力市场扭曲、结构转变和中国劳动生产率》，《经济研究》2013 年第 5 期。

高帆、石磊：《中国各省份劳动生产率增长的收敛性：1978—2006 年》，《管理世界》2009 年第 1 期。

高帆：《中国劳动生产率的增长及其因素分解》，《经济理论与经济管理》2007 年第 4 期。

高毅蓉、袁伦渠：《我国三次产业劳动生产率的地区差异及收敛性分析：1985—2010 年》，《经济问题探索》2014 年第 6 期。

顾乃华、陈秀英：《财政约束、城市扩张与经济集聚密度、劳动生产率变动》，《经济学家》2015 年第 6 期。

郭庆旺、贾俊雪：《中国全要素生产率的估算：1979—2004》，《经济研究》2005 年第 6 期。

郭庆旺、赵志耘、贾俊雪：《中国省份经济的全要素生产率分析》，《世界经济》2005 年第 5 期。

杭敏、张志远、苑立波：《劳动生产率提升效应与上海经济转型升级——基于制造业劳动生产率的非参数生产前沿动态分析》，《上海经济研究》2015 年第 1 期。

胡鞍钢、刘生龙、马振国：《人口老龄化、人口增长与经济增长——来自中国省际面板数据的实证证据》，《人口研究》2012 年第 3 期。

胡鞍钢、郑京海：《中国全要素生产率为何明显下降》，《新华文摘》2004 年第 11 期。

胡晓珍、杨龙：《中国区域绿色全要素生产率增长差异及收敛分析》，《财经研究》2011 年第 4 期。

黄先海：《中国各省劳动生产率变化的测度与比较——基于数据包络分析法（DEA）的研究》，《浙江社会科学》2005 年第 5 期。

柯善咨、姚德龙：《工业集聚与城市劳动生产率的因果关系和决定因素——中国城市的空间计量经济联立方程分析》，《数量经济技术经济研究》

2008 年第 12 期。

李桂娥、万威：《关于中国经济收敛性的再认识》，《统计与决策》2013年第 15 期。

李建民：《中国的人口新常态与经济新常态》，《人口研究》2015 年第 1 期。

李竞博：《人口老龄化对劳动生产率的影响》，《人口研究》2019 年第 6 期。

李军：《人口老龄化条件下的经济平衡增长路径》，《数量经济技术经济研究》2006 年第 8 期。

李平：《提升全要素生产率的路径及影响因素——增长核算与前沿面分解视角的梳理分析》，《管理世界》2016 年第 9 期。

李强、郑江淮：《中国劳动生产率的"地区—产业收敛悖论"——基于差异分解的实证研究》，《财贸研究》2012 年第 2 期。

李术君、李韬：《人口老龄化对我国农村劳动力劳动生产率的影响》，《科学决策》2008 年第 10 期。

梁婧、张庆华、龚六堂：《城市规模与劳动生产率：中国城市规模是否过小？——基于中国城市数据的研究》，《经济学》（季刊）2015 年第 3 期。

林毅夫、蔡昉、李周：《中国经济转型时期的地区差距分析》，《经济研究》1998 年第 6 期。

林毅夫、刘培林：《中国的经济发展战略与地区收入差距》，《经济研究》2003 年第 3 期。

刘金全、隋建利、闫超：《亚洲国家经济增长路径的实际敛散性》，《世界经济》2009 年第 2 期。

刘强：《中国经济增长的收敛性分析》，《经济研究》2001 年第 6 期。

刘穷志、何奇：《人口老龄化、经济增长与财政政策》，《经济学》（季刊）2013 年第 1 期。

刘生龙、张捷：《空间经济视角下中国区域经济收敛性再检验——基于1985—2007 年省级数据的实证研究》，《财经研究》2009 年第 12 期。

刘伟、范欣：《现代经济增长理论的内在逻辑与实践路径》，《北京大学学报》（哲学社会科学版）2019 年第 3 期。

刘修岩：《集聚经济、公共基础设施与劳动生产率——来自中国城市动态面板数据的证据》，《财经研究》2010 年第 5 期。

刘渝琳、张敏：《基于广义人口结构的区域劳动生产率差异分析》，《人口与经济》2017 年第 4 期。

陆铭、李鹏飞、钟辉勇：《发展与平衡的新时代——新中国 70 年的空间政治经济学》，《管理世界》2019 年第 10 期。

罗国勋：《经济增长与劳动生产率、产业结构及就业结构的变动》，《数量经济技术经济研究》2000 年第 3 期。

毛丰付、潘加顺：《资本深化、产业结构与中国城市劳动生产率》，《中国工业经济》2012 年第 10 期。

冒佩华、徐骥、贺小丹等：《农地经营权流转与农民劳动生产率提高：理论与实证》，《经济研究》2015 年第 11 期。

〔美〕杰弗里·M. 伍德里奇：《计量经济学导论——现代观点（第 6 版）》，张成思译，中国人民大学出版社，2018。

彭国华：《我国地区经济的"俱乐部"收敛性》，《数量经济技术经济研究》2008 年第 12 期。

彭国华：《中国地区收入差距、全要素生产率及其收敛分析》，《经济研究》2005 年第 9 期。

齐明珠：《我国 2010—2050 年劳动力供给与需求预测》，《人口研究》2010 年第 5 期。

齐明珠：《中国人口变动对经济增长影响的量化研究》，《人口与经济》2013 年第 6 期。

曲玥、蔡昉、张晓波：《"飞雁模式"发生了吗？——对 1998—2008 年中国制造业的分析》，《经济学》（季刊）2013 年第 3 期。

任明、金周永：《韩国人口老龄化对劳动生产率的影响》，《人口学刊》2015 年第 6 期。

〔日〕速水佑次郎：《发展经济学：从贫困到富裕》，李周译，社会科学文献出版社，2003。

沈坤荣、马俊：《中国经济增长的"俱乐部收敛"特征及其成因研究》，《经济研究》2002 年第 1 期。

石磊、高帆：《地区经济差距：一个基于经济结构转变的实证研究》，《管理世界》2006 年第 5 期。

宋旭光、左马华青：《工业机器人投入、劳动力供给与劳动生产率》，《改革》2019 年第 9 期。

孙浦阳、蒋为、张龑：《产品替代性与生产率分布——基于中国制造业企业数据的实证》，《经济研究》2013 年第 4 期。

孙巍：《基于非参数投入前沿面的 Malmquist 生产率指数研究》，《中国管理科学》2000 年第 1 期。

谭砚文、温思美、汪晓银：《中、日、美服务业劳动生产率对经济增长促进作用的比较分析》，《数量经济技术经济研究》2007 年第 12 期。

唐东波：《垂直专业分工与劳动生产率：一个全球化视角的研究》，《世界经济》2014 年第 11 期。

陶洪、戴昌钧：《中国工业劳动生产率增长率的省域比较——基于 DEA 的经验分析》，《数量经济技术经济研究》2007 年第 10 期。

田成诗、盖美：《我国劳动生产率对经济增长贡献的经济计量研究》，《中国软科学》2004 年第 6 期。

田娜：《基于全要素生产率的中韩经济增长因素分析》，《世界经济研究》2012 年第 4 期。

田雪原、胡伟略、杨永超：《日本人口老龄化与经济技术进步——赴日考察及学术交流报告》，《中国人口科学》1990 年第 6 期。

童玉芬：《人口老龄化过程中我国劳动力供给变化特点及面临的挑战》，《人口研究》2014 年第 2 期。

涂平：《中国人口老龄化与人口控制》，《中国社会科学》1995 年第 6 期。

涂正革、肖耿：《中国工业增长模式的转变——大中型企业劳动生产率的非参数生产前沿动态分析》，《管理世界》2006 年第 10 期。

汪伟、刘玉飞、徐炎：《劳动人口年龄结构与中国劳动生产率的动态演化》，《学术月刊》2019 年第 8 期。

汪伟：《人口老龄化、生育政策调整与中国经济增长》，《经济学》（季刊）2017 年第 1 期。

王德文：《人口低生育率阶段的劳动力供求变化与中国经济增长》，《中国人口科学》2007 年第 1 期。

王桂新、潘泽瀚：《中国人口迁移分布的顽健性与胡焕庸线》，《中国人口科学》2016 年第 1 期。

王桂新：《新中国人口迁移 70 年：机制、过程与发展》，《中国人口科学》2019 年第 5 期。

王金营、李竞博：《人口与经济增长关系的再检验——基于人口活跃度—经济模型的分析》，《中国人口科学》2016 年第 3 期。

王玲：《基于指数方法的中国劳动生产率增长实证分析》，《统计研究》

2003 年第 1 期。

王伟同：《中国人口红利的经济增长"尾效"研究——兼论刘易斯拐点后的中国经济》，《财贸经济》2012 年第 11 期。

王小鲁、樊纲、刘鹏：《中国经济增长方式转换和增长可持续性》，《经济研究》2009 年第 1 期。

王小鲁、夏小林：《优化城市规模　推动经济增长》，《经济研究》1999 年第 9 期。

王志刚：《质疑中国经济增长的条件收敛性》，《管理世界》2004 年第 3 期。

温忠麟、张雷、侯杰泰等：《中介效应检验程序及其应用》，《心理学报》2004 年第 5 期。

文红星：《中国全要素生产力的差异比较与启示——以上海、湖北、四川为例》，《经济问题》2005 年第 2 期。

徐升艳、周密：《东中西地区城市不同年龄组劳动生产率的比较研究》，《上海经济研究》2013 年第 3 期。

砚耘：《我国劳动生产率增长的分析》，《统计研究》1990 年第 1 期。

杨道兵、陆杰华：《我国劳动力老化及其对社会经济发展影响的分析》，《人口学刊》2006 年第 1 期。

杨俊、盛鹏飞：《环境污染对劳动生产率的影响研究》，《中国人口科学》2012 年第 5 期。

杨汝岱：《中国制造业企业全要素生产率研究》，《经济研究》2015 年第 2 期。

杨云彦、向华丽、黄瑞芹：《"单独二孩"政策的人口红利效应分析——以湖北省为例》，《中南财经政法大学学报》2014 年第 5 期。

姚德龙：《中国省域工业集聚的空间计量经济学分析》，《统计与决策》2008 年第 3 期。

姚先国、翁杰：《企业对员工的人力资本投资研究》，《中国工业经济》2005 年第 2 期。

于宁：《"后人口红利时代"中国的挑战与机遇——基于老龄化经济影响的视角》，《社会科学》2013 年第 12 期。

袁蓓：《劳动力老龄化对劳动生产效率的影响——基于劳动力非完全替代的分析》，《生产力研究》2009 年第 14 期。

袁富华：《长期增长过程的"结构性加速"与"结构性减速"：一种解

释》,《经济研究》2012 年第 3 期。

袁富华、张平、刘霞辉等:《增长跨越:经济结构服务化、知识过程和效率模式重塑》,《经济研究》2016 年第 10 期。

原新、高瑗、李竞博:《人口红利概念及对中国人口红利的再认识——聚焦于人口机会的分析》,《中国人口科学》2017 年第 6 期。

张广婷、江静、陈勇:《中国劳动力转移与经济增长的实证研究》,《中国工业经济》2010 年第 10 期。

张金昌:《中国的劳动生产率:是高还是低?——兼论劳动生产率的计算方法》,《中国工业经济》2002 年第 4 期。

张军、施少华:《中国经济全要素生产率变动:1952—1998》,《世界经济文汇》2003 年第 2 期。

张抗私、王振波:《中国产业结构和就业结构的失衡及其政策含义》,《经济与管理研究》2014 年第 8 期。

张立新、孙立扬:《产业结构变迁、劳动力市场扭曲与劳动生产率增速放缓——以江苏省为例》,《现代财经－天津财经大学学报》2016 年第 12 期。

张世伟、武娜:《培训时间对农民工收入的影响》,《人口学刊》2015 年第 4 期。

张应禄、陈志钢:《中国劳动生产率的增长——基于乡村与城镇两部门的指数方法实证分析》,《农业技术经济》2010 年第 10 期。

赵伟、马瑞永:《中国经济增长收敛性的再认识——基于增长收敛微观机制的分析》,《管理世界》2005 年第 11 期。

赵昕东、陈丽珍:《老龄化对劳动生产率的影响是否存在行业差别?——基于智力型与体力型服务行业的证据》,《学习与探索》2019 年第 6 期。

郑京海、胡鞍钢:《中国改革时期省际生产率增长变化的实证分析(1979—2001 年)》,《经济学》(季刊)2005 年第 1 期。

郑宗寒:《中国工业劳动生产率分析》,《中国社会科学》1990 年第 3 期。

中共中央宣传部编《习近平新时代中国特色社会主义思想学习纲要》,学习出版社、人民出版社,2019。

中国经济增长前沿课题组:《中国经济长期增长路径、效率与潜在增长水平》,《经济研究》2012 年第 11 期。

钟水映、李魁:《人口红利、空间外溢与省域经济增长》,《管理世界》2010 年第 4 期。

周浩、刘平：《中国人口老龄化对劳动力供给和劳动生产率的影响研究》，《理论学刊》2016 年第 3 期。

周申、杨红彦：《经济开放条件下劳动力市场灵活性与内资企业劳动生产率——基于中国省市和行业数据的经验研究》，《国际贸易问题》2012 年第 3 期。

朱国忠、乔坤元、虞吉海：《中国各省经济增长是否收敛？》，《经济学》（季刊）2014 年第 2 期。

朱明：《服务投入与中国农业劳动生产率的追赶进程——对中国农业劳动生产率阶段性特征的新解释》，《财经研究》2016 年第 7 期。

朱益超：《中国劳动生产率增长动能转换与机制创新研究》，《数量经济技术经济研究》2016 年第 9 期。

A. Charnes, W. W. Cooper, E. Rhodes, "Measuring the Efficiency of Decision Making Units," *European Journal of Operational Research* 2 (1978): 429 – 444.

A. Ciccone, R. E. Hall, "Productivity and the Density of Economic Activity," *American Economic Review* 86 (1996): 54 – 70.

A. D. Grip, J. V. Loo, "The Economics of Skills Obsolescence: A Review," *Research in Labor Economics* 21 (2002): 1 – 26.

A. Irmen, A. Litina, "Population Aging and Inventive Activity," CESifo Working Paper, 2016.

A. Lovász, M. Rigó, "Vintage Effects, Aging and Productivity," *Labour Economics* 22 (2013): 47 – 60.

A. M. Kedir, "Health and Wages: Panel Evidence on Men and Women Using IV Quantile Regression," Discussion Papers in Economics, 2008.

A. Momota, "Population Aging and Sectoral Employment Shares," *Economics Letters* 115 (2012): 527 – 530.

A. P. Bartel, N. Sicherman, "Technological Change and Retirement Decisions of Older Workers," *Journal of Labor Economics* 11 (1993): 162 – 183.

A. R. Cardoso, P. Guimarães, J. Varejão, "Are Older Workers Worthy of Their Pay? An Empirical Investigation of Age – Productivity and Age – Wage Nexuses," *De Economist* 159 (2011): 95.

A. Tipper, "Labour Productivity, Real Wages, and Workforce Age Structure," Paper Delivered to the 53rd New Zealand Association of Economists Conference, 2012.

A. Tusch, "Essays on the Impact of Demography and Aging on Capital, Innovation and Energy Consumption in Switzerland," University of St. Gallen, 2014.

B. Boockmann, T. Zwick, "Company Determinants of the Unemployment of Older Workers," *Journal for Labour Market Research* 37 (2004): 53 – 63.

B. Crépon, N. Deniau, S. Pérez – Duarte, "Wages, Productivity and Worker Characteristics: A French Perspective," *Working Papers* 119 (2003): 28.

B. Dostie, "Wages, Productivity and Aging," *De Economist* 159 (2011): 139 – 158.

B. F. Jones, "Age and Great Invention," NBER Working Paper, No. 11359, 2005.

B. Herrendorf, A. Valentinyi, "On the Stability of the Two – sector Neoclassical Growth Model with Externalities," *Journal of Economic Dynamics & Control* 30 (2006): 1339 – 1361.

B. Mahlberg, A. Prskawetz, V. Skirbekk, "Demographic Structure and Firm Productivity in Austria," *Social Science Electronic Publishing* 28 (2007): 593 – 597.

B. Mahlberg et al., "Ageing, Productivity and Wages in Austria," *Labour Economics* 22 (2013): 5 – 15.

B. Malmberg, T. Lindh, M. Halvarsson, "Productivity Consequences of Workforce Aging: Stagnation or Horndal Effect?," *Population & Development Review* 34 (2008): 238 – 256.

B. V. Ark, "The Measurement of Productivity: What Do the Numbers Mean?," in G. Gelauff et al., eds., *Fostering Productivity, Patterns, Determinants and Policy Implications* (Amsterdam: Elsevier, 2004), pp. 28 – 61.

B. Verworn, C. Hipp, "Does the Ageing Workforce Hamper Innovativeness of Firms? (No) Evidence from Germany," *International Journal of Human Resources Development & Management* 9 (2009).

CES, "Demography and Innovative Entrepreneurship," 2017, http://www. cesifo – group. de/portal/page/portal/DocBase_ Content/WP/WP – CESifo_ Working_ Papers/wp – cesifo – .

C. Göbel, T. Zwick, "Age and Productivity – Evidence from Linked Employer

Employee Data," ZEW Discussion Papers, 2009.

C. Göbel, T. Zwick, "Are Personnel Measures Effective in Increasing Productivity of Old Workers?," *Labour Economics* 22 (2013): 80 – 93.

C. Göbel, T. Zwick, "Which Personnel Measures Are Effective in Increasing Productivity of Old Workers?," *Labour Economics* 22 (2010): 80 – 93.

C. Grund, N. Westergaard – Nielsen, "Age Structure of the Workforce and Firm Performance," *Social Science Electronic Publishing* 29 (2005): 410 – 422.

C. K. Lau, "New Evidence about Regional Income Divergence in China," *China Economic Review* 21 (2010): 293 – 309.

D. Acemoglu, F. Zilibotti, "Productivity Differences," *Quarterly Journal of Economics* 116 (2001): 563 – 606.

D. Acemoglu, P. Aghion, F. Zilibotti, "Distance to Frontier, Selection, and Economic Growth," *Journal of the European Economic Association* 4 (2006): 37 – 74.

D. Andrén, E. Palmer, "The Effect of Past Sickness on Current Earnings in Sweden," Working Papers in Economics, 2004.

D. Bonjour et al., "Returns to Education: Evidence from U. K. Twins," *American Economic Review* 93 (2003): 1799 – 1812.

D. E. Bloom, J. G. Williamson, "Demographic Transitions and Economic Miracles in Emerging Asia," *World Band Economic Review* 12 (1998): 419 – 455.

D. E. Marcotte, V. Wilcox – Gök, "Estimating the Employment and Earnings Costs of Mental Illness: Recent Developments in the United States," *Social Science and Medicine* 53 (2001): 21 – 27.

D. J. Henderson, R. R. Russell, "Human Capital and Convergence: A Production – Frontier Approach," *International Economic Review* 46 (2005): 1167 – 1205.

D. Kawaguchi et al., "Does Seniority – based Wage Differ from Productivity?," Hi – Stat Discussion Paper Series, 2006.

D. Restuccia, D. T. Yang, "Agriculture and Aggregate Productivity: A Quantitative Cross – Country Analysis," *Journal of Monetary Economics* 55 (2008): 234 – 250.

E. J. Feser, "A Flexible Test for Agglomeration Economies in Two US

Manufacturing Industries," *Regional Science & Urban Economics* 31 (2001): 1 – 19.

E. V. Imhoff, "Age Structure, Education, and the Transmission of Technical Change," *Journal of Population Economics* 1 (1989): 167 – 181.

F. Daveri, M. Maliranta, "Age, Seniority and Labour Costs: Lessons from the Finnish IT Revolution," *Economic Policy* 22 (2007): 117 – 175.

F. Schettino, A. Sterlacchini, F. Venturini, "Inventive Productivity and Patent Quality: Evidence from Italian Inventors," *Journal of Policy Modeling* 35 (2013): 1043 – 1056.

G. Henseke, T. Tivig, "Demographic Change and Industry – Specific Innovation Patterns in Germany," in M. Kuhn and C. Ochsen, eds., *Labour Markets and Demographic Change* (Verlag Für Sozialwissenschaften, 2009), pp. 122 – 136.

G. S. Becker, "Human Capital: A Theoretical and Empirical Analysis with Special Reference to Education, Third Edition," *NBER Books* 18 (1964): 556.

G. S. Goldstein, T. J. Gronberg, "Economies of Scope and Economies of Agglomeration," *Journal of Urban Economics* 16 (1984): 91 – 104.

G. W. Dalton, P. H. Thompson, "Accelerating Obsolescence of Older Engineers," *Harvard Business Review* 49 (1971): 57 – 67.

H. Shirakawa, "Empirical Analysis of Relationship between Worker Age, Productivity, and Real Wages," in *Is the Aging of Society a Threat to Japan? Increasing Productivity in the Next Decade Is the Key* (NIRA Report, 2009).

I. Bertschek, J. Meyer, "Do Older Workers Lower IT – Enabled Productivity? Firm – Level Evidence from Germany," *SSRN Electronic Journal* 229 (2008): 327 – 342.

Industry Commission (IC), "Assessing Australia's Productivity Performance," Research Paper, 1997.

J. C. Ours, L. Stoeldraijer, "Age, Wage and Productivity in Dutch Manufacturing," *De Economist* 159 (2011): 113 – 137.

J. C. Ours, L. Stoeldraijer, "Age, Wage and Productivity," IZA Discussion Paper, No. 4765, 2010, pp. 113 – 137.

J. Feyrer, "Demographics and Productivity," *Review of Economics & Statistics* 89 (2007): 100 – 109.

J. H. Stock, M. W. Watson, *Introduction to Econometrics*, *Introduction to*

Econometrics (Oxford: Oxford University Press, 2002), pp. 223 – 226.

J. K. Hellerstein, D. Neumark, "Are Earnings Profiles Steeper Than Productivity Profiles? Evidence from Israeli Firm – Level Data," *Journal of Human Resources* 30 (1995): 89 – 112.

J. K. Hellerstein, D. Neumark, K. R. Troske, "Wages, Productivity, and Worker Characteristics: Evidence from Plant – Level Production Functions and Wage Equations," *Journal of Labor Economics* 17 (1999): 409 – 446.

J. K. Hellerstein, D. Neumark, "Production Function and Wage Equation Estimation with Heterogeneous Labor: Evidence from a New Matched Employer – Employee Data Set," in E. R. Berndt and C. R. Hulten, eds., *Hard – to – Measure Goods and Services: Essays in Honor of Griliches* (Chicago: University of Chicago Press, 2007), pp. 31 – 71.

J. Meyer, "Workforce Age and Technology Adoption in Small and Medium – sized Service Firms," *Small Business Economics* 37 (2011): 305 – 324.

J. Mincer, "Schooling, Experience, and Earnings / Jacob Mincer," *NBER Books* 29 (1974): 218 – 223.

J. Ruan, X. Zhang, "Do Geese Migrate Domestically? Evidence from the Chinese Textile and Apparel Industry," IFPRI Discussion Paper, 2010.

J. Zhang, J. Zhang, R. Lee, "Mortality Decline and Long – Run Economic Growth," *Journal of Public Economics* 80 (2001): 485 – 507.

J. Zhang, J. Zhang, R. Lee, "Rising Longevity, Education, Savings, and Growth," *Journal of Development Economics* 70 (2003): 83 – 101.

K. Futagami, T. Nakajima, "Population Aging and Economic Growth," *Journal of Macroeconomics* 23 (2001): 31 – 44.

K. G. Manton et al., "Labor Force Participation and Human Capital Increases in an Aging Population and Implications for U. S. Research Investment," *Proceedings of the National Academy of Sciences* 104 (2007): 10802 – 10807.

K. Hoisl, *A Study of Inventors: Incentives, Productivity, and Mobility* (Deutscher Universitätsverlag, 2007), pp. 7 – 61.

L. J. Kotlikoff, J. Gokhale, "Estimating a Firm's Age – Productivity Profile Using the Present Value of Workers' Earnings," *Working Papers* 107 (1992): 1215 – 1242.

L. M. Gambin, "The Impact of Health on Wages in Europe—Does Gender Matter?," Health Econometrics & Data Group Working Papers, 2005.

L. Schneider, "Ageing and Technological Innovativeness – A Linked Employer – Employee Analysis," *Zeitschrift Für Bevölkerungswissenschaft* 33 (2008): 37 – 54.

M. Arellano, S. Bond, "Some Tests of Specification for Panel Data: Monte Carlo Evidence and an Application to Employment Equations," *Review of Economic Studies* 58 (1991): 277 – 297.

M. Duarte, D. Restuccia, "The Role of the Structural Transformation in Aggregate Productivity," *The Quarterly Journal of Economics* 125 (2010): 129 – 173.

M. Forbes, A. Barker, S. A. Turner, *The Effects of Education and Health on Wages and Productivity* (Social Science Electronic Publishing, 2010).

M. Fougère, M. Mérette, "Population Ageing and Economic Growth in Seven OECD Countries," *Economic Modelling* 16 (1999): 411 – 427.

M. Gonzalez – Eiras, D. Niepelt, "Ageing, Government Budgets, Retirement, and Growth," *European Economic Review* 56 (2012): 97 – 115.

M. J. Farrell, "The Measurement of Productive Efficiency," *Journal of the Royal Statistical Society* 120 (1957): 253 – 290.

M. Mariani, M. Romanelli, " 'Stacking' and 'Picking' Inventions: The Patenting Behavior of European Inventors," *Research Policy* 36 (2007): 1128 – 1142.

M. Peneder, "Intangible Investment and Human Resources," *Journal of Evolutionary Economics* 12 (2002): 107 – 134.

M. Raiser, "Subsidising Inequality: Economic Reforms, Fiscal Transfers and Convergence Across Chinese Provinces," *Journal of Development Studies* 34 (1998): 1 – 26.

M. Weeks, J. Y. Yao, "Provincial Conditional Income Convergence in China, 1953 – 1997: A Panel Data Approach," *Econometric Reviews* 22 (2003): 59 – 77.

M. Werding, "Aging and Productivity Growth: Are There Macro – Level Cohort Effects of Human Capital?," CESifo Working Paper, No. 2207, 2008.

N. G. Mankiw, D. H. Romer, D. N. Weil, "A Contribution to the Empirics of Economic Growth," *The Quarterly Journal of Economics* 107 (1992): 407 – 437.

O. N. Skans, "How Does the Age Structure Affect Regional Productivity?," *Applied Economics Letters* 15 (2008): 787 – 790.

Oxford Economics (OE), "A Contribution to the Empirics of Economic Growth," *The Quarterly Journal of Economics* 107 (1992): 407 – 437.

P. A. David, D. Foray, "Economic Fundamentals of the Knowledge Society," *Policy Futures in Education* 1 (2003): 20 – 49.

P. Aubert, B. Crépon, "Age, Wage and Productivity: Firm – Level Evidence," Discussion Papers, 2006.

P. Beaudry, F. Collard, D. A. Green, "Demographics and Recent Productivity Performance: Insights from Cross – country Comparisons," *Canadian Journal of Economics/Revue Canadienne D'économique* 38 (2005): 309 – 344.

P. Berg, "Strategic Adjustments in Training: A Comparative Analysis of the U. S. and German Automobile Industries," *Dental Materials Journal* 34 (1994): 679 – 685.

P. E. Stephan, S. G. Levin, "Age and the Nobel Prize Revisited," *Scientometrics* 28 (1993): 387 – 399.

P. Giuri et al., "Inventors and Invention Processes in Europe: Results from the PatVal – EU Survey," *Research Policy* 36 (2007): 1107 – 1127.

P. Hua, "How Does Education at All Levels Influence Productivity Growth? Evidence from the Chinese Provinces," Working Papers, 2005.

P. Ilmakunnas, T. Miyakoshi, "What Are the Drivers of TFP in the Aging Economy? Aging Labor and ICT Capital," *Journal of Comparative Economics* 41 (2013): 201 – 211.

P. T. Pereira, P. S. Martins, "Returns to Education and Wage Equations," *Applied Economics* 36 (2004): 525 – 531.

R. Blundell, S. Bond, "Initial Conditions and Moment Restrictions in Dynamic Panel Data Models," *Journal of Econometrics* 87 (1998): 115 – 143.

R. Brazenor, "Disabilities and Labour Market Earnings in Australia," *Australian Journal of Labour Economics* 5 (2009): 319 – 334.

R. Fare, S. Grosskopf, M. Norris, "Productivity Growth, Technical Progress, and Efficiency Change in Industrialized Countries: Reply," *The American Economic Review* 87 (1997): 1040 – 1044.

R. J. Barro, X. S. Martin, "Convergence," *Journal of Political Economy* 100 (1992): 223 – 251.

R. Jäckle, O. Himmler, "Health and Wages: Panel Data Estimates Considering Selection and Endogeneity," *Journal of Human Resources* 45 (2010): 364 – 406.

R. Lee, A. Mason, "What Is the Demographic Dividend?," *Finance & Development* 43 (2006): 16 – 17.

R. M. Baron, D. A. Kenny, "The Moderator – Mediator Variable Distinction in Social Psychological Research: Conceptual, Strategic, and Statistical Considerations," *Journal of Personality and Social Psychology* 51 (1986): 1173 – 1182.

R. M. Solow, "A Contribution to the Theory of Economic Growth," *Quarterly Journal of Economics* 70 (1956): 65 – 94.

Rolf Fare et al., "Productivity Growth, Technical Progress, and Efficiency Change in Industrialized Countries," *The American Economic Review* 84 (1994): 66 – 83.

R. Tyers, J. Golley, I. Bain, "Projected Economic Growth in China and India: The Role of Demographic Change," Anu Working Papers in Economics & Econometrics, 2007.

R. W. Shephard, *Theory of Cost and Production Functions* (Princeton: Princeton University Press, 1970).

S. C. Ray, E. Desli, "Productivity Growth, Technical Progress, and Efficiency Change in Industrialized Countries: Comment," *The American Economic Review* 87 (1997): 1033 – 1039.

S. Démurger, "Infrastructure Development and Economic Growth: An Explanation for Regional Disparities in China?," *Journal of Comparative Economics* 29 (2001): 95 – 117.

S. Elstner, S. Rujin, "The Consequences of U. S. Technology Changes for Productivity in Advanced Economies," *RUHR Economic Papers* 796 (2019): 2 – 32.

S. Kumar, R. R. Russell, "Technological Change, Technological Catch – up, and Capital Deepening: Relative Contributions to Growth and Convergence," *American Economic Review* 92 (2002): 527 – 548.

S. Naoki, "Quality of Labor, Capital, and Productivity Growth in Japan: Effects of Employee Age, Seniority, and Capital Vintage," RIETI Discussion Series, 2011.

S. Neuman, A. Weiss, "On the Effects of Schooling Vintage on Experience - Earnings Profiles: Theory and Evidence," *European Economic Review* 39 (1995): 943 - 955.

S. Nickell, "Biases in Dynamic Models with Fixed Effects," *Econometrica* 49 (1981): 1417 - 1426.

S. Rosen, "Measuring the Obsolescence of Knowledge," in F. T. Juster, ed., *Education, Income, and Human Behavior* (New York, NBER, 1975), pp. 199 - 232.

S. Veen, *Demographischer Wandel, Alternde Belegschaften und Betriebsproduktivität* (Munich: Rainer Hampp Verlag, 2008), pp. 202 - 203.

T. Haegeland, T. J. Klette, "Do Higher Wages Reflect Higher Productivity? Education, Gender and Experience Premiums in a Matched Plant - Worker Data Set," Discussion Papers, 1997.

T. Lallemand, F. Rycx, "Are Young and Old Workers Harmful for Firm Productivity?," IZA Discussion Paper, No. 3938, 2009.

V. Skirbekk, "Age and Individual Productivity: A Literature Survey," *Vienna Yearbook of Population Research* 2 (2004): 133 - 153.

V. Vandenberghe, F. Waltenberg, "Ageing Workforce, Productivity and Labour Costs of Belgian Firms," Discussion Papers, 2010.

V. Vandenberghe, F. Waltenberg, M. Rigó, "Ageing and Employability: Evidence from Belgian Firm - Level Data," *Journal of Productivity Analysis* 40 (2013): 111 - 136.

W. Bönte, O. Falck, S. Heblich, "Demography and Innovative Entrepreneurship," CESifo Working Paper, No. 2115, 2007.

W. D. Nordhaus, "Alternative Methods for Measuring Productivity Growth," *Cowles Foundation Discussion Papers* 5 (2000): 181 - 202.

W. Scarth, "Population Aging, Productivity, and Living Standards," *Social & Economic Dimensions of an Aging Population Research Papers* 34 (2002): 43 - 46.

索 引

《中国社会科学博士后文库》由中国社会科学院与全国博士后管理委员会共同设立,旨在集中推出选题立意高、成果质量高、真正反映当前我国哲学社会科学领域博士后研究最高学术水准的创新成果,充分发挥哲学社会科学优秀博士后科研成果和优秀博士后人才的引领示范作用,让《文库》著作真正成为时代的符号、学术的示范。

推荐专家姓名	翟振武	电　话	
专业技术职务	教授	研究专长	人口与经济、生育率、老龄化
工作单位	中国人民大学社会与人口学院	行政职务	中国人民大学人口与发展研究中心主任
推荐成果名称	中国人口老龄化对劳动生产率的影响机制及其政策应对		
成果作者姓名	李竞博		

（对书稿的学术创新、理论价值、现实意义、政治理论倾向及是否具有出版价值等方面做出全面评价,并指出其不足之处）

我国从2000年进入人口老龄化社会后,65岁及以上老年人口占比从7%到14%,用时仅慢于日本,发展速度之快居于世界前列。根据联合国世界人口展望,未来我国人口老龄化程度将继续深化,并呈不可逆转之势。在此时代背景下,国务院正式印发《国家积极应对人口老龄化中长期规划》,明确财富储备日益充沛、人力资本不断提升、科技支撑更加有力、产品和服务丰富优质、社会环境宜居友好的战略目标,使得经济发展与人口老龄化适应。其中,推动高质量经济发展是国民财富储备的重要手段,而劳动生产率又是高质量经济发展的源泉,因此,人口老龄化背景下的劳动生产率研究对于积极应对人口老龄化具有重要的现实意义。

就经济增长的阶段来看,我国经济仍然属于投资驱动型,资本投入仍然解释了经济发展的绝大部分,但是深究经济增长的主要驱动力则是劳动生产率。在投入一定生产要素的条件下,只有形成有效的生产输出,才能实现经济结构和产业结构的优化,才能有序、合理地引导生产要素流动,最终实现高效率的经济增长。经济增长的变化趋势及发展方式转变,归根到底是劳动生产率的变化。从这方面来看,在人口老龄化已经成为不可逆转事实的前提下,人口老龄化会带来劳动力年龄结构老化,除了直接影响劳动力生产效率之外,可能会通过社会生产过程中的其他途径来间接影响劳动生产率。因此,准确把握人口老龄化对劳动生产率的影响具有现实意义。在了解人口老龄化对劳动生产率影响的基础上,为相关领域的政策制定提供可供参考的实证依据。在积极应对人口老龄化规划实施中,该书的实证研究结果对于应对人口老龄化事实具有指导意义,具有出版价值。

签字：翟振武

2019年12月24日

说明:该推荐表须由具有正高级专业技术职务的同行专家填写,并由推荐人亲自签字,一旦推荐,须承担个人信誉责任。如推荐书稿入选《文库》,推荐专家姓名及推荐意见将印入著作。

第九批《中国社会科学博士后文库》专家推荐表 2

　　《中国社会科学博士后文库》由中国社会科学院与全国博士后管理委员会共同设立，旨在集中推出选题立意高、成果质量高、真正反映当前我国哲学社会科学领域博士后研究最高学术水准的创新成果，充分发挥哲学社会科学优秀博士后科研成果和优秀博士后人才的引领示范作用，让《文库》著作真正成为时代的符号、学术的示范。

推荐专家姓名	周祝平	电　话	
专业技术职务	教授	研究专长	人口经济学、家庭经济学、老龄化经济学
工作单位	中国人民大学社会与人口学院	行政职务	无
推荐成果名称	中国人口老龄化对劳动生产率的影响机制及其政策应对		
成果作者姓名	李竞博		

　　（对书稿的学术创新、理论价值、现实意义、政治理论倾向及是否具有出版价值等方面做出全面评价，并指出其不足之处）

　　我国经济已由高速增长阶段转向高质量发展阶段，正处在转变发展方式、优化经济结构、转换增长动力的攻关期，必须坚持质量第一、效益优先，推动经济发展质量变革、效率变革、动力变革，提高全要素生产率，劳动生产率是生产率序列中最基本的要素。与此同时，人口老龄化是我国的基本国情，是目前及其未来我国人口转型的重要特征。该书将研究视角定位于二者之间的关系，为探索经济增长的实证研究提供新的切入点和思路，对于认识人口老龄化的社会经济效应具有重要意义。

　　从理论意义上，人口因素是社会生产过程中最能动的要素，尤其劳动力资源是经济增长和经济发展的重要生产要素。而目前乃至将来我国处于形势严峻的人口老龄化阶段，从人口数量的变化趋势来看，劳动年龄人口绝对规模及相对规模的相对萎缩导致有效劳动力数量下降，进而势必会制约单位生产输出。但是我国范围内教育水平改善、"健康中国"规划纲要等举措为人口质量改善提供了重要的条件，人力资本储量的提升为第二次人口红利释放出巨大的能量，从而促进单位生产效率。因此，一味地认为人口老龄化不利于社会生产显然略显偏颇，人口老龄化并不一定会对经济增长产生负向的影响。此外，总储蓄的提高会带来总产出的增长，而高储蓄率增长又会降低老龄人口消费占当期收入的比重，从而提高储蓄率。从另一方面来看，虽然人口年龄结构老化导致了人口老龄化程度的加深和劳动年龄人口规模的萎缩，但是可能老年人口熟练的技能、经验及忠诚度更有益于生产率的提高，在经济发展过程中，准确认识人口年龄结构变动的经济效应至关重要。这方面的研究，国外学者（美国、德国、加拿大、法国、丹麦等）的研究相对成熟，也得出了很多具有理论和现实指导意义的结论。虽然几乎所有世界范围内的发达国家都处于严重的人口老龄化阶段，但是我国的人口转变及经济发展方式与其他国家都存在本质的区别，国外的研究结论是否适用于我国的实际情况有待验证。本书的研究针对我国的人口转型和常态经济增长特征，通过采用人口年龄结构和人口老龄化指标，考虑我国的人口老龄化对劳动生产率的影响及其影响机制。

　　本书对致力于人口老龄化的社会经济效应方面的研究提供了可供参考的研究视角，本研究理论基础扎实，实证检验科学，合理，具有出版价值。

签字：周祝平

2019 年 12 月 24 日

　　说明：该推荐表须由具有正高级专业技术职务的同行专家填写，并由推荐人亲自签字，一旦推荐，须承担个人信誉责任。如推荐书稿入选《文库》，推荐专家姓名及推荐意见将印入著作。